国家级服务外包人才培养模式创新试（实）验区项目
北京联合大学"十二五"规划教材

服务外包概论

马丽仪 ◎ 主编

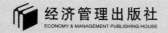

经济管理出版社

ECONOMY & MANAGEMENT PUBLISHING HOUSE

图书在版编目（CIP）数据

服务外包概论/马丽仪主编 . —北京：经济管理出版社，2017.6
ISBN 978 - 7 - 5096 - 5185 - 8

Ⅰ . ①服…　Ⅱ . ①马…　Ⅲ . ①服务业—对外承包—概论　Ⅳ . ①F719

中国版本图书馆 CIP 数据核字(2017)第 118171 号

组稿编辑：陈　力
责任编辑：杨国强　张瑞军
责任印制：黄章平
责任校对：赵天宇

出版发行：经济管理出版社
　　　　　（北京市海淀区北蜂窝 8 号中雅大厦 A 座 11 层　100038）
网　　址：www. E － mp. com. cn
电　　话：(010) 51915602
印　　刷：玉田县昊达印刷有限公司
经　　销：新华书店
开　　本：720mm × 1000mm/16
印　　张：15. 5
字　　数：296 千字
版　　次：2017 年 4 月第 1 版　　2017 年 4 月第 1 次印刷
书　　号：ISBN 978 - 7 - 5096 - 5185 - 8
定　　价：48. 00 元

前　言

近年来，伴随着经济全球化深入推进，服务业开放发展成为国际经济合作竞争的焦点议题，服务贸易与服务外包受到普遍重视。在新一轮科技革命和产业变革推动下，数字经济、分享经济快速兴起，服务专业化和外包化并举前行，服务创新和价值创造能力不断增强，服务贸易与服务外包发展前景广阔、潜力巨大。

我国高度重视服务贸易与服务外包发展，加快推进服务经济进程。贯彻落实党中央、国务院决策部署，我国陆续公布实施30多份政策文件，同时专门研究提出技术先进型服务企业认定标准、服务外包重点发展领域，研究制定国际服务外包产业"十二五"、"十三五"规划，大力推动服务外包发展。自2006年商务部实施服务外包"千百十工程"以来，我国积极构建并持续完善了服务外包促进政策体系，形成了以31个服务外包示范城市为主体的产业发展体系。

我国正在进入服务外包产业发展的黄金时期。以移动互联、大数据、云计算、3D打印、物联网、"互联网＋"等为代表的新一代信息技术在不断拓展服务外包领域的同时，正在催生新的服务外包业态，为服务外包发展注入新的发展动力。服务外包产业正展现出前所未有的光明前景。与此同时，以服务业为重点，中国政府正在推进新一轮高水平对外开放，推进金融、教育、文化、医疗等服务业的有序开放，放开育幼养老、会计、物流、电子商务等准入限制，在上海、天津、广东、福建四个自贸区和北京探索扩大服务业自主开放，扎实推进"一带一路"建设，加快建立面向全球的高标准自由贸易区网络。这一系列的举措为服务外包产业的发展开辟了新空间和新领域。

本书来源于国家级服务外包人才培养模式创新试（实）验区资助项目，本书可作为有关政府部门、企业管理人员和技术人员的培训教材和参考书，也可以作为大专院校相关专业教材和参考书。

本书共分十三章，其中第一章由马丽仪、张靖编写，第二章、第三章、第九章由马丽仪编写，第四章由马丽仪、马楠编写，第五章由马丽仪、李慧编写，第六章由张峰编写，第七章由田玲编写，第八章由常金平编写，第十章由张靖编写。

由于作者水平有限，本书的错误和遗漏在所难免，请各位学者、专家和读者指正。

马丽仪

2017 年 1 月

目　录

第一章 绪论

学习目标：
- ➤ 了解服务外包产生的背景
- ➤ 了解服务外包发展的阶段
- ➤ 理解服务外包的内涵
- ➤ 理解服务外包的分类
- ➤ 了解服务外包和服务贸易的区别与联系

第一节 服务外包的起源

外包产生于 19 世纪，英国将街道照明、监狱看管、税务征收等公共服务项目外包给私营部门（魏秀敏，2011）。美国和澳大利亚纷纷将国家邮件快递服务外包给私营部门，法国出现私营企业通过竞标承包国家铁路网络等交通设施的建设和维修工程。外包作为一种运营模式早已存在，只是当时并没有使用该术语。

20 世纪 80 年代后期，由美国发端，迅速蔓延至欧洲、日本的外包旋风在世界各国企业掀起了一股业务流程重构的浪潮，使企业的组织形式开始发生巨大变化。1989 年，美国著名管理学家彼得·德鲁克注意到外包的发展趋势，他写道："企业、医院、学校、政府、工会等各种大小组织都正在越来越多地把它们原有的文书事物、机器维护和后勤等工作分离出去……在所有发达国家，这一趋势正在急剧发展。"过去仅以规模评价一个企业成功与否的观点被代之以企业的盈利性和增长性。这一变革使企业的外包活动空前增长。德鲁克明确指出，任何企业中仅做后台支持而不创造营业额的工作都应该外包出去，任何不提供高级发展机会的活动与业务也应该采取外包形式。

50 年前，计算机系统开始应用于商业领域，企业的信息系统开始外包给一些信息系统提供商。如 1963 年 Electronic Data Systems （EDS） 为 Frito – Lay 和 Blue Cross 及 Blue Shield 提供数据处理服务 （Rudy Hirschheim et al.，2009）。从那时起，虽然各种形式的信息系统外包一直存在于各种领域，但 20 世纪 60 年代后期至 70 年代，随着微型计算机的出现和硬件成本的降低，企业逐渐开始拥有自己的计算机，并通过本企业的 IT 部门控制企业资产和实现业务的集中管理。70 年代，企业开始通过签订合同或协议的方式外包相关的 IT 业务，出现了设备维护外包和运营管理外包等外包形式。80 年代以后，由于硬件、软件标准化的快速发展，越来越多的企业开始应用 IT，IT 在企业的应用范围和程度不断扩大，被认为是十分有价值的企业内部职能。90 年代，由于软件成本增高、全球 IT 人才短缺和对于"千年虫"问题的恐惧等种种因素，IT 外包服务作为一种专业服务盛行起来。

IT 服务外包具有里程碑意义的事件是 1989 年柯达服务外包案例 （Venkatraman，1997）。柯达是首个几乎将其所有 IT 运作外包的企业。1989 年，年销售额 180 亿美元的柯达公司，签订价值 2.5 亿美元长达 10 年的外包合同。它拆除内部 IT 部门，将 IT 员工、设备、软件和硬件，包括 17 个数据中心、所有的网络和桌面系统以及 4000 个员工中的近 650 个 IT 员工，全部转移给 IBM、Business Land、DEC （Digital Equipment Corp） 三家公司。此举引发了企业对服务外包新的兴趣。随后，许多大公司纷纷效仿，欧美国家相继出现了大宗外包交易，许多著名公司包括 Enron、Freeport – Mc Moran、Continental Airlines、General Dynamics、Continental Bank 等都先后签订了长期外包合同 （陈菲，2009）。因此，学术界普遍认为，柯达公司的外包实践对服务外包的发展起到了重要的推动作用，称为"柯达效应"。此后，服务外包开始进入快速发展阶段。

第二节　服务外包发展三个阶段

回顾服务外包产业的发展历程，最初的服务外包概念来源于 1990 年美国著名管理学家普拉哈德和哈默尔对"核心竞争力"的定义，他们认为，随着世界的发展变化、竞争加剧、产品生命周期缩短以及全球经济一体化的加强，企业的成功将不再是短暂的、偶然的产品开发或灵机一动的市场战略，企业应将自己的资源集中于核心能力，而非核心业务则应采取外包的方式由其他专业服务商完成。

服务外包作为一个以技术为核心驱动力的产业，其诞生和发展都伴随着每一次技术革命的浪潮。随着信息技术从 IT 到 ICT（Information 信息，Communication 通信，Technology 技术），再到以 ICD（Internet 互联网，Cloud 云计算，Data 大数据）为标志的第三次信息技术革命浪潮的兴起，在信息技术和互联网双重推动下，信息服务业和垂直行业深度融合。服务外包也同步进入 3.0 时代，新的商业模式、运营模式和交付模式出现，将带来新的机遇，同时也带来巨大的挑战。与 20 世纪 90 年代"千年虫"给印度服务外包带来的巨大发展类似，这是中国服务外包产业赶超服务外包领先国家的一个弯道超车的历史机遇。

　　服务外包 1.0 时代（印度称为 ITES，IT Enabled Service），起源于 20 世纪 60 年代，随着以计算机为代表的 IT 技术革命的兴起而同步进入商业领域。从 BPO 到 ITO，1.0 时代服务外包的核心诉求来自降低成本，即企业为了专注核心竞争力业务和降低项目成本，将非核心业务中的全部或部分工作发包给服务外包企业完成。IT 知识产权一般归发包方所拥有，交付方式为现场或者近岸交付，典型业务为数据处理和运维服务。很多后来的大型 IT 服务商如 ACN、EDS、CSC 及印度 Tata 均在此时成立。

　　服务外包 2.0 时代（印度称为 IT－BPO），是 20 世纪 90 年代在互联网革命及 ICT 技术发展的推动下而出现的全球离岸外包业务。发达国家的公司将一些非核心的软件项目（开发、测试、运维）和业务流程（呼叫中心）通过外包的形式转移到人力资源成本相对较低的国家。在服务外包 2.0 时代，地域限制被逐渐打破，外包形式也由传统的 ITO、BPO 扩展到 KPO 等。IT 知识产权的重要性降低，出现了发包方和接包方共同拥有，甚至仅仅外包商单独拥有 IP（Intellectual Property）的局面。发包方对外部资源的整合利用上升为公司战略，外包双方的合作关系也由单纯的甲乙方关系逐渐转变成战略伙伴关系。同时，成本不再是最重要的因素，技术和业务流程的互补变得更为重要。

　　服务外包 3.0 时代（印度称为 IT－BPM），指的是 2010 年前后以云计算、大数据、移动互联和物联网为标志的新兴技术革命而开启的服务外包新阶段。在这一阶段，企业无须自行搭建 IT 系统，而只要按需在云中"租用"相应的平台和软件资源即可，企业购买方式发生了根本性改变，传统 IT 厂商的产品、设备及软件 License 销售模式转变为服务租赁模式，企业的 IT 支出由固定资本支出变为灵活资本支出，外包客户可在任意地点通过终端获取服务，而无须了解应用软件的具体位置。与传统外包模式相比，云外包模式下，企业的经营更加互联网化，更加依赖于外部资源的整合利用，个性化的需求能得到更好的满足，并将促使企业的业务流程、组织结构和业务模式发生根本变化。

第三节　服务外包的内涵

全球知名的咨询公司及相关机构如 Gartner、Nasscom 等都曾对服务外包给出过定义，尽管侧重点各有不同，但都包含着以下几点关键特征：

- 从发包方角度进行定义，即服务外包是企业的一种经营战略的体现，是可以选择的一种服务获取形态；
- 以信息技术为基础，信息技术是服务外包产生、发展、交易、交付的核心要素；
- 发生在企业与企业之间，是典型的 B2B 模式；
- 提供的是无形的服务；
- 针对的是企业从内部转移出来的非核心职能或流程；
- 服务提供商不拥有服务过程中产生的知识产权；
- 针对客户内部职能的服务，不针对终端客户，属于过渡性、中间性的服务；
- 基本以数据和现代通信技术手段的形式交付。

近年来，在服务外包产业的高速发展中，在与其他垂直行业的业务往来中，服务外包交付已逐渐超越了传统的 ITO 或 BPO 两种模式，在保持智力密集型这一现代服务业特征的前提下，科技创新日渐成为产业发展的引擎和驱动力，企业技术平台逐步社会化和智能化，商业模式、交付方式、服务范畴和内容也不断优化调整，服务外包这一概念的内涵和外延都在发生颠覆性的改变。几个例子如下：

- 目前，越来越多的外包服务已经涉及发包方的核心职能，甚至是核心竞争力的关键要素，比如微软 Bing 搜索和 Azure 云平台的开发、银行核心系统的开发等；
- 越来越多的外包服务已经不再是中间产品，而是直接针对终端消费者，比如呼叫中心服务；
- 医药研发外包的结果与信息技术无关，且主要不是以数据形式交付，而是以产品形式交付；

● 越来越多的企业直接将自己没有的某些职能或流程外包，例如电商企业直接把物流环节外包；

● 有些外包服务商在为客户提供服务时，具有自主解决方案的知识产权，比如金融大数据分析技术。

基于以上信息我们提出了服务外包的新定义，即服务外包是指接包方出售自身的专业知识与能力，针对发包方价值链中的部分或全部环节，以服务或产品形态交付的经济活动的总称。也就是说，服务外包是由具有不同属性和分工的、利益相互联系的企业主体，通过提供或获得特定的产品与服务而进行的企业经济活动的组合。

第四节 服务外包的分类

一、按照服务外包的业务性质分类①

1. 信息技术服务外包（Information Technology Outsourcing，ITO）

信息技术服务外包是指企业专注于自己的核心业务，而将其 IT 系统的全部或部分外包给专业的信息技术服务公司。企业以长期合同的方式委托信息技术服务商向企业提供部分或全部的信息功能。

信息技术外包（ITO）包括三类：

（1）软件研发及外包，主要包括软件研发及开发服务和软件技术服务。软件研发及开发服务主要包括用于金融、政府、教育、制造业、零售、服务、能源、物流和交通、媒体、电信、公共事业和医疗卫生等行业，为用户的运营/生产/供应链/客户关系/人力资源和财务管理、计算机辅助设计/工程等业务进行软件开发，定制软件开发，嵌入式软件、套装软件开发，系统软件开发软件测试等。软件技术服务主要包括软件咨询、维护、培训、测试等技术性服务。

（2）信息技术研发服务外包，主要包括集成电路设计、提供电子商务平台和测试平台三类。提供集成电路产品设计以及相关技术支持服务、为电子贸易服务提供信息平台和为软件及集成电路的开发运用提供测试平台。

（3）信息系统运营维护外包，主要包括信息系统运营和维护服务，以及基

---

① 财政部、商务部《关于做好 2009 年度支持承接国际服务外包业务资金管理工作的通知》（财企〔2009〕44 号）。

础信息技术服务。信息系统运营和维护服务主要提供客户内部信息系统集成、网络管理、桌面管理与维护服务；信息工程、地理信息系统、远程维护等信息系统应用服务。基础信息技术服务提供基础信息技术管理平台整合等基础信息技术服务（IT 基础设施管理、数据中心、托管中心、安全服务、通信服务等）。

2. 业务流程外包（Business Process Outsourcing，BPO）

业务流程外包是指企业检查业务流程以及相应的职能部门，将这些流程或职能外包给供应商，并由供应商对这些流程进行重组，是将职能部门的全部功能（如事务处理、政策服务、索赔管理、人力资源、财务会计、人力资源、培训与教育、采购、客户关系、供应链/物流和设施管理等）转移给供应商。外包供应商根据服务协议在自己的系统中对这些职能进行管理。这里的 BPO 主要是指技术性 BPO。

技术性 BPO 主要包括企业业务流程设计服务、企业内部管理数据库服务、企业运营数据库服务和企业供应链管理数据库服务。为客户企业提供内部管理、业务运作等流程设计服务。为客户企业提供后台管理、人力资源管理、财务、审计与税务管理、金融支付服务、医疗数据及其他内部管理业务的数据分析、数据挖掘、数据管理、数据使用的服务；承接客户专业数据处理、分析和整合服务。为客户企业提供技术研发服务，为企业经营、销售、产品售后服务提供的应用客户分析、数据库管理等服务，主要包括金融服务业务、政务与教育业务、制造业务和生命科学、零售和批发与运输业务、卫生保健业务、通信与公共事业业务、呼叫中心等。为客户提供采购、物流的整体方案设计及数据库服务。

3. 知识流程外包（Knowledge Process Outsourcing，KPO）

知识流程外包是一种帮助客户研究解决方案的方式，是服务外包的高端部分。主要是通过多种途径来获取信息，经过即时、综合的分析、判断和研究解释，并提出一定的建议，将报告给客户作为决策的依据。主要包括价值链高端的知识产权研究、医药和生物技术研发和测试、产品技术研发、工业设计、分析学和数据挖掘、动漫及网游设计研发、教育课件研发、工程设计等领域。

二、按服务外包的发生地域划分

当前，全球服务外包按地域分类主要有三类：

1. 离岸外包

离岸外包（Off – shore Outsourcing）指外包商与其供应商来自不同国家，外包工作跨国完成。离岸外包的概念最早起源于美国，外包的地域概念将美国国内划为在岸外包，北美等周边国家与地区的外包划为近岸外包，而较远地区的外包，如外包到印度、中国及俄罗斯，则划为离岸外包。

2. 近岸外包

近岸外包（Near–shore Outsourcing）指将业务外包给地理距离相近、文化习俗等相近的国家和地区。邻近国家之间的服务外包通常在语言、文化背景方面有较大的相似性，可以降低服务外包双方的沟通、合作、运输等成本。例如，从位于墨西哥的一家服务提供商那里向美国一家企业提供服务，或从一家位于中国的服务提供商这里向日本一家企业提供服务等即体现了这一点。

3. 在岸外包

在岸外包（Onshore Outsourcing，也称为境内外包）指外包商与其外包供应商来自同一个国家，因而外包工作在国内完成。

延伸阅读

数字贸易激活新型服务外包模式①

互联网日益成为驱动社会创新发展的力量，数字技术正广泛应用于整个经济系统，给整个经济环境和经济活动带来根本变化，数字经济已然成为农业经济、工业经济后的第三经济形态。

根据互联网世界统计，2000～2015年全球互联网用户数量的增长率达到753%，2015年全球互联网用户数量达到30.8亿人，占全球总人口的42.4%。在互联网的全球普及、经济全球化、全球贸易治理新规则、全球经济结构转型升级等诸多因素的推动下，数字贸易得到蓬勃发展。

根据美国商务部经济与统计局数据，美国数字贸易出口的比重在2011年就超过其国际贸易出口增加值的1/3。美国国际贸易委员会（USITC）在2013年发布的《美国和全球经济中的数字贸易调研报告》中将数字贸易定义为通过互联网交付产品和服务的贸易。

美国签署的国际贸易协定中，并不将数字贸易归入货物贸易或服务贸易。数字贸易包括四个方面内容：一是数字化交付内容，如音乐、游戏、影像、书籍；二是社交媒体，如社交网络网站、用户评价网站等；三是搜索引擎，如万用搜索引擎、专业搜索引擎等；四是数字化交付内容，如软件服务、在云端交付的数据服务、通过互联网实现的通信服务、在云端交付的计算平台服务。

数字贸易的特征主要体现在三个方面。第一，数字贸易以互联网为基础，以数字交换技术为手段，以互联网传输为媒介，显著提高贸易效率。第二，数字贸易为供求双方提供交互所需的数字化数据信息，实现以数字化数据信息为贸易标的，贸易对象多为知识产权密集型的产品和服务，具有高知识、高技术、高互

---

① 朱华燕. 数字贸易激活新型服务外包模式［J］. 服务外包，2016（12）.

动、高创新的特征。第三，云计算、工业互联网、社交网络等数字产品正改变着传统的服务业和制造业，成为数字密集型产业，数字贸易形式不断增加。

数字贸易规则发展现状如下：

数字贸易的迅猛发展使得对全球性的贸易规则的呼声日高，全球数字生态系统需要全球性的数字贸易规则来维护。目前在多边贸易领域，WTO 尚未达成数字贸易方面的规则，区域贸易协定中虽然没有专门的数字贸易规则，但电子商务规则中有了体现，对数字产品的定义、贸易规则以及交易方式等进行了约束。

当前，减少数据本地化规则，对数据跨境流动合理限制是国际多边、双边贸易谈判的重要议题，也代表了数字贸易规则的走向。2013 年"棱镜门"事件以来，一些国家开始以保护国家安全为由，设立非传统贸易的壁垒以限制数据的跨境自由流动。

TPP（跨太平洋伙伴关系协定）为代表的数字贸易规则针对服务本地化、数据本地化和设施本地化进行了规定，TPP 第 14 章约定，不将设立数据中心作为允许 TPP 缔约方企业进入市场的前提条件，禁止对电子传输征收关税，不允许缔约方以歧视性措施或直接阻止的方式支持本国类似产品的生产商或供应商。TPP 协定在一定程度上代表了国际数字贸易规则的发展方向。

（1）服务外包合作模式和内容将更趋多样。数字经济社会中的企业顺互联网大势而为，用互联网思维进行企业产品和服务的创新。企业的互联网转型使得发包企业在能力和合作模式方面对接包商有不同以往的新要求。数字贸易的发展丰富了服务外包的合作模式和内容，服务外包形式将更趋多样。

以驱动互联网和数字经济发展为目标的数字贸易规则如 TPP 协定第 14 章，对电子认证和电子签名、电子商务网络的接入和使用原则、通过电子方式跨境传输信息、互联网互通费用分摊、计算设施的位置、源代码等诸多方面都有详细约定。数字贸易的这些规则将有力激发新型服务外包业务内容和合作模式的产生，并为其发展壮大提供机制保障。

（2）数字贸易规则将成为发包目的地选择的重要因素。根据科尔尼（A. T. Kearney）研究报告，全球服务外包发包目的地的选择主要依据三个要素，即财务吸引力、从业人员技能和数量、营商环境。当前一些国家对数据实施本地化政策，要求服务供应商的数据服务器须在本国领土内，数据在本国数据中心存储、优先选择本国服务供应商。对于国际发包企业而言，数据能否跨境自由流动已经成为其发包考虑的重要因素。实施"减少数据本地化、对数据跨境流动合理限制的数字贸易规则"将对国际服务外包发包目的地选择产生深远影响。

当前虽然 TTP 和 TTIP 能否落地实施尚无定论，但以 TPP 为代表的，在保护个人信息等合法公共政策目标得到保障的前提下，确保全球信息和数据自由流动的贸易规则，代表了数字贸易规则的发展方向。一旦类似数字贸易规则在局部国家间达成，国际服务外包发包目的地的选择因素将增加第四个重大因素，即发包国家和接包国家是否受共同的数字贸易规则约束，发包企业更愿意与本国签署贸易协定的接包国家的企业合作。

（3）数字贸易规则的落地将增强跨国企业全球发包意愿。国际领先的大型跨国互联网企业、数字经济企业有不断在全球扩张其业务运营、产品和服务的需求。跨国数字经济企业在全球的扩张，给各国的法律和监管带来难题，各国政府考虑国家安全问题，对数据的跨境流动也进行程度不一的控制。一些国家采用数据本地化、设施本地化、服务本地化等政策，采用隐私保护、国家安全、税收征收等措施以加强本国对跨国数字经济企业的限制。

习题

1. 服务外包产生的背景是什么？
2. 试述服务外包发展的阶段。
3. 简述服务外包的内涵。
4. 什么是 ITO、BPO、KPO，什么是离岸外包、近岸外包和在岸外包？

第二章　外包战略与承接商选择

学习目标:

➢ 了解企业实施外包战略的各种动因
➢ 了解企业实施外包战略的风险及风险防范机制
➢ 掌握外包承接商选择标准
➢ 了解价值链理论、亚当·斯密分工理论、比较优势理论

第一节　企业实施外包战略的动因

对于企业实施外包战略的动因,很多中外学者进行了分析和探讨,Lacity 和 Willcocks（1994）指出,服务外包的原因包括财务原因（成本降低、增加成本控制等）、业务原因（回归核心竞争力等）、技术原因（获得技术人才等）、政治原因（证明效率、证明新资源的正当性等）。Grossman（2002）认为,外包由外部环境和企业内部技术组织变革共同推动。张芬霞和刘景江（2005）指出,外包是经济、政策和技术三者共同作用的结果。Christina Costa（2001）认为,服务外包的动因是成本降低、技术因素以及关注核心竞争力。

一、内部动因

内部动因指企业基于自身发展需求而内生的驱动因素（王桂森,2011）。内部动因更多是主动性的、从发展的角度考虑的因素。比如,企业从提高管理水平、降低成本、提高效率、适应新的企业发展战略需要等角度考虑而产生的外包需求。

（一）降低成本

Groot（1998）依据交易成本理论,并通过构建模型,认为降低成本、实现

规模经济、节省工资和利润的支出以及满足企业战略需求是企业选择外包的主要动因，而降低成本是关键动因。Barthelemy 和 Geyer（2001）通过问卷分别对处于欧洲的法国和德国 160 家企业进行问卷调查，结果显示，不管是法国企业还是德国企业，IT 服务外包最重要的一个原因是利用第三方的规模经济效应达到削减成本的目的。这个结论同样适用于美国企业和英国企业。Lacity 与 Willcock（1996）访问过的企业高管中有 85% 的高层经理认为，服务外包的最大动机是为了追求成本的节约。2003 年，Couputerworld 对 252 家企业进行的调查显示，超过 40% 的 IT 部门的经理认为，成本控制和降低是外包的主要原因（Wendell Johns，2003）。根据美国 Forrest 调查公司估计，美国企业依靠自身力量建立并维护一个网站，第一年的费用是 22 万美元，而将此工作外包给专门的公司，开销仅为 4.2 万美元。根据美国外包研究所的估计，服务外包能够为企业带来 9% 的成本节省。服务外包实现成本节省的途径包括：通过供应方的规模经济获得成本节省、通过供应方的范围经济获得成本节省、通过供应方的学习效应获得成本节省，以及依靠信息技术与供应方通过建立长期稳定的合作关系等手段来降低交易成本。可见，成本与服务外包存在相关关系。实际上，成本越高，企业越希望通过服务外包来降低成本，服务外包程度也越高。另外，对于那些没有能力投入大量资金、人力从硬件基础开始构建企业信息框架的企业而言，外包正可以弥补企业自身的欠缺。

（二）提升效率

Uday M. Apte（1997）认为，软件外包的一个重要原因是提高企业对核心业务的关注度。对于大多数非 IT 企业来说，IT 技术既非其业务所长，也非其核心能力，即使对于 IT 企业来说，某些处于价值链低端的环节也非其核心业务环节，外包可以提高服务响应速度与效率，来自外包商的专业技术人员可以将企业信息技术部门从日常维护管理这样的负担性职能中解放出来，减少系统维护和管理的风险（杨英，霍国庆，2001）。因此，把非核心能力外包给专业服务提供商可以增强企业对资源的配置能力，提升企业核心竞争力。

（三）企业战略方面

Diromualdo 和 Gurbaxani（1998）把服务外包的战略意图分为三类：降低成本和提高 IT 资源的效率、提高 IT 对企业绩效的贡献、利用市场上与技术相关的资产来开发和销售以新技术为基础的货物或服务。对于一项新技术的出现，大多数企业由于费用和学习曲线的缘故，很难立即将新技术纳入实际应用。因此，IT 外包的战略性考虑因素之一是借助外包商与现有的、未来的技术保持同步的优势，改善技术服务，提供接触新技术的机会，实现企业以花费更少、历时更短、风险更小的方式推动信息技术在企业发展中的功能。Suhaimi 等（2007）采用案例研究方法对马来西亚 ALPHA 银行的外包动机进行了调查。文中归纳该银行的外包动机除了央行要求各大银行将自己非核心的后台服务和 IT 管理交给第三方外，ALPHA 银行的最大动机是可以让银行集中在自身的核心业务上并且获得新的更好的处理其他事物的能力。特别值得一提的是让 ALPHA 银行决心实行外包的一个重要战略原因是银行高层愿意将一些非增值的业务如后台服务和 IT 管理变成能够增值的业务，正如 DiRomualdo 和 Gurbaxani（1998）在他们研究报告中所述，公司外包的一个战略企图就是为了"商业开拓"，其目的是通过寻求新的利润增长点或削减成本来提高 IT 管理的投资回报。

企业除了有集中竞争优势而产生外包的战略动机外，还有一个重要的战略动机是提升自身的企业柔性（朱四明，2011）。企业为了迅速满足客户的需求，常常将自己不擅长或不能完成的任务外包，但这种外包不是短期行为，而是企业间长期的合作关系。可以看作是企业为了降低风险，和供应商结成利益共享、风险共担的战略联盟关系。这种战略联盟会引发"虚拟组织"的产生。

（四）人力资源方面

刘绍坚（2008）认为，离岸 IT 外包中，成本降低的主要来源是人力成本的降低。通过外包，企业无须扩大自身人力规模，减少因人才聘用或流失而花费的精力、成本以及面临的压力，节省培训方面的开支，并增加人力资源配置的灵活性。

二、外部动因

外部动因来源于企业外部的、不被企业所控制的因素。当这些因素发生变化并对企业产生影响时，企业为适应这种变化会采取应对措施而产生的外包需求，主要包括以下几方面。

（一）技术驱动

信息技术和互联网对服务外包起到了巨大的支持及促进作用。杨丹辉（2009）认为，企业利用互联网可以在全球任何地方选择合适的供应商，缩短开发周期；信息技术的发展也大幅度降低了交易成本，使企业规模及盈利能力的提高可以通过"离岸外包"实现；另外，使用现代信息技术也在发展中国家催生了很多基于 IT 服务的中小企业及其网络，形成产业集群。杨波（2009）认为，外包可以使组织使用前沿技术和技能并从中获益。通过外包，企业可以将价值链中的任何环节都由最适合企业情况的公司完成。例如，澳洲的 Trust 银行在 1997年与 HP 签订了一份期限为 5 年、金额 1600 万美元的外包合同，由 HP 负责管理维护 Trust 银行的 IT 系统，并帮助银行开拓新型业务——网络银行业务、电子银行业务、个人银行业务和商务银行业务等。杨英和霍国庆（2001）认为，通过外包，可以尽快缩小企业与国际先进企业在信息技术应用及管理方面的差距，推动信息技术在企业中的发展，加快企业信息化建设的步伐。

（二）经济全球化

经济全球化带动了资本、信息、技术、劳动力、资源在全球范围内流动、配置和重组，使生产、投资、金融、贸易在世界各国、各地区之间相互融合、相互依赖、相互竞争和制约，整个世界连接成一个巨大的市场。任何企业想在此浪潮中"闭关自守"注定是要失败的，只有通过服务外包与其他企业建立战略联盟，协调合作，互惠互利，才能获得长久竞争优势，享受全球化带来的胜利成果。因此，经济全球化程度越高，服务外包程度也越高。

（三）市场环境

市场环境的迅速变迁迫使企业采用服务外包战略。通过服务外包，企业以网络技术为依托，把具有不同优势资源的合作方整合成反应快速、灵活多变的动态联盟，各方资源共享、优势互补、有效合作，共同应对激烈而严峻的市场挑战。市场变迁越剧烈，服务外包程度越高。

（四）政治原因

从发包国讲，一些发达国家限制科技移民的政策造成了技术人员的短缺，使得部分高新技术工作不得不寻找"离岸外包"；一些国家的企业鼓励高薪员工早退休，目的是将高技术工作转移出去，寻找年轻的替代者。对于接包国来讲，服务外包可以促进本国就业和经济增长方式转变，因此大力发展服务外包。Avery（2000）曾讨论过公立实验室的外包行为，文中指出该实验室的外包目的既不来源于市场压力也不是为了盈利，这里，社会效应远大于经济利益。因此，成本和战略是私有企业外包驱动的主要原因，创造公众福利是公共组织的外包驱动原因之一。

第二节　外包动因的解释理论

一、战略管理理论

（一）核心竞争力理论

核心竞争力理论认为，随着世界的发展变化，竞争加剧，产品生命周期的缩短以及全球经济一体化的加强，企业的成功不再归功于短暂的、偶然的产品开发或灵机一动的市场战略，而是企业核心竞争力的外在表现。核心竞争力是能使公司为客户带来特殊利益的一种独有技能或技术，是建立在企业核心资源基础上的企业技术、产品、管理、文化等综合优势在市场上的反映，是企业在经营过程中形成的不易被竞争对手仿效、并能带来超额利润的独特能力。在激烈的竞争中，企业只有具有核心竞争力，才能获得持久的竞争优势，保持长盛不衰。核心竞争力的识别标准有四个。

（1）价值性。这种能力首先能很好地实现顾客所看重的价值，如能显著地降低成本，提高产品质量，提高服务效率，增加顾客的效用，从而给企业带来竞争优势。

（2）稀缺性。这种能力必须是稀缺的，只有少数的企业拥有。

（3）不可替代性。竞争对手无法通过其他能力替代，它在为顾客创造价值的过程中具有不可替代的作用。

（4）难以模仿性。核心竞争力还必须是企业所特有的，并且是竞争对手难以模仿的，也就是说它不像材料、机器设备那样能在市场上购买到，而是难以转移或复制。这种难以模仿的能力可为企业带来超过平均水平的利润。

服务外包是企业培育和提升核心能力的有效手段（徐姝，2004）。企业通过将一些非核心业务进行外包，而把精力和资源集中于其擅长并占据优势的活动，可以优化企业资源配置，减少投资额，降低风险，利用核心竞争力增加竞争优势，创造更多价值，扩大市场份额。同时，企业通过外包可获取和吸收外部有利于形成企业整体核心能力的单项技能或技术。另外，识别和确定企业的核心竞争力是外包决策与实施的关键步骤。

（二）资源基础理论

1984年，沃纳菲尔特（Wernerfelt）发表《企业的资源基础论》，意味着资源基础论的诞生。资源基础理论的假设是：企业具有不同的有形资源和无形资源，这些资源可转变成独特的能力；资源在企业间是不可流动的且难以复制；这些独特的资源与能力是企业持久竞争优势的源泉。

资源基础理论为，企业是各种资源的集合体。由于各种不同的原因，企业拥有的资源各不相同，具有异质性，这种异质性决定了企业竞争力的差异。企业只有发展那些有价值、稀缺的、不易被模仿和不可替代的异质资源及能力，不断开发和利用外部的互补性资源，才可能持续地保持竞争优势。这样，企业在自身不具备相应资源或不想在所需资源付出更多投资的情况下，应充分利用外部资源和能力。

服务外包可以弥补发包企业在资源和能力上的缺陷，通过将组织内部那些非异质性的资源外包，发包商可以把有限的资源投入到具有优势的核心业务上，在降低机会成本和投资风险的同时，强化自身的核心竞争力。发包商不仅可以充分利用接包商的专业知识和经验大大降低成本，提高工作绩效和客户服务水平，进而增强获利能力和竞争优势，还可以充分利用外部资源和能力，弥补自身的不足。

（三）资源依赖理论

资源依赖理论是指一个组织最重要的存活目标是要想办法减低对外部关键资源供应组织的依赖程度，并且寻求一个可以影响这些供应组织的关键资源并能够稳定掌握的方法。

资源依赖理论强调组织体的生存需要从周围环境中吸取资源，需要与周围环境相互依存、相互作用才能达到目的。它包括三层含义：组织与周围环境处于相互依存之中；除了服从环境之外，组织可以通过其他选择，调整对环境的依赖程度；环境不应被视为客观现实，对环境的认识通常是一个行为过程。

资源依赖理论认为，各企业之间的资源具有极大的差异性，而且不能完全自由流动，很多资源无法在市场上通过定价进行交易。比如组织才能，它们以惯例为衡量尺度，可能比机器设备等有形资源在市场上带来更长期的竞争优势。但是，它却不可能从市场上购买。与此同时，相对于企业不断提升的发展目标来讲，任何企业都不可能完全拥有所需要的一切资源，在资源与目标之间总存在着某种战略差距。因此，为了获得这些资源，企业会同它所处环境内控制这些资源的其他组织化的实体之间进行互动，从而导致组织对资源的依赖性。因为这种依赖性，组织会试图支配它们的环境，并计划它们对偶发事件的反应；努力追求亲密的关系；避免对市场的依赖和对技术化的机会的依赖。

企业通过外包与外部组织建立伙伴关系，大大降低了由于互相依赖产生的不确定性带来的风险，有助于提高企业获取资源的功效，以及稳定地获取高质量资源的能力。另外，双方之间以合同为基础保持长期合作关系，合作双方信息沟通顺畅、信任程度高，而且各方利害关系更为紧密，是一种典型的依存共生关系。

（四）价值链理论

价值链理论是哈佛大学商学院教授迈克尔·波特于1985年提出的。波特认为，"每一个企业都是在设计、生产、销售、发送和辅助其产品的过程中进行种种活动的集合体。所有这些活动可以用一个价值链来表明"。企业的价值创造是通过一系列活动构成的，这些活动可分为基本活动和辅助活动两类，基本活动包括内部后勤、生产作业、外部后勤、市场和销售、服务等；辅助活动则包括采购、技术开发、人力资源管理和企业基础设施等。这些互不相同但又相互关联的生产经营活动，构成了一个创造价值的动态过程，即价值链。不同企业参与的价值活动中，并不是每个环节都创造价值，实际上只有某些特定的价值活动才真正创造价值，这些真正创造价值的经营活动，就是价值链上的"战略环节"。企业要保持的竞争优势，实际上是企业在价值链某些特定的战略环节上的优势。运用价值链的分析方法来确定核心竞争力，是要求企业密切关注组织的资源状态，要求企业特别关注和培养在价值链的关键环节上获得重要的核心竞争力，以形成和巩固企业在行业内的竞争优势。企业的优势既可以来源于价值活动所涉及的市场范围的调整，也可以来源于企业间协调或合用价值链所带来的最优化效益。

价值链在经济活动中是无处不在的，上下游关联的企业与企业之间存在行业价值链，企业内部各业务单元的联系构成了企业的价值链，企业内部各业务单元之间也存在着价值链联结。价值链上的每一项价值活动都会对企业最终能够实现多大的价值造成影响。价值链一旦建立起来，会非常有助于准确地分析价值链各个环节所增加的价值。价值链的应用不仅仅局限于企业内部。随着互联网的应用和普及，竞争的日益激烈，企业之间组合价值链联盟的趋势越来越明显。企业更加关心自己核心能力的建设和发展，关注整个价值链中一个环节，如研发、生产、物流等环节。

价值链理论揭示了企业与企业的竞争，不只是某个环节的竞争，而是整个价值链的竞争，而整个价值链的综合竞争力决定企业的竞争力。用波特的话来说："消费者心目中的价值由一连串企业内部物质与技术上的具体活动与利润所构成，当你和其他企业竞争时，其实是内部多项活动在进行竞争，而不是某一项活动的竞争。"任何一家企业都只能在价值链上的某些环节上具有竞争优势，而在价值增值的环节上，其他企业可能拥有竞争优势。通过外包，企业把自己价值链上不具有优势的业务转让出去，让在这些价值链上处于优势的企业完成那些工作，实现优势互补，最终实现"双赢"。

二、经济学观点

（一）交易成本理论

交易成本理论（Transaction Costs Economics Theory，TCE）是诺贝尔奖获得者、英国经济学家罗纳德·哈里·科斯（R. H. Coase）1937年在其重要论文"论企业的性质"中提出来的。它的基本思路是：围绕交易费用节约这一中心，把交易作为分析单位，找出区分不同交易的特征因素，然后分析什么样的交易应该用什么样的体制组织来协调。

科斯认为，交易成本是获得准确市场信息所需要的费用，以及谈判和经常性契约的费用。也就是说，交易成本由信息搜寻成本、谈判成本、缔约成本、监督履约情况的成本、可能发生的处理违约行为的成本所构成。Dahlman（1979）则将交易活动的内容加以类别化处理，认为交易成本包含搜寻信息的成本、协商与决策成本、契约成本、监督成本、执行成本与转换成本。简言之，所谓交易成本是指"当交易行为发生时，所随同产生的信息搜寻、条件谈判与交易实施等的各项成本"。

交易成本理论是服务外包的重要理论基础：

（1）交易成本理论为企业外包战略的制定提供了重要的分析依据。

（2）Willianmson 在交易成本理论中提出的交易成本来源如交易主体的有限理性、专用性投资、信息不对称、不确定性与复杂性等为外包商选择、外包关系管理及外包风险管理奠定了理论基础。

（3）由于服务产品的特殊性，信息交流成本具有举足轻重的地位。信息技术的进步使人们只需要一个办公桌和连接网络的电脑，就可以编码和操作工作流程。对于离岸外包来说，除了劳动力成本远远低于本土外，信息交流的成本将持续下降，因此服务外包发展的空间将越来越大。

（二）委托代理理论

20 世纪 30 年代，美国经济学家伯利和米恩斯因为洞悉企业所有者兼具经营者的做法存在着极大的弊端，于是提出"委托代理理论"，倡导所有权和经营权分离，企业所有者保留剩余索取权，而将经营权利让渡。其中心任务是研究在利益相冲突和信息不对称的环境下，委托人如何设计最优契约激励代理人。

委托代理理论的主要观点认为：委托代理关系是随着生产力大发展和规模化大生产的出现而产生的。其原因：一方面是生产力发展使得分工进一步细化，权利的所有者由于知识、能力和精力的原因不能行使所有的权利；另一方面专业化分工产生了一大批具有专业知识的代理人，他们有精力、有能力代理行使好被委托的权利。但在委托代理的关系当中，由于委托人与代理人的效用函数不一样，委托人追求的是自己的财富更大，而代理人追求自己的工资津贴收入、奢侈品消费和闲暇时间最大化，这必然导致两者的利益冲突。在没有有效的制度安排下，代理人的行为很可能最终损害委托人的利益。而世界——不管是经济领域还是社会领域，都普遍存在委托代理关系。

服务外包中发包方和接包商之间是一种典型的委托代理关系，发包方就是委托人，接包商就是代理人。在这种服务外包委托代理关系中，接包商由于相对优势而代表发包方行动。发包商由于资源有限和成本的原因，只能专注于自己的核心业务，而接包商是具有专业知识的代理人，他们能更好地完成发包方委托的权利。发包方根据接包商提供的服务数量和质量对其支付相应的报酬。

三、社会学观点

（一）分工理论

1776 年 3 月，亚当·斯密的《国富论》中第一次提出了劳动分工的观点，并系统全面地阐述了劳动分工对提高劳动生产率和增进国民财富的巨大作用。

斯密说:"一个劳动者,如果对于这职业(分工的结果,使扣针的制造成为一种专门职业)没有受过相当训练,又不知怎样使用这职业上的机械(使这种机械有发明的可能的,恐怕也是分工的结果),那么纵使竭力工作,也许一天也制造不出一枚扣针,要做二十枚,当然是绝不可能了。但按照现在经营的方法,不但这种作业全部已经成为专门职业,而且这种职业分成若干部门,其中有大多数也同样成为专门职业。一个人抽铁线,一个人拉直,一个人切截,一个人削尖线的一端,一个人磨另一端,以便装上圆头。要做圆头,就需要有二三种不同的操作。装圆头,涂白色乃至包装,都是专门的职业。这样,扣针的制造分为十八种操作。有些工厂,这十八种操作,分由十八个专门工人担任。固然,有时一人也兼任二三个。我见过一个这种小工厂,只雇用十个工人,因此在这一个工厂中,有几个工人担任二三种操作。像这样一个小工厂的工人,虽然很穷困,他们的必要机械设备也很简陋,但他们如果勤勉努力,一天也能成针十二磅。从每磅中等针有四千枚计,这十个工人每日就可成针四万八千枚,即一人一天可成针四千八百枚。如果他们各自独立工作,不专习一种特殊业务,那么,他们不论是谁,绝对不能一天制造二十枚针,说不定一天连一枚针也制造不出来。他们不但不能制出今日由适当分工合作而制成的数量的二百四十分之一,就连这数量的四千八百分之一,恐怕也制造不出来。"

亚当·斯密最早提出了分工论,在当时起了很重要的作用,因为分工可以提高劳动生产率,所以到20世纪初亨利·福特就把生产一辆车分成了8772个工时。分工论成为统治企业管理的主要模式。

亚当·斯密认为,各国间生产技术上的差异会造成劳动生产率和生产成本的绝对差别,各国应该专业化生产那些具有绝对优势的商品,然后在专业化生产的基础上进行交换。通过出口本国具有绝对优势的商品,换取贸易伙伴具有绝对优势的商品,这样对两国都有利。

服务外包是劳动分工的延伸,是随着社会生产力的发展,逐渐从生产制造业外包发展中剥离和独立出来的国际分工高端形式,是国际社会范围内合作与分工的最新产物。企业把部分或全部业务环节外包给外部服务提供商,使服务发包方和供应商都能专注于占有绝对优势的业务,双方均能简化管理的复杂性,提高各自的生产率,享受分工带来的利益。

(二)比较优势理论

李嘉图在斯密的绝对优势理论的基础上,在其代表作《政治经济学及赋税原理》中提出了比较优势理论。李嘉图指出,决定国际贸易的基础是两个国家产品生产的相对劳动成本,而不是绝对劳动成本。一个国家在生产各种产品时,即使劳动成本都高于其他国家，但是，只要在劳动投入上有所不同，仍可以开展贸易并从中获益。

大卫·李嘉图提出了比较成本贸易理论（又称为"比较优势贸易理论"）。比较优势理论认为，国际贸易的基础是生产技术的相对差别（而非绝对差别），以及由此产生的相对成本的差别。每个国家都应根据"两利相权取其重，两弊相权取其轻"的原则，集中生产并出口其具有"比较优势"的产品，进口其具有"比较劣势"的产品。比较优势贸易理论在更普遍的基础上解释了贸易产生的基础和贸易利得，大大发展了绝对优势贸易理论。

根据比较优势贸易理论，如果一个国家在本国生产一种产品的机会成本低于在其他国家生产该种产品的机会成本，那么这个国家在生产该种产品上就拥有比较优势。

该理论也可以解释服务外包业态的发生。在该理论指导下，企业完全可以将自己处于相对劣势地位的某些业务环节外包，自己则专业化于劣势最小的业务领域或者优势最大的业务。即使发包方与接包方相比在任何服务领域都处于绝对劣势时，也不妨碍外包行为的发生。

（三）社会交换理论

社会交换理论是20世纪60年代兴起于美国进而在全球范围内广泛传播的一种社会学理论。由于它对人类行为中心理因素的强调，也被称为一种行为主义社会心理学理论。这一理论主张人类的一切行为都受到某种能够带来奖励和报酬的交换活动的支配，因此，人类一切社会活动都可以归结为一种交换，人们在社会交换中所结成的社会关系也是一种交换关系。社会交换理论由霍曼斯创立，主要代表人物有布劳、埃默森等。

布劳的社会交换理论对社会交换的定义、条件、特征、原则、过程、社会交换与权力、社会交换与宏观结构及社会交换中出现的不平等与异质性进行了系统的分析，形成了社会交换理论从微观向宏观的过渡。布劳的理论明显受到霍曼斯和马克思的影响：一方面，布劳在结构交换论中吸收了霍曼斯社会交换理论基本原理和基本命题中的合理内核；另一方面，布劳又通过汲取马克思辩证法思想的精髓，运用"集体主义方法论"与"整体结构论"，进行了对社会交换中宏观结构的研究，并用不对等交换的原则揭示了权力产生、反抗及变迁的基本规律。

布劳认为，虽然大部分人类行为是以对于社会交换的考虑为指导的，但并不是所有的人类行为都受到交换考虑的指导，社会交换只是人类行为的一部分。他提出了使行为变为交换行为必须具备的两个条件："一是该行为的最终目标只有通过与他人互动才能达到；二是该行为必须采取有助于实现这些目的的手段"。布劳把社会交换界定为"当别人作出报答性反应就发生，当别人不再作出报答性反应就停止的行动"。他认为社会交换是个体之间的关系与群体之间的关系、权力分化与伙伴群体关系、对抗力量之间的冲突与合作、社区成员之间间接的联系与亲密依恋关系等的基础。社会的微观结构起源于个体期待社会报酬而发生的交换。个体之所以相互交往，是因为他们都在相互交往中通过交换得到了某些需要的东西。

服务外包是社会发包商之间相互作用、相互交换的一种体现。发包企业与接包企业之间充分利用彼此的核心能力，实现资源的优化配置，达到"双赢"。

第三节 服务外包风险及其防范

风险即由于不确定性而导致出现损失的可能性。这一定义包含两个维度，损失的不确定性和结果的危害性。将其转化为公式如下所示：

$$RE = P(UO) \times L(UO)$$

式中，UO 代表负面结果（Undesired Outcome），RE 代表风险，$P(UO)$ 代表负面结果发生的概率，$L(UO)$ 代表负面结果所带来的损失。

服务外包风险是指客户通过与外包承接商订立合约，将部分或者全部业务外包给外包承接商的过程中，由于内外部环境的变化，导致外包结果与预期不一致的现象（王桂森，2011）。分析服务外包的风险应该首先识别各种可能存在的风险因素，从而对外包的风险进行分析，并制定相应的风险缓解策略。

一、服务外包的阶段

关于服务外包的阶段，不同学者提出了各自的见解。通过研究服务外包生命周期的全过程，有助于分析各个过程中出现的风险因素，有利于对服务外包项目风险进行更有针对性的管理。

对于IT项目外包的全过程，Mahnkeetal 认为一共有10个阶段：外包决策、外包管理、合同前、合同签订、合同后、活动识别、承包方选择、合同执行、监控和测试、关系管理。Oakie Williams（1998）认为，一个企业要成功地实施信息技术资源外包，通常必须经历如下阶段，即战略制定（企业内部分析和评估、界定需求），选择适合的服务商，以协议形式固定双方合作关系，对合同实施、管理与监控。

Kliem 认为，软件项目外包主要包括7个过程：外包决策、寻找承包方、对承包方的选择和评价、与承包方进行谈判、签订外包合同、外包合同的执行和管理、产品及过程验收。

Johnson 将外包过程划分为 6 个阶段：分析战略、识别最合适外包的业务、制定外包需求、选择外包承接商、转变经营模式和关系管理。

Greaver（1999）认为，外包过程可包括 7 个阶段：准备外包计划、研究外包的战略意义、分析业绩与成本、选择外包承接商、协商合同条款、资源转换和关系管理。

Lonsdale 和 Cox 则提出了外包的 6 个阶段：经营活动的重要性评估、对外包承接商的评估、选择适合的外包关系类型、外包承接商选择、关系管理、重新投标或恢复自制。

刘继承（2005）认为，外包阶段分为组织内评估、外包承接商选择、合同洽谈与制定、外包管理 4 个阶段。

王磊（2006）提出信息技术外包的生命周期包括：①外包决策阶段，企业确定是否外包，为什么要外包，明确外包的目标、范围和形式等；②服务商选择阶段，外包方确定选择服务商的标准和方法，收集和分析服务商的资料，对外包详细分析并制定需求建议书，通过招投标选定合适的服务商；③签订合同阶段，在合同谈判时，对采用的外包关系要有清晰的认识，做到合同尽可能的完备，并保持适当的弹性；④外包过渡阶段，在外包合同的开始阶段应该完成某种程度的整合，根据计划和进度表进行相关人员和资产的转移；⑤外包关系管理阶段，外包正式实施后，管理外包的执行情况，发展和管理与服务商的关系，并适时应对变化、调整和终止。

黄琨（2010）认为，ITO 的构成和价值并不是一成不变的，随着时间的推移，服务经历孕育（服务设计）、诞生（服务实施）、成长（服务运营）、成熟（服务改进）和消亡（撤销服务）这样一个生命周期。将信息技术服务外包项目的生命周期定义为：从投资决策开始，一直到项目的计划与控制过程及项目后期的运行与维护过程。且分为 4 个阶段：需求与规划阶段，建设与实施阶段，运营与支持阶段，失效阶段。在不同阶段，ITO 项目的侧重点也有所差异。

著名的研究机构 Gartner 公司仿照软件工程中的软件生命周期，提出了一套ITO 的生命周期理论，将 IT 外包活动分解为 4 个阶段，构成一个完整的闭环，如图 2-1 所示（蒋国瑞，2006）。

王桂森（2011）基于服务外包生命周期的各阶段将 IT 服务外包过程划分为外包决策、外包承接商选择、执行和维护 4 个阶段。如图 2-2 所示。其中 IT 服务外包执行过程主要包括 3 个核心环节：合同执行阶段、IT 服务外包过渡阶段和IT 服务外包关系管理阶段。

阶段1：外包战略	阶段2：评估选择
联盟 组织评估 核心竞争力 市场分析 风险分析	标识 开发指标 组织适应性 选择过程 合作机会
阶段4：外包管理	阶段3：建立合同
关系 性能评估 达到组织业务需求转变	管理模型 优势 支付模式 条款和条件 支持变化

图 2－1　Gartner 开发的 ITO 的生命周期

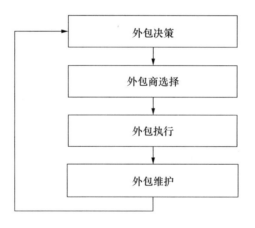

图 2－2　IT 服务外包过程

1. IT 服务外包决策阶段

发包企业对所要外包的业务进行认真分析，通过外包需求的形式提出所要外包的业务，以此避免将其核心技术外包给外包承接商。

2. 外包承接商选择阶段

发包企业在确定选择外包承接商的标准和方法的基础上，收集和分析外包承接商的资料，然后以此为依据来对外包业务的外包承接商进行详细的分析，并确定需求建议书，最后通过投招标过程来确定合适的外包承接商。在确定好合适的外包承接商后，快速进入合同签订阶段。

3. 执行阶段

在执行阶段，首先，监管外包的执行情况和服务质量，使所签订的合同尽可能得到执行，并在执行过程中适当保持弹性；其次，发包企业与 IT 外包承接商完成对 IT 服务外包业务的有效过渡，即完成发包企业与 IT 服务外包合作双方的某种程度的整合，并根据进度和计划表进行相关人员及资产的转移；再次，发展和管理与外包承接商的关系，并适时应对变化、调整和终止；最后，实施目标管理，专注于目标的达成，关注执行的差异，做好差异控制。

4. 维护阶段

外包承接商向发包企业提供相应的售后服务，具体包括：IT 服务外包业务的设备件维护；数据中心的运作维护；提供发包企业所需要信息化系统维护和升级等。

二、服务外包风险因素分析

(一) 外包决策阶段

1. 外包市场不成熟

在信息技术服务市场上，如果市场成熟度低，服务商数量就少，市场则缺乏公平有效竞争，会导致发包企业各种成本的增加，也可能导致服务质量的降低；同时发包企业可能被服务商套牢（Lock - In），使发包企业的灵活性降低，而这种被服务商所操纵风险是非常危险的。所以，在进行外包决策时，信息技术外包市场的成熟情况会直接影响发包企业是否会外包、什么时间外包、外包什么等问题的决策。

对策：避免将具备战略性、重要应用价值的业务外包，减少对外包承接商的依赖。或者，与外包承接商建立更紧密的战略伙伴关系，采用绩效合同或合包方式。

2. 外包目标不明确

发包企业希望通过外包达到什么目的，是发包企业外包成功与否的关键。同时，发包企业对于信息技术外包目标不明确、目标短视与不切实际的目标也成为信息技术外包中隐藏的重大风险因素。

对策：双方应紧密联系，实事求是地沟通。

3. 发包方的经验和 IT 能力不足

外包方的经验和 IT 能力不足不但是外包决策阶段的风险因素，它也会贯穿信息技术外包的全过程。

对策：向专业机构咨询。

（二）外包承接商选择阶段

1. 合作伙伴选择

外包方由于没有能力或没有认真了解服务商的实际情况或者直接责任人存在个人倾向等，会导致决策层缺乏充分有效的信息来选择合适的服务商。

对策：发包企业需要制定合理的外商选择机制。

2. 合作伙伴逆向选择

由于信息不对称，外包承接商拥有较多的信息，如经营管理水平、自身的技术水平、对行业的了解程度等信息，处于信息优势，而发包企业却不了解外包承接商的这些信息，处于信息劣势，由于这种信息不对称，导致"逆向选择"的风险。

对策：发包企业可以通过制定一些激励策略，将众多的风险因素考虑在合同内，尽量缩小发包企业和外包承接商目标上的差距，促使外包承接商自觉地按照发包企业希望的利益方向行动，实现外包承接商和发包企业的利益的一致性，进而达到风险控制的目的。

（三）签订合同阶段

1. 信息技术的特性

信息技术发展迅速，不确定性高，具有难以分割性，并且对于发包企业来说可能是其核心能力的来源，也可能是具有战略潜力的资源。此外，信息技术还可能具有或者产生"资产专用性"，所谓资产专用性是指构成外包交易一部分的资产是特定外包协议所特有的，一旦交易破裂，损失很大。所以，它不是一个普通的商品。

对策：外包承接商应该深入了解发包企业的需求变化；对于专用性资产，要求发包企业支付部分费用。

2. 合同的不完善

外包方与服务商签订的外包合同条款不完善，增加了服务商机会主义的可能，在外包实施过程中造成成本增加、服务质量下降、产生纠纷，甚至导致外包的失败。

对策：合同应该对成本、服务级别、终止以及处罚条款做出详细的规定。

3. 合同缺乏灵活性

合同僵死的条款、缺乏应急条款、缺乏谈判机制、缺乏对业务发展和新技术应用的考虑等都可能导致合约缺乏灵活性，当遇到情况发生变化时可能造成不利的后果。

对策：双方共同设计开放式合约，以便及时调整外包内容、外包模式等，进而达到控制风险的目的。

（四）外包过渡阶段

1. 外包双方沟通不畅

由于沟通渠道或相互主动沟通的积极性不足，导致管理层和员工、外包双方交流出现问题，妨碍了外包的正常过渡。

对策：理解对方的功能与程序，增进了解与信任。帮助建立发包企业的合同管理团队，定期进行项目评估。

2. 服务商的经验和能力不足

服务商在外包过渡阶段扮演着重要角色，它的经验、技术能力等是外包过渡成功的关键，服务商丰富的经验和优良的实施能力能够保障外包过渡平稳进行。

对策：发包企业应根据自身需要的 IT 技术以及自己所处的行业，选择拥有开发经验的外包承接商。同时，发包企业也应该对外包承接商是否具有业务领域专业知识的情况进行了解。

（五）关系管理阶段

1. 信息技术应用和业务的不确定性

发包企业的经营战略随着市场的变化而变化，发包企业经营的业务也相应发生变化；同时信息技术的应用不是一成不变的，由于业务或者新技术的更替会产生不确定性，这些都会导致外包风险。

对策：在合同中包含服务水平协议（SLAs）条款，明确服务期望和赔偿责任，定期进行项目评估。

2. 发包企业丧失一部分能力

信息技术外包弥补发包企业信息技术能力不足的同时也使发包企业丧失了一部分能力，这对发包企业来说是一个挑战。发包企业要既能获得低价高质量的信息技术外包服务又能享受到外包带来的收益，就必须注重培养和保持自己所必需的能力和技术。

对策：发包企业应尽量保持自己的核心能力。

3. 服务商的道德风险

服务商的经验和 IT 能力为合作双方带来收益的同时，也可能由于其道德风险导致发包企业商业机密泄露，或由于信息不对称使发包企业被服务商所利用而承担损失。

对策：选择合适的服务提供商，与服务提供商进行战略合作。

4. 服务商经营不善

由于信息技术外包市场环境变化快，从事信息技术外包的发包企业良莠不齐，当服务商出现经营不善时，可能使外包方蒙受巨大的损失，特别是在中长期合约的情况下，有时甚至是致命的。

对策：选择具有良好财务状况、稳定的客户基础的外包承接商。

5. 缺乏对服务商在合同和关系方面的主动管理

很多 IT 外包项目的失败是由于外包方对合约缺乏积极有效的管理。

对策：发包企业应积极监控合约的执行情况，适时进行绩效评估。

第四节 服务外包承接商的选择

一、选择原则

拟外包服务的企业与外包承接商之间是一种共生关系，这种关系涉及一套能使外包关系良好运作的相关人事、流程、工具与系统，它从合同正式签订之日开始并一直延续到合同结束的最后一天（徐姝、胡明铭，2009）。因而，对于外包承接商的选择需要经过认真的筛选、甄别，选出符合企业自身情形的外包承接商。

对接包方评价和选择的研究很多，Aberdeen Group（2002）将外包商的选择因素分为 5 个方面：技术能力、垂直行业技能、供应商的灵活性、价格和以往服务的成功关系。

McFarlan 和 Nolan（1995）通过对 14 个企业为期 4 年的研究认为，一个合适的供应商必须在财政上稳定且能跟上科技发展的步伐。供应商在确定前，必须通过相互利益，解决问题方式的一致性，管理文化匹配等因素上的评估。

Goles（2001）从服务外包接包方自身技术竞争力、业务理解、关系管理等角度对接包方提出了建议，认为更好的合作关系管理、团队合作、平衡控制、流程灵活性等可以为企业带来更高的回报。

Brocklehurst 和 Qu（2003）认为，外包商选择原则是：生产成本的差异性、语言的障碍、政府的支持、IT 人才储备和教育体系、质量、文化的兼容性、政治稳定性、财务稳健、流程和方法（CMM）、声誉、现场交付能力、技术、外包合同管理能力、经验和被验证的离岸方法等。

Michell 和 Fitzgerald（1997）的研究指出，发包方在选择供应商时必须警惕供应商的实际能力是否与他们宣传的所一致。因为在很多情况下，一个供应商可能只在某一方面具有优势，但却声称可以提供另一个领域的服务。

Kim（2003）根据成本结构、学习曲线及质量技术水平来评价和考察服务接包方，研究了如何根据外包业务接包方在降低成本方面的改进，以及选择业务接包方进行动态外包决策的问题。

Wadhwa 和 Ravindran（2007）采用多元标准建模的方法对供应商选择问题进行建模。作者假设在一定折扣下，存在多个买家和多个供应商，买方的数量代表着分支机构的数量，并假设任何一个供应商能够从任何供应商那里获得一个或多个产品。供应商的选择标准有三个，分别是供应商的价格水平，供应商的交货期和供应商的产品质量。优化目标要同时满足价格最低、交货期最短和产品拒绝率最低。作者通过建立模型和模拟数据求解并结合价值路径图进行分析，为企业决策者提供服务供应商选择的解决方案。

杨波（2009）归纳客户选择 IT 服务外包提供商的标准是：声誉（包括资质认证、以往服务的成功关系）、技术能力、垂直行业技能、流程能力（CMM/CM-MI）、人力资源能力、语言文化和沟通能力、安全管理能力、价格、财务稳健性、交付能力和外包合同管理能力。

二、选择流程

（一）确定选择外包承接商的目标和原则

企业在选择 IT 服务外包承接商时，应使所选择的外包承接商能够较好地服务自己的战略，并且符合自己的业务流程要求。因此，企业首先应明确自己的 IT 服务外包战略，梳理相关业务流程，并充分考虑经济环境因素，保证企业所需要的 IT 服务能够从市场上获得。如果在市场上难以找到符合自己要求的外包承接商并且企业的战略又无法修改的情况下，企业应该重新审视自己的外包决策。

（二）建立外包承接商评价标准

外包承接商综合评价标准是企业衡量外包承接商是否满足具有接受 IT 服务外包业务的基石，是反映企业本身和环境所构成的复杂系统。在构建外包承接商评价标准的时候，企业需要组织专门的 IT 服务外包业务小组，由其专项负责外包承接商选择的任务。同时，企业应该对行业内的满足企业制定标准的外包承接商的技术水平、专业人员的业务能力、财务状况、信誉等进行充分了解，进行比较以减少机会成本风险。

（三）建立外包合作关系

由于 IT 服务外包合作本身是一个复杂的过程，且有可能随着市场、企业战略目标等因素发生变化，因此，企业和外包承接商需要在互惠互利的基础上建立完善相应机制，以保证合作进程顺利进行。

（四）调整和执行外包合同

当外包承接商将 IT 服务外包内容完成后，企业首先要进行试运行，对外包质量进行评估。如果符合企业的要求，外包项目进入维护阶段；如果不符合企业的要求，外包承接商需要对其服务进行修正，甚至企业会更换外包承接商以实现既定的 IT 服务外包目标。

案例分析

海马汽车的 IT 外包管理①

2008 年下半年，虽然与某供应商合作的一系列项目陆续收尾。但在一汽海马汽车股份有限公司（以下简称"海马"）信息部副部长吴松心里，这个过程可谓五味杂陈。

"这家公司在海马应该说是经历了起起落落好几回，大家对它从不认同到认同，到有异议，再到慢慢又能接受，这就是共同成长。在这个过程中，海马也得到了洗礼，不可否认，通过 IT 和软件顾问的介入，对海马的业务是有促进和催化作用的。"吴松表示。过去两年来，他经历了一段非常坎坷的项目合作。如何看待与供应商的合作，在这一刻恐怕没有人比他理解得更深刻了。

出于对质量控制和追溯的需求，2006 年，海马开始寻找 QIS（质量管理系统）项目的供应商。在最初 IT 供应商的甄选上，虽然国外供应商资历深厚，但考虑到成本和中国质量管理的实际情况，吴松倾向选择"能够充分认识海马和海马门当户对的企业"。而 A 公司在国内的 QIS 厂商中可谓行业翘楚，曾经为业内多家汽车企业实施过整车和发动机的 QIS 项目，报价也可以接受，在参与竞标的 3 家供应商中优势明显。

"从体制、内部管理来看，这家企业与海马应该属于门当户对。"谈起最初对这家供应商的印象，吴松评价说。最后，参观 A 公司的典型案例某一线汽车企业的控制现场后，吴松彻底放心了，最后拍板了 A 公司。

1. 阵前换将

开动员大会，海马高层和 A 公司高层轮流发言。2006 年 4 月，针对整车的 QIS 项目正式启动。然而，让吴松始料不及的是，在接下来的半年里，A 公司开始频繁换将。

第一次换将，A 公司给海马的解释是，项目经理辞职了。吴松很不满，因为这位项目经理曾经是在上文提到的汽车企业带项目，当时洽谈的时候，吴松就坚

---

① 钟啸灵发表于《信息方略》（CIO Insight）发表时间（原题目：海马遭遇供应商事件）：2008 - 10 - 08（http://www.cioinsight.com.cn/html/anli/2008/10/826_2.html）。

持要求让她来带这个项目，A公司当时满口答应。虽然吴松发现，该项目经理越来越缺乏激情，没想到最后发展到了辞职走人的程度。

不过，好在第一位项目经理在海马的时间很短，A公司再次派来的项目经理不论从资历和态度上又都不错，本着相互信任的原则，吴松也就认可了这一调整。不过，这位项目经理也没让吴松省心。刚刚建立起互信关系不久，由于该项目经理过于投入，经常加班，最后演变为胃出血，只有回公司养病。对于这个意外，谁也没办法，最后A公司又给海马派来第三位项目经理。虽然有些因素是不可抗力，但无论如何，阵前换将毕竟是很忌讳的事情。为此，海马也颇有怨言。

2. 封闭开发

虽然对A公司阵前换将不满，但项目不能停。第三位项目经理到任后，继续带领团队在海马现场做需求调研、关键用户访谈和意见反馈，这个过程持续了两个月。随后，A公司整理出了厚厚的一本需求规格说明书。经海马各业务部门签字冻结后，A公司项目人员离开海南，返回总部开始做技术开发。

然而，两个月后，当A公司拿着开发的系统回到海马实施时，吴松却傻眼了。原来开发出来的系统与海马的业务要求差距甚大，有的业务逻辑已经发生变化，有的技术控制太粗糙了，而QIS是以细节取胜的。

而在海马一方，业务部门也并非都能意识到这些变化对系统的影响，因此也没有提出需求变更。吴松也颇有些无奈，"对IT部门来说，对业务细节的变化进行把控是有一定难度的。"事实上，原型开发对软件供应商挑战很大，原型开发后的不断纠偏也是正常的。不过，当时距离项目启动已经过去4个月了，吴松最担心的是实施周期将被延长。

出现这样的问题后，A公司的反应很迅速。当即派出其负责服务的副总经理上阵，充分调遣项目资源，直接在现场开始和海马一起寻找突破点。在这个过程中，A公司从上往下找关键需求以保证实施方向；又从下往上，从细节入手实施关键业务点突破。同时改变了之前的做法，开始一边开发一边验证。"这是一个彼此迁就、彼此信任的过程，这个确认过程还是比较友好的。"吴松表示。

"我们选择供应商是慎重的，一旦他们进入海马，我们就本着合作共赢的态度与他们打交道。项目过程中出现问题是很正常的，重要的是大家的方向必须一致，文化要能融合。"吴松表示。在现在看来，这个事件恰恰切合了当初的考虑。

随后，在接下来的时间里，海马一直在做数据积累。2007年6月，经过细致准备，海马项目组向技术系统的高层做了一次项目汇报，获得了极好评价。这个项目的价值开始慢慢显现出来。

下半年，IT部门开始在海马全面推进QIS系统时，一些问题又浮出水面：有些是技术标准的问题，而有些则是管理的问题。吴松认为，技术问题容易解决，最主要的问题来自个别用户，"他们有时会以技术问题为理由，拒绝应用或者执行改善原有的流程"。吴松说。为此，他一方面实施，另一方面与高层沟通此事，这个项目的进度进一步拉长。

当时，已经临近春节，按照合同约定时间，该项目应该要验收了。但是根据海马当时的统计，还有一些细节问题很难在春节前解决。按理说，如果无法按时验收项目，A公司项目组的成员将无法拿到这一年的项目奖金。吴松寻思，这些细节问题都不是核心问题。于是决定去协调此事，虽然海马必将为此承担一定风险。

随后，吴松与公司高层对此事进行了沟通，并最终取得高层的支持。年前，IT部门和业务部门一道验收了这个项目。而A公司的项目组也在年后返回海马，继续他们没有完成的工作。

3. 忙乱的项目管控

进入2008年，随着QIS的不断深入应用，系统逐渐进入较为稳定的时期。按理说，与A公司的合作应该不会再出什么大问题了。当初调任海马的副总经理返回了总部。另一名项目经理开始接手这个项目，并继续这个项目的后续改善和服务，即整个QIS的二期项目。"2008年上半年，双方之间的配合越来越默契，终于找到感觉了。"吴松说。他甚至戏言经历了结婚与略带苦涩的蜜月后，海马和A公司开始建立起非常信任的关系。事实上，为了进一步完善这个项目，早在2007年下半年，海马让A公司继续参与到整个的APQP（质量先期策划）项目以及DEP数据交换平台建设中。2008年年初又让A公司参与到发动机的QIS项目的建设中。当时，除了公共数据交换平台属于较技术层面的开发，难度不大外，其他项目对海马来说意义很不一般，对汽车行业有巨大影响的召回事故与这两个项目都有关系，因为QIS限定供应商的管理，而APQP则对设计部门进行质量监控。此外，APQP是一种全新尝试，在国内将APQP系统化的主机厂几乎没有。

不过，A公司在掌控多个项目的能力上，还是存在一些问题。由于几个项目存在一定的时间重叠，又有一部分需求存在关联性，因此在跨项目协调和时间调度上，A公司的项目团队出现了一些问题。"技术是过硬的，但是业务的敏感度不高，不能未雨绸缪。"吴松说。

对海马所提出的问题，记者联系采访了A公司这位项目经理，他表示，海马的多个项目，他们之前虽然有遇到过，但是比较少见。同时由于每个项目涉及的领域和应用的范围不一样，他们需要分别看待。他解释说，虽然整个的QIS和发动机的QIS应用体系上是一样的，不过二者的业务需求和流程控制要求存在不小差异。而QIS的质量体系更多的是基于生产现场，主要与制造工业部门以及采购售后接触，APQP则主要应用在开发部门，本身就可以独立成为一个大的体系。

虽然 A 公司在 QIS 领域有长时间的积累，但在 APQP 领域，即使在全国，成功的案例也很少。

他认为，相比其他汽车企业，海马这几个项目表现出面广且有深度的特点，虽然主要面对的用户群是质管部，但是也涉及设计开发部、下游供应商以及售后部门。在深度上，他们发现，只有将设计质量也纳入整个 QIS 的管理体系中来，对海马的质量管理才有更好的促进作用。这也是导致这几个项目同时实施有难度的原因。

吴松同时透露，在海马这一方，业务部门出现了对 IT 项目的关注头重脚轻的情况，这也是原因之一。吴松认为，在如何避免这个问题上，IT 部门需要自省。"解决这个问题，一方面 IT 部门需要谋求更好的管理工具和手段；另一方面需要业务管控过程电子化，当然前提必须是流程已经清晰，标准的可执行程度高。"不过，正如以上所言，与第一个 QIS 项目一样，业务部门对某些关键的业务逻辑上没有梳理清楚，基于业务的技术也就没有了方向，技术落地的难度加大了。只有逻辑清晰了，技术的改善才能有效跟进，不过，这将是一个长期持续的过程。

虽然几个项目有些磕磕碰碰，但最后在双方的努力下，公共数据交换平台和 APQP 项目还是相继收尾了。2016 年 9 月，发动机的 QIS 也将如期验收。不过，验收只是宣告以上项目暂告一段落，据 A 公司透露，为了深化应用，整个的 QIS 二期即将开始，而由于 APQP 表现出来"更广阔的一些空间"以及"发现这块还有更深入的可能性"，他们还会再做一些后续的拓展，A 公司与海马的合作还在继续。

按照吴松的计划，未来海马还将增加项目预算。在他看来，只要业务部门改善业务的思考还在继续，那么 IT 的配合就是无止境的，和供应商和合作也必将是长期的。"不要因为暂时的问题就轻易放弃供应商，对供应商的培养作为甲方是有这个责任的，我们和供应商的关系绝不仅仅是甲方和乙方的关系。"他说。

通过阅读上述案例，请分析 IT 服务外包承接商选择的因素有哪些？如何进行外包关系管理？如何建立和维护信任关系？外包关系中常见的问题、风险和关键成功因素有哪些？

习题

1. 企业实施外包战略有哪些动因？你认为哪种动因是最重要的？
2. 企业实施外包战略的风险防范机制有哪些？谈谈你对外包风险防范的

看法。

    3. 怎样选择合适的外包供应商？

    4. 简述价值链理论。

    5. 简述亚当·斯密分工理论及其在国际分工中的应用。

    6. 简述比较优势理论并用其解释服务外包。

第三章　国际服务外包市场

学习目标:

➢ 了解国际服务外包的概念

➢ 了解国际服务外包的发展意义

➢ 了解主要的发包方市场和接包方市场

➢ 了解国际服务外包发展的特点和发展趋势

世界经济的变革与发展总是伴随着不断变化的国际产业转移而实现。最初是以传统方式实现的制造业转移,随着技术的不断进步、基础设施的更加完备以及国际联系的日趋紧密,转移的客体逐渐从有形商品生产转向服务的提供,转移的方式也从对外直接投资生产等转向外包。国际新一轮的产业转移主要是以外包形式出现的服务业转移。20 世纪 70~80 年代,大型企业的业务流程从北美和英国转移到爱尔兰等中等发达国家;90 年代后期 IT 应用服务及 BPO 迁移到印度、菲律宾等发展中国家。进入 21 世纪,ITO、BPO 及一些新兴服务外包进一步向包括中国在内的发展中国家转移。新一轮产业转移给国际产业分工合作和各国经济发展带来了重大机遇。

第一节　国际服务外包的概念和发展意义

一、国际服务外包的概念

根据承接外包的区域不同,服务外包可分为离岸外包、近岸外包和在岸外包。其中，离岸外包的服务外包需要跨境方可完成，因其发包方与服务的承接方大多来自不同国家，故这种外包方式也被称为国际服务外包。

国际服务外包是服务外包的一种特殊形式。所谓国际服务外包是指跨国公司将原本自身的非核心服务生产业务，通过在国外建立可控制的离岸中心或者国外分公司，又或者是通过合同方式，发包、分包或者转包给本企业之外的服务提供者，以提高自身的资源配置效率，达到优化资源配置的效果，从而使企业利益最大化。这种外包模式使得很多发达国家的企业获取了巨大的经济效益。

如今，在全球新一轮产业革命和转移中，服务外包已经成为不可逆转的必然趋势。随着这种态势演变，已经有相当多的国家意识到这种趋势有着良好的市场发展前景，不仅可以获取巨大的眼前利益，而且有利于本国经济持续健康发展。因而许多国家利用自己不同的潜在优势分一杯羹，在国际服务外包市场中力争上游。

二、国际服务外包的发展意义

国际服务外包的意义主要包括以下几方面：

（1）有利于优化产业结构。一方面，承接服务外包能够促进服务业在 GDP 中的比重增加，从而优化产业结构并降低能源消耗，为实现经济转型提供了重要途径；另一方面，开展自身业务的国际服务外包，能够从国外企业中学习先进技术和管理经验，并结合企业实际情况予以运用，提高企业自身的生产经营效率，为企业健康发展提供良好保障。

（2）有利于促进对外贸易增长方式的转变。近年来，随着人民币汇率提高和国外对我国贸易的不断设限，导致我国对外贸易，特别是贸易出口的发展受到了较大阻碍，开展国际服务外包业务，不仅能够降低国外贸易设限对我国对外贸易的影响，还能够扩大服务贸易出口收入，形成新的出口支撑点。

（3）有利于降低成本。国际服务外包业务的开展能够使企业将自身不熟悉但却较为重要的业务委托给国外企业，通过合作从中学习符合本企业生产经营特点的技术经验，并加以运用，从而降低相关业务开展过程中不必要的资源浪费，达到降低成本，提高效益的目的。

第二节　主要的发包方市场

服务外包的发包方，主要是掌握核心技术和标准的国家所属的企业。它们是服务业全球分工的主导者和产业链体系的实际控制者。从目前全球服务外包发包方市场看，北美、西欧和日本等国是全球最主要的转移方和发包国，这三者的市场规模占全球离岸服务外包转移方市场规模的90%左右。中国企业要想在全球服务外包市场上争得一席之地，就要紧密跟踪和把握全球服务外包市场的发展动态，分析服务外包发包方市场的现状及其发展趋势。

一、美国

1989年7月，美国柯达（Kodak）公司宣布："正在将公司电脑操作、存货及大型设备维护等，从公司剥离、转移，今后公司将向提供上述外包服务的企业租用这些设备。"并将其所有的信息系统职能外包给美国IBM公司，吹响了服务外包的号角。柯达在实行信息系统外包的同时，将计算机等设备出售给IBM公司，将信息部门的员工也转入到IBM公司。外包使得柯达对信息系统相关的投资减少了90%以上，年运营成本也减少了20%。这一成功的尝试引发了全球外包的发展。此后，许多跨国公司纷纷仿效。

1989年，美国著名管理学家彼得·德鲁克分析了外包的发展趋势，他指出："企业、医院、学校、政府、工会等各种大小组织都正在越来越多地把他们原有的文书事务、机器维护和后勤等工作分离出去。在所有的发达国家，这一趋势正在急速发展。"他预言："在10~15年之内，任何企业中仅做后台支持而不创造营业额的工作都应该外包出去，任何不提供高级发展机会的活动与业务也应该采用外包形式。"本着这样的理念，目前美国有90%的公司至少有一项企业业务外包。

美国是信息产业的发源地，是世界上最大的软件生产国和出口国，美国软件公司占据了世界上2/3以上的软件市场，软件产业已成为美国经济中增长最快和最具活力的部分。那么美国外包的模式是什么样的呢？

美国跨国公司为了降低服务成本，为顾客提供及时、优质的服务，通常实行整体性外包，即把某些服务的整个流程，而不是某一项功能外包出去。美国跨国公司的组织结构一般采用事业部制，各部门的权力较大，可以直接做出外包决策。各事业部之间相对独立，所开展业务的价值链环节各不相同，从自身利益出发，纷纷将各种非核心业务的服务整体外包给高质量、低成本的服务接包方。实行非核心业务服务外包的跨国公司业务部门减少，管理简化，能够更好地将资源集中到核心业务中去。

美国的服务外包市场是开放的，对承接外包的供应商有着平等竞争的商业机制。供应商在以下方面的能力将作为考核要点：英语程度、以往承接美国项目的经验、团队规模、在美国现地的支持能力、文化差异、流程控制与质量管理能力、营销能力、地缘政治与战争风险、知识产权保护、健全的法律体系、政府支持、成本优势、教育与人力资源供给能力、商业品牌等。

二、欧洲

由于受法规约束和自身市场情况的限制，除英国外，欧洲的离岸外包业务开展的较晚。受益于欧盟东扩、统一税制实施范围扩大等积极因素的影响，加上美国、日本等国家的企业采用离岸服务外包增强竞争优势的压力，促使德国等欧盟国家的政府和工商企业不得不采取措施，积极寻求获得工会方面的让步，以降低劳动力成本，并从新制定法律实行各种经济改革，为服务外包铺平了道路，从而使近年来欧洲服务外包市场得到了飞速发展。

在离岸服务外包模式方面，除了英国与美国大致相似之外，其他欧盟国家尤其是德国、法国和荷兰的跨国公司，在开展离岸服务外包过程中，采取了不同的外包模式。欧盟跨国公司与美国跨国公司一样拥有较多的事业部，不同的是，欧盟跨国公司各事业部之间关系紧密，这使得各事业部业务价值链环节有可能求同存异，即在保留各自特殊的价值链环节的前提下，合并或重组那些具有相同或相似功能的价值链环节。因此欧盟跨国公司一般将各事业部业务所属的价值链环节中附加值较低的业务进行重组后，形成一个新的服务于整个公司的外围业务事业部，再将新事业部中的绝大多数符合法律规定的业务进行外包。

欧盟是一个非常大的市场，但各个国家的文化又都不一样，欧洲的软件外包与单一的一个国家的软件外包情况有很大差别。我国软件外包企业面对的是欧盟这一市场整体，而不是单一的一个国家，所以我国软件外包企业想进入欧盟市场，首先要了解欧盟各国的文化、法律、语言等。欧洲人极为注重知识产权保护，注重保护企业的商业秘密，不允许泄露客户的个人信息，同时需要企业遵守公会的权利法案，全面遵守企业的雇佣合同，关注员工社会福利待遇甚至小到包括签证问题等。同时，欧洲人也非常注重经济效益、注重实用，不喜欢太花哨的变化。

三、日本

受传统的忠诚和终生雇佣制观念的影响，外包产业在日本的发展较慢，与美国相比日本服务外包启动晚了 10～15 年。在 20 世纪 80 年代中后期才从美国引进外包这一经营方式。1996 年亚洲金融危机之后日本开始热衷于外包，特别是2006 年，通过了鼓励外包的新法律。

日本是发达国家中软件外包比重最高的国家。21 世纪初，日本先后颁布了三项重大国家战略，形成一个前后衔接、循序渐进的战略体系战略：e – Japan 战略以宽带化为突破口，大力开展信息基础设施建设，为推动国民经济和社会信息化打下良好的硬件基础；e - Japan 战略 II 以促进信息技术的应用为主旨，利用实施 e - Japan 所创造的信息基础设施，重点推进 IT 技术在医疗、食品、生活、教育和就业等七个重点领域的应用。e - Japan 战略抓住信息通信技术发展的制高点，通过实现无所不在的网络社会，在更深的程度上和更广的范围内拓展信息技术的应用，使日本成为未来全球信息社会发展的楷模和标准。这一战略大大推动了日本软件业和软件外包业的发展。

日本跨国公司的外包模式受到日本文化和公司治理结构的深刻影响。不同于美国，在日本，由于单一民族文化的影响，企业间的关系是金字塔型的，位于金字塔顶端的企业处于支配地位，与他形成直接供给关系的企业被称为一级接包商，与一级接包商形成直接供给关系企业被称为二级接包商，以此类推。上下游企业因长期的业务往来形成了固定的业务路径及彼此信赖的企业间和人际间的稳固关系，这造就了日本企业间特有的金字塔型结构关系。

在日本离岸服务外包中，企业之间同样存在金字塔型的紧密关系。例如，在离岸软件外包领域，作为一级服务接包商直接从最终客户那里承接项目，进行总体设计和任务模块分割后，将各模块工作再转移给多个二级接包企业，然后再进行第三、第四次转移，当任务细分到这一层次后可能实行离岸外包。所以日本的软件离岸外包业务多数属于三级外包和四级外包。

日本软件与服务外包市场的特点是，第一发包商是 10 ~ 20 家，主要是 IBM 日本、富士通、三井情报等，他们外包给日本中型软件企业，这些企业再把一些项目往外转包。我国企业一般是三包或四包，我国的软件企业在日本还不能形成一定的知名度，日本企业不敢直接发包。相对于欧美企业，日本企业对于技术的封闭程度较高。

日本的最终用户在发包的时候，不仅希望总接包商具有很强的行业知识与业务咨询能力，希望与自己的企业有很好的信任度，还希望其有足够的资金抗风险能力和在日本本地承担法律责任的能力。因此一般都是日本本地规模较大的企业。此外，由于日本文化的暧昧性，往往不会清楚地将自己的需求用严格的文档方式表达出来，而是要总接包商根据客户的业务特点，边与客户沟通边进行系统的咨询策划设计，因此这样的项目很难真正实施离岸外包。在日本的软件外包市场上，要求总接包商对用户的业务细节十分了解，海外厂商不可能进入日本的总结包商序列，导致了日本的软件与服务外包市场的封闭性。

日本软件企业在找合作伙伴时最看重接包方的是企业的能力和完成质量。日本企业选择合作伙伴非常谨慎，首先看中的是日语交流能力，如果一个企业的中高层项目开发经理日语都能过关，就能为下一步的合作打下一个良好的基础。另外，他们还看重企业的开发流程、管理过程等各方面是否比较规范，而且还要通过与其合作过程来检验企业的这些能力和水平。日本企业开始时只是先给一个小项目，可能是实验性的，如果做得好，一步一步地来，发包的项目会越来越大。一旦与日本公司建立了良好的合作关系，就会长久的维持下去。中日之间软件外包业务的交易，主要通过软件工程桥梁 BSE（Bridge System Engineer）开展。BSE 起中介作用，从事 BSE 工作的人员主要是一些有日本留学背景，精通日语和软件操作技能，以及了解日本文化的归国留学生，以在日本软件公司有实际工作经验的中国人。一般情况下都是有熟悉日本软件行业及业务市场的 BSE 承接日本大公司的软件外包业务，然后再发包给我国国内的软件公司，如大连、北京、上海等地的软件公司。

相近的文化与共同的方块文字和分级外包，是我国在日本的软件服务市场占有绝对优势的根本原因。所以，在未来的数年内，日本的软件服务市场仍将是我国离岸外包市场的快速增长空间。

第三节　主要的接包方市场

从接包方看，爱尔兰曾经是世界上最大的接包国，2001 年印度超越爱尔兰位居首位，并享有"世界办公室"之美誉。受印度成功经验的影响，其他国家，特别是发展中国家，竞相出台各种政策法规并制定发展战略，以鼓励和促进本国软件和服务外包产业的发展。目前，马来西亚、菲律宾、巴西、俄罗斯和澳大利亚等国已经快速加入了承接国际服务外包的竞争行列。亚太地区占据全球接包总额的 40%，印度是亚洲的接包中心，墨西哥是北美的接包中心，爱尔兰是欧洲接包中心。

2016 年，美国管理咨询公司 A. T. Kearney 发布全球离岸服务外包目的地指数，印度、中国、马来西亚位列前 3 名。其中亚洲国家表现抢眼，前 10 名中亚洲国家占据 6 个，印度以工程、产品研发、制造业领域极具投资吸引力以及房地产、劳动力等方面相对便利性而位居榜首，该指数是基于对 55 个经济体的分析数据，包括金融吸引力、劳动人口技能和可获得性、营商环境 3 项主要分指标，以及信息技术预期可交付成果、业务流程外包等辅助指标。

一、爱尔兰

（一）概述

鉴于地理位置、语言文化、历史背景多方面的优势，爱尔兰将本国定位为欧美发达国家大型 IT 行业相关公司产品欧洲化、本地化的加工基地。爱尔兰高度重视教育和人才培养，其公共教育开支在国民收入中的所占比重在发达国家中排名第二。爱尔兰外包产业以软件开发、工程设计等高端业务渐长，其本地研发能力强大，享有"欧洲软件之都"的盛誉。

历史上，爱尔兰因其经济相对落后于欧美发达国家而被称为"欧洲乡村"。但进入 21 世纪以来，通过大量承接服务外包业务并带动该国经济的稳步快速发展，综合国力大幅度提高。这种变化源于自 1994 年以来国内计算机软件产业的异军突起，并逐渐形成了举世瞩目的国际竞争力。

爱尔兰的信息服务和软件产业发展起始于 20 世纪 70 年代，在 80 年代后期兴起，到 90 年代中后期得以迅速发展，已经形成了独具特色的发展模式，成为全球范围内的服务外包强国。70 年代初至 80 年代中期是爱尔兰服务外包产业的萌芽期和起步阶段，这一时期其主要业务是针对客户需求利用外国的软件产品开展专业化服务，作为欧盟的成员国之一，爱尔兰具有独特的区位优势，世界上很多著名 IT 公司将其视为占领欧盟软件市场的桥头堡。因此，在软件产业发展的初期，爱尔兰政府把产业发展策略定位为利用自身语言文化优势，加之优惠性的政策吸引境外大型跨国企业的进驻；相应的业务落实措施主要是软件本土化、软件复制及销售服务。

(二) 特色与优势

1. 良好的语言环境，实现软件产品本土化、欧洲化

利用与美国的特殊历史渊源，爱尔兰大量吸引了包括微软、IBM、戴尔、英特尔等在内的美国公司为主的技术和资金。以英语为母语，提供了先天性便利。由于历史原因，欧洲大陆不同的语言体系多达 20 种，爱尔兰抓住欧洲软件市场的这一特征，将软件产业的重点定位于将美国软件公司产品本地化、欧洲化，成为美国公司进入欧洲市场的第一门户。高端软件产品的本土化使得爱尔兰的本土研发能力得以大大提升和增强。

2. 利用国际标准的系统化服务

爱尔兰的软件产品开发绝大部分采用国际化标准，这为其软件产品的立体化、系统化服务奠定了基础。一般来讲，爱尔兰出口的软件产品均建立了从用户手册、产品包装，直到 CD—ROM 制作等全方位的服务体系。

3. 软件产品体系比较完善

爱尔兰的软件产品门类齐全，从微处理芯片到软件中间件，再到其他应用插件，产品体系完善，其中软件开发工程及设计等高尖端业务使其软件行业的支柱。

4. 产学研一体化的国家创新体系

赢得"欧洲软件之都"的美誉主要得益于爱尔兰国内产学研一体化的国家

创新体系。以利莫里克大学为核心的国家科技园，是爱尔兰软件创新的枢纽，是高新软件企业之间、企业与高等院校、科研开发机构之间建立密切联系的关键点，逐步发展成为高新技术企业的孵化基地，并能为企业的发展及时提供必要的中介服务。这种产学研一体化的格局，使得科研成果能迅速转化成工业产品。这种体制能直接面向市场需求进行针对性研究开发。

5. 教育投入力度巨大，高级人才供给充沛

爱尔兰对国民教育的重视程度举世闻名，其公共教育支出占国民收入的比例位列发达国家第二。爱尔兰的高等教育方式独具特色，与信息类学科相关的学位技术含量非常高。其软件专业的本科生在前两年学习专业核心课程之后，第三年则在生产第一线实习实训，第四年大部分时间用于独立设计开发。大学毕业后便具有了实际工作经验和项目领导能力。多数毕业生主修商业、工程和计算机科学专业，具备扎实的专业基础知识，自主独立的设计研发和管理能力强，创新潜力大，综合素质全面。从全球范围看，爱尔兰的软件设计开发，电子工程和集成电路的设计人员的综合素质，居世界一流水平。

6. 工业成本较低

历史上，爱尔兰国民经济长期依赖于农牧业的发展，虽然是欧盟成员，但其工业用地及配套设施取的成本比较低，大致相当于欧盟平均水平的60%左右。

爱尔兰在服务外包产业取得的成功，源于其正确的发展战略和产业政策，面向软件市场需求的高素质人才的培养体系，以及地缘和文化上的优势等主要因素。

二、印度

（一）概况

印度是发展中国家承接国际服务外包产业转移的成功典范。印度软件和服务业企业行业协会（NASSCOM）的统计数据显示，2014 年，印度 IT - BPM 服务的出口总额为 860 亿美元，较 2013 财年增长了 13%（100 亿美元），年增幅为该国近 5 年来的最高水平。其中，IT 服务出口额为 520 亿美元，BPM（业务流程管理）服务出口额为 200 亿美元，工程研发（ER&D）及软件出口额为 140 亿美元，硬件出口额为 4 亿美元。从行业看，银行和金融服务业是印度 IT - BPM 服务出口的第一大行业，出口额为 350 亿美元，占出口总额的 40% 以上。零售和医疗行业则是 IT - BPM 服务出口的新兴行业，出口额达 220 亿美元，年增幅超过 14%。此外，高科技/电信业和制造业的 IT - BPM 服务出口额也分别达到 150 亿美元和 140 亿美元，持续稳步增长。

从出口地区看，2014 年，美国和欧洲依然是印度 IT - BPM 出口的主要市场。

印度对美国 IT – BPM 出口总额为 530 亿美元，年增幅超过 13%；对英国 IT – BPM 出口总额为 150 亿美元，年增幅为 13.5%；对欧洲其他地区的 IT – BPM 出口总额为 100 亿美元，年增幅超过 14%。此外，印度对亚太地区和世界其他地区的出口额及增幅分别为 65 亿美元（10%）和 19 亿美元（9.4%）。

具体看，定制应用程序的开发和维护、IT 咨询、信息系统外包（ISO）和软件测试是年增幅较大的几个服务项目。其中，定制应用程序的开发和维护服务在 2014 财年出口额为 250 亿美元，增幅为 13.4%，在 IT 服务出口中所占比重接近 50%；IT 咨询出口额为 14 亿美元，年增幅达 14.5%；信息系统外包出口额为 90 亿美元，年增幅达 18.5%，是增长最快的 IT 服务项目；软件测试服务出口额为 37 亿美元，增幅达 18%。

2014 年，印度 BPM 服务出口总额为 200 亿美元，占 IT – BPM 服务出口总额约 1/4。与 2013 年相比，增幅达 11.4%。其中，客户服务（CIS）出口占 41%，成为出口额最高的 BPM 服务项目。财会和知识服务出口分别占 23% 和 19%。

（二）印度服务外包市场的特点与主营产业

1. 企业规模较大

印度服务外包企业规模普遍较大，员工人数在 2000 人以上的公司有 1700 家，甚至有 20 多家员工总数超过两万人，还有 20 家大型企业直接雇佣员工达 50 万人左右。这些大型企业的行业产出也占据了全国市场的主要份额。印度服务外包产业以面向欧美为代表的国际市场的离岸服务外包业务为主营业务。

2. 业务涉及行业广泛

印度离岸服务外包直接面向的行业范围很大，包括银行、保险、金融机构、高科技和通信制造业零售业、媒体、出版和娱乐、航空等领域，并在这些领域中取得了先发性优势。

3. 市场集中、业务单一

从产业结构的角度看印度的外包业务结构有不合理的成分，软件外包是印度服务外包的主体部分，占比超过 80%。但随着服务外包的多元化进程，商务流程外包等新形式的外包迅速发展，这使得印度服务外包行业主打单一软件外包业务的局面面临较大的风险和危险；另外，印度软件产品的 65% 销往美国，这种对单一市场的过分依赖使得印度的软件外包产业存在着潜在的巨大风险。

（三）优势

1. 政策优势

印度政府对国内服务外包产业的发展起了十分重要的推动作用，积极响应企业界的呼吁。印度政府最大限度地采取了授权而非干预的产业政策。

2. 人才优势

印度一直很重视高等教育、科学研究和技术创新。20 世纪 50 年代，印度参照麻省理工学院的模式陆续在国内建立了 7 所理工学院，先后为印度培养了大批科技专家和企业管理高素质人才。印度人才培养体系富有本土特色，根据不同需求和学生的接受能力，在中学、大专院校开设不同类型、不同层次的 IT 课程。印度还积极落实人才整体培训和转移措施，依靠民办高校、私营机构以及软件企业具体实施，这类职业化培训机构为印度软件外包业务培养输送了数以百万的员工。

3. 语言优势

印度的官方语言是英语。这种先天性的语言优势为印度承接欧美服务外包业务提供了便利条件。印度很多专业技术人员能够直接运用娴熟的英语与西方客户交流，从事信息类工作的专业人士甚至能够用英语思考，他们在同欧美客户沟通时很容易清晰地理解对方的要求，在沟通上根本没有任何障碍。语言优势是其在欧美市场颇受欢迎的重要原因之一。

4. 机制优势

行业协会在印度的服务外包产业发展壮大过程中也发挥了积极的重要作用。成立于 1988 年的印度软件业和服务公司协会（NASSCOM）在印度乃至全球服务外包领域的地位举足轻重，对政策推动和顾问、对行业咨询以及协调作用非常明显，保证了印度在全球离岸服务外包中的领导地位。主要体现在：积极与政府及相关职能部门沟通，协助政府制定产业规划，协调软件科技园的各种工程建设，积极争取有利于软件产业快速持续发展的优惠政策；积极主动与 WTO 联系，争取在世界贸易体系和框架内占据有利地位、取得便利条件；帮助软件公司和企业与电信行业进行业务磋商，争取价格低廉、质量优良的高性价比服务，积极维护软件业的自主知识产权；主动与高等院校和研究机构建立联系，开展软件产业各层次专业人才培训，借助于设立专项教育资助基金方式进行计算机知识的普及，重视贫穷落后地区的信息教育的启蒙；推动服务外包产业由低端、局部的服务向高端、多领域的发展。

三、菲律宾

在亚洲，菲律宾在外包服务接包方国家中占有一席之地。对菲律宾发包的主要包括美国、日本、欧洲一些国家。历史上菲律宾曾是美国的殖民地，这为菲律宾接包来自美国的业务提供了便利。在菲律宾外包市场中，60% ~ 70% 的业务来自美国。美国在菲律宾遗留的军事基地大多已演变为经济特区，这得益于区内留有完善的基础设施和通信系统等。另外，菲律宾的教育体系沿袭了美国的模式，在政治、经济、文化、法律、社会等方面的体制都和美国有相通之处。许多外包专业人员接受过美国式的训练，精通英语，容易理解美国客户需求，双方容易沟通合作，这些都是菲律宾外包产业取得成功的重要因素。菲律宾服务外包市场的主营业务包括呼叫中心、电脑软件开发、动画制作、医学数据、金融服务等，菲律宾市场的成功经验包括政策措施得力、运营成本低廉、人力资源供给充沛、语言文化优势、地理位置的战略优势。

第四节　国际服务外包发展的特点及发展趋势

一、国际服务外包发展的特点

近年来，受国际金融危机影响，虽然全球经济在经历低谷徘徊后缓慢增长，但经济全球化进入服务业全球化的新阶段，为服务外包提供了更多的发展机会和发展空间。同时，随着新兴科学技术的广泛应用和服务外包产业的深入发展，全球服务外包产业发展呈现五个显著特点：

一是"新"。随着大数据、物联网、移动互联网、云计算等新兴技术的迅速发展和广泛应用，不仅为服务外包产业带来新的发展机遇，还形成了新的外包内容、业务流程和交付模式，为服务外包产业发展提供了新的动力。

二是"高"。跨国公司为降低成本、提升企业竞争力，外包的内容已不再局限于非核心业务环节，关键技术研发、财务、人力等核心业务环节的外包活动日益增多，其中高附加值的知识流程外包与提供商业解决方案的业务流程外包占比日益增大。

三是"宽"。随着新科技革命和产业变革的深入演变，经济社会信息化水平全面提升，外包行业领域不断拓宽，不仅从制造服务拓展到生活服务，更拓展到文化创意、健康护理、科技服务、休闲娱乐等新兴服务领域。

四是"多"。随着经济全球化的发展，服务外包承接方从中等发达国家向新兴发展中国家和地区扩展，也从近岸向远岸国家和地区扩展，服务外包承接国数量急剧增多，几乎遍及全球。同时，服务外包多元化发展趋势明显，部分跨国公司在拓展自身业务时，把眼光转向服务外包本身，开拓服务外包业务。如IBM通过一系列兼并重组，从传统计算机制造企业转型为大量承接IT专业外包业务的巨型服务型公司。

五是"大"。随着服务外包企业的规模日益扩大，大型服务外包企业占据了大量市场份额，"马太效应"明显，大者恒大。以印度为例，有些外包企业已达到十几万人、二十几万人的规模，前10家公司占整个印度IT收入的40%以上。

企业规模的扩大带来了行业的垄断和集中，对于中小企业以及业务初期发展中国家和地区产生了一定的影响。

二、国际服务外包发展的趋势

据有关国际咨询机构分析，当前，虽然全球经济增长速度低于过去 30 年平均每年 3% ~4% 的增长速度，但服务外包将仍然保持超过 10% 的增长速度。分析家认为，未来全球服务外包产业不但不会萧条，反而会更加蓬勃发展，并呈以下趋势。

（一）更加重视新技术应用和新模式创新

以大数据、物联网、移动互联网、云计算为代表的新一代信息技术正在加速与传统产业融合发展，推动服务外包模式创新，提高服务效率。随着越来越多的企业将内部应用和基础设施转移到云端，基于云计算的服务模式被广泛认可，传统服务外包也将会大量采用云端交付模式，交付模式的创新有助于服务效率的大幅提升。

（二）更加重视价值提升和核心利益保护

随着大量专业细化领域的出现和服务需求的多样性，特别是传统企业的逐步转型，服务外包不再仅仅是企业节约成本的选择，而是发包方选择外部专业力量支持和综合解决方案实现的考虑。跨国公司通过外包业务，可以有更多的精力专注于自己最擅长的、具有竞争优势的核心业务。服务外包供需双方不再是单纯的合同关系，而是建立长期、深度的战略合作伙伴关系。

（三）更加重视现地服务和区域合作

越来越多的发包商尤其是美国发包商，要求服务外包企业必须具备美国本土就近服务的能力和交付中心。服务外包企业需要在当地设立分公司或收购当地企业，以提供现地服务，快速响应并高效满足发包方需求。

三、不利因素

推动服务外包产业快速发展的有利条件客观存在的同时，不利因素也不容忽视。

首先，随着美欧等发达国家企业将大规模的服务外包出去，必将影响到所在国的就业问题，随之而起的便是贸易保护主义及"反对全球化"的浪潮。同时外包中可能出现的技术外溢问题，也会引起发包国政府的关注。

其次，美国推进《跨太平洋战略经济伙伴关系协定》（TPP）、《跨大西洋贸易与投资伙伴协议》（TTIP），实行区域贸易自由化，给包括中国在内的非成员国参与国际贸易投资活动带来限制和困难。

再次，语言因素仍是中国服务外包企业在国际市场竞争中需要克服的困难，由于欧美等主要发包国是英语国家，较高的英语水平以及良好的语言文化环境可以使接包方工作人员能够很通畅地与发包方进行沟通及协作，与印度、菲律宾等英语系国家相比，中国在这方面存在先天劣势。

最后，政治环境和汇率波动等也是影响服务外包发展的重要因素。

习题

1. 什么是国际服务外包？
2. 国际服务外包的发展意义是什么？
3. 国际服务外包发展的特点和发展趋势是什么？
4. 印度服务外包为何引起重视？

第四章　中国服务外包市场

学习目标：
➢ 了解我国服务外包的发展历程
➢ 了解我国服务外包的发展现状
➢ 了解我国服务外包的发展趋势
➢ 了解我国服务外包的有利条件与不利因素

第一节　中国服务外包的发展历程

就中国而言，从 20 世纪 90 年代的萌芽，到目前的快速发展，服务外包的发展只有 20 多年的历史。总结我国服务外包的发展历程，大致可分为三个阶段。

（一）服务外包萌芽期（20 世纪 90 年代中期至 90 年代末期）

我国的服务外包产业从 20 世纪 90 年代中期开始萌芽，最初的服务外包形式主要是 IT 外包。因此，服务外包的萌芽主要体现在软件园的建设上。90 年代初，当时的机械电子工业部副部长曾培炎在考察了国外软件业的发展情况之后，提出了发展软件园的思路。1992 年，由机电部命名了我国最早的三大软件基地：北京软件基地、上海浦东软件基地和珠海的南方软件基地。机电部本来希望在上海和珠海进行试点，进行公司化运作。但由于政策制定及各部委之间协调等因素，直到 1996 年底国家才立项。随着软件园的建立，我国的服务外包业开始萌芽，国内一些企业开始承接软件外包业务。1998 年，惠普在中国首次开展了 IT 外包服务业务，为爱立信（中国）提供软件外包服务。总体而言，我国服务外包在这一时期处于萌芽和初步探索阶段。

（二）服务外包起步期（20 世纪 90 年代末期至 2004 年）

这段时期兴起了以 IT 技术革命和信息化为标志的新经济，我国政府与学术界开始关注以参与软件生产国际分工为重要内容的印度经验。2000 年、2002 年国务院先后出台了两个有关软件行业的文件，退出了鼓励软件行业和集成电路产业发展的政策，这些政策对我国软件业的发展起到了重要作用，从而也推动了软件服务外包的发展。我国承接离岸服务外包业务起步于 2000 年，服务外包业务量呈逐年增长态势。在这段时期，我国的软件企业队伍迅速壮大，实力不断增强，数量快速增加，截至 2004 年底，中国共有大小软件企业 8000 多家。软件产业销售收入由 2000 年的 593 亿元跃升为 2004 年的 2300 亿元，销售收入过亿元的骨干软件企业数量由 73 家增长到 226 家，销售收入 50 亿元的龙头软件企业达到 6 家。但当时我国的软件企业还处于初期发展状态，软件企业规模普遍较小，盈利水平普遍较低。在 8000 多家软件企业中，约 3/4 的企业员工不到 50 人，只有 5 家企业员工数量超过 2000 人。从整体上看，当时我国软件出口无论是从软件出口额还是从事软件出口企业的数量，对日软件出口都占绝对多数地位，占出口总额的 61%。但在美国市场的销售收入不到整体出口销售收入的 15%，在欧洲市场更是少得可怜。在服务外包起步期，我国的外包业务仍以软件外包为主，整个服务外包市场处于起步阶段。

（三）服务外包发展期（2005 年至今）

2005 年后，我国的服务外包业进入一个发展期。通过收购兼并，我国服务外包企业得到了整合提升，我国的服务外包市场进入一个快速整合期。2005 年我国前十大外包服务承接方的市场份额约为 24.2%，2006 年达到 30.7%。下面以中国发展势头最为迅猛的 IT 服务外包为例，了解中国服务外包业在这段时间的发展状况。2005 年，中国软件外包服务市场规模达到 8.89 亿美元，同比增长 40.5%，高于 2004 年的增长率；2006 年，中国软件外包服务市场规模达到 14.3 亿美元，同比增长 55.4%；2007 年，中国软件外包服务市场规模达到 20.1 亿美元，增长率为 40.6%。这些数据表明中国软件外包正以比全球软件外包更高的速度在高速发展。2009 年，中国软件外包服务市场规模达到 45.60 亿美元，2010 年中国软件外包服务市场规模达到 70 亿美元，年均复合增长率达到 50.2%。中国软件外包再全球所占的比例也从 2005 年的 2.3% 上升到 2010 年的 8.4%，成为竞争主力。这些数据均表明，中国的软件外包市场正处于蓬勃发展期。

2005 年之后，我国的服务外包产业发展迅速，服务外包市场规模迅速扩大。2004 年，我国的服务外包市场规模达到 28 亿美元。2005 年，我国服务外包市场的总体规模到 45.48 亿美元，并已形成了大连、深圳、上海、北京等几个资讯发达、投资活跃的区域外包中心，南京、成都、西安、天津等城市也开始规划加入到这个领域的竞争。截至 2009 年 6 月，中国以承接国际服务外包业务为主的企业已超过 6600 家，从业人员超过 121 万人。2009 年上半年，我国承接国际服务外包合同执行金额达 25.6 亿美元，同比增长 32.5%，新增就业 29.7 万人。Gartner 公司曾预测，中国的市场规模将从 2005 年的 45.48 亿美元发展到 2009 年的 79.46 亿美元，年均复合增长率达到 18.03%，其中 IT 外包的发展速度更快。以上数据表明，中国发展服务外包潜力巨大，中国的服务外包产业正处于发展期。

第二节 中国服务外包发展现状

近年来，我国服务外包产业规模持续快速扩大，主体市场不断扩大，保持着良好的发展弹性，成为新常态下经济发展与吸纳就业的亮点。

一、发展现状

（一）规模持续快速扩大

近年来，我国企业签订服务外包合同金额为与执行额持续增长，离岸服务外包合同额、执行额 704.1 亿美元以及在岸服务外包合同额、执行额增速均超过同期全国外贸增速，成为对外贸易及服务贸易中的一大亮点，如图 4-1 所示。

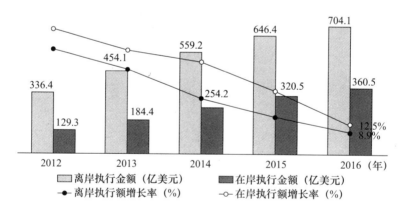

图 4-1 近几年服务外包离岸和在岸执行金额情况

（二）结构高端化升级态势明显

从"成本套利"走到"智能化服务"，服务外包的技术支持由传统的互联网与信息技术转向以"云计算、大数据、移动互联、物联网"为核心的新一代信息技术，基于云的服务模式被广泛认可，云端交付也大量被传统服务外包企业所采用，SaaS（软件即服务）和 On – demand Payment（按需付费）成为主流的交付与定价模式。

2016 年又出现服务外包企业加速人工智能、区块链等技术的研发与应用。从具体业务结构看，基于企业信息化需求的提升与云计算业务的快速发展，ITO 比重大幅增加，KPO 占比小幅回落。但得益于知识产权研究、数据分析与挖掘、医药和生物技术研发与测试等业务的超高速增长，KPO 同比增速达 31.65%，超过同期 ITO 24.76% 与 BPO28.98% 的增速，产业向价值链高端升级特征更加明显，如图 4 – 2 所示。

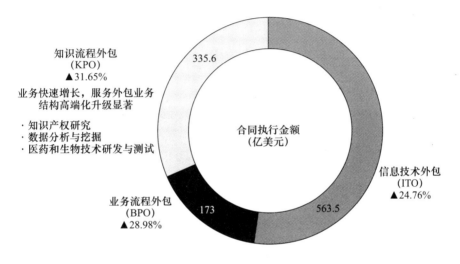

图 4 – 2　2016 年服务外包业务结构

（三）市场主体不断壮大

在多年的政策引领与支持下，中国服务外包产业已形成了较为完善的产业生态，全国已有 130 多个城市发展服务外包产业，累计从事服务外包业务的企业 39277 家，主要集中在上海、江苏、浙江，占比达 43.2%；其中，500 人以下规模企业是主要构成，与 2014 年相比，100 人以下规模企业占比由 43.7% 下降至 31.7%，100 ~ 500 人规模企业占比由 28.6% 上升到 44.6%。

2016 年，全国新增服务外包企业 5506 家，企业经营成本的不断上升加速倒逼企业加快转型升级的步伐，通过海内外并购、与发包企业建立长久的战略合作伙伴关系、加速服务技术的研发创新投入等手段，中国服务外包企业引领着产业转型升级的步伐。中软国际、浙大网新、浪潮、软通动力、文思海辉 5 家企业入选全球服务外包 100 强企业。

（四）吸纳就业能力提升

作为人力资本密集型产业，服务外包一直是高水平人才就业的高地。2016年，全国服务外包从业人数增加至856.1万人，年新增121.4万人，其中，大学学历从业人数年新增79.72万人，累计达到551.28万人，大学生占比为65.7%，较上年增加1.5%。各地针对服务外包人才的引进与培养制订了适合本地特色的人才计划与人才重点工程，校企联合的人才培养模式更趋成熟，服务外包示范城市的部分高校根据产业发展的最新技术与业态增设课程，为产业转型升级做好人才"蓄水池"。

（五）示范城市建设再上新台阶

2016年，国务院印发《关于新增中国服务外包示范城市的通知》，将沈阳等10个城市确定为中国服务外包示范城市，示范城市数量从21个增加到31个，引导市场资源继续向示范城市集聚发展。2016年，31个服务外包示范城市承接离岸服务外包执行额占全国总额的93.4%。

第一批示范城市中的领军城市如南京、无锡、苏州、上海、广州等在业务规模、创新能力等方面继续保持领先地位。不同区域间服务外包发展差距加大，长江经济带服务外包集聚能力与产业辐射示范效应更加明显。2016年，长江经济带11省承接服务外包合同金额和执行金额分别为921.4亿美元和673.1亿美元，分别约占全国总规模的62.6%和63.2%。

（六）国际合作迈出新步伐

美、欧、日和中国香港等传统发包市场依旧保持稳定增长，美国依旧是最大的发包国，欧盟是主要发包市场中增长最快的地区，国际市场逐渐从美、欧、日拓展到东南亚、大洋洲、中东、拉美和非洲等近200个国家和地区。

2016年，我国主动承接"一带一路"沿线国家和地区服务外包执行额占全国总规模的11.39%，其中，中东欧16国与东南亚11国成为增长率最快和规模最大的两个区域。乌兹别克斯坦、东帝汶、阿富汗、波黑、罗马尼亚、巴林、也门共和国等国家的服务外包业务增速较快。

与此同时，2016年，中国服务外包企业加速在海外设立研发中心，包括信息服务提供商及生物医药研发企业，出现向发达国家发包购买研发服务、共同致力于研发创新的国际合作新态势，传统的发达国家向发展中国家发包的固定模式被打破。

二、区域分布

我国东部沿海省市与中西部地区在服务外包领域的产业分工日益清晰，东部沿海省市占据产业发展主导优势，中西部地区业务增速较快；长江经济带沿线省市产业集聚效应显著。区域性产业分工主要是由企业实力、产业在各地区发展的差异程度和人力资源状况决定的。就传统的离岸外包而言，东部主要承担系统研发中的咨询和设计工作，西部地区的企业以编程、测试为主；在国内业务方面，东部地区以面向大客户的服务为主，西部地区多为面向中小客户的服务；在业务创新方面，东部地区企业倾向于平台化服务和提供行业整体解决方案，西部企业侧重针对个别痛点的解决方案。

随着国内综合成本特别是人力资源成本的快速上升，很多服务外包企业在北上广深等一线城市将只保留区域总部、营销机构及高端研发与设计中心，而将其离岸交付基地及后援支撑平台转移到中西部地区的二三线城市。另外，随着国内"两化"融合的持续深入，特别是"中国制造2025"强国战略的最终落地，本土在岸外包市场快速成长，不同地区由于其现有工业基础不同，相应的服务外包产业形态也有所不同。

（一）东部主导，中西部加速追赶

2016年前7个月数据直观反映东部沿海省市占据外包产业发展主导优势，其承接离岸外包执行金额2121.4亿元，占全国承接离岸外包执行总额的94.5%，同比增长7.7%。

值得注意的是，中西部地区业务增速较快。同期，中西部地区的在岸服务外包执行金额达159.2亿元，同比增长60.4%，高于东部地区在岸外包业务增速。其中，四川、江西充分利用动漫游戏和软件开发的优势，开拓国际市场，承接离岸外包执行金额同比分别增长54.5%和46.0%。

以西安、成都、武汉等城市为代表的中西部地区，历来拥有较强的科技实力、一大批高质量的高校与科研院所、相对较低的劳动成本，以及相对东部沿海地区更优惠的税收政策，具有独特的发展优势。

（二）长江经济带集聚效应显著

长江经济带以长三角地区为龙头，带动中上游地区产业发展，集聚和示范效应更加显著。2016年前7个月，长江经济带沿线省市服务外包执行金额2278亿元，占全国服务外包执行总额的65.2%。其中离岸服务外包执行金额1330.7亿元，占全国离岸服务外包执行总额的59.2%。

长三角地区以上海、南京、苏州、无锡、杭州与合肥等城市为中心，同时辐射周边一系列城市，其基于良好的基础设施、丰富优质的高校和人力资源、相对完备的知识产权保护以及广泛的国际交流与合作，形成了以金融后台服务、软件研发与交付为特色的服务外包产业态势。

上海更是成为带领长江经济带沿线各地开展对外投资合作的"领头羊"。2016年8月18日，上海市商务委员会全国率先印发《上海服务外包产业重点发展领域指导目录（2016 年版）》，明确了信息技术外包、业务流程服务外包、知识流程服务外包三个领域的业务范围、促进目标和培育重点，并提出 2016～2017 年服务外包产业潜力领域——数据分析服务、基因测序服务的业务范围和促进目标。

（三）京津冀协同发展效应凸显

随着京津冀协同发展战略的深入推进，京津作为离岸外包主要承接地，积极承接跨国公司的发包业务，并有序向河北进行产业转移，带动河北产业快速发展。2016 年上半年，京津冀三地离岸外包合同金额和执行金额分别为 691.4 亿元和 180.4 亿元，同比分别增长 234.8% 和 41.9%。其中，河北离岸合同金额和执行金额分别为 45.2 亿元和 14.9 亿元，同比分别增长 658.6% 和 348.1%。

京津冀以北京和天津为中心，拥有丰富的教育资源，以及北京作为首都政治中心的优势，内部市场巨大，交通发达，靠近东北亚经济圈，在软件研发、互联网及创新创业等方面优势明显。

天津已出台多项举措促进服务外包企业发展，积极助力企业开拓市场，通过融入"互联网＋""双创"活动，促进天津外包产业新发展和提升整体竞争力。河北正在落实《服务外包发展三年行动计划实施方案》，计划至 2017 年国内服务外包执行额以年均 10% 的增长率递增，国际服务外包执行额以 25% 左右的增长率递增。

第三节　我国服务外包发展趋势

联合国发布的《2017 年世界经济形势与展望》报告中指出，未来两年全球经济将保持温和增长。从全球服务外包产业发展环境看，特朗普政府的货币政策与贸易保护主义政策、欧洲国家退欧持续发酵、新兴市场劳动力成本持续上升、外包服务回流、区域地缘政治不稳等因素对全球服务外包增长影响加大。但经济全球化的客观规律依然没变，新一轮科技革命和产业变革蓄势待发，国际产业分工格局正在发生深刻演变，全球生产要素流动日益自由，市场融合程度加深，跨境产业链、价值链、供应链加速整合，服务外包对市场配置全球资源的意义前所未有。

对于中国服务外包产业而言，要贯彻落实创新、协调、绿色、开放、共享五大发展理念，应用好国际国内两个市场、两种资源，着力推动服务外包领域供给侧结构性改革，促进产业迈向中高端水平，提升国际服务价值链地位。

一、创新成产业发展新动力

近10年来，我国服务外包产业经历了从小到大快速发展的起步阶段，党中央、国务院先后出台了一系列政策措施，注重引导通过创新促进产业向高新技术、高附加值方向发展。创新成为服务外包产业发展的关键因素，建立创新机制、培育创新企业、拓宽创新领域、拓展新市场、创新管理政策是事关产业发展全局的重点工作。

当前，全球价值链的发展与重构广泛地拓展到服务领域，全球服务分工网络体系的迅猛发展使得服务渗透到生产的每一个环节，整合协调着全球化生产的各个方面，服务外包也由此成为全球价值链的核心环节和关键节点。离岸服务外包极大地促进并强化了全球生产"碎片化"的特征与趋势。企业需通过整合技术、资本、市场、人才、信息、渠道、管理等国际优势资源，上市与投资并购，在全球范围内设立研发中心、交付中心、共享中心、服务中心、营销中心和管理中心，不断扩大国际市场业务规模、提升产业技术研发创新能力、增加新的业务模式与服务产品组合，培育转型升级过程中以设计、研发、营销、服务为核心的增长新优势。

新技术推动新业态不断涌现。云计算、大数据、物联网、移动互联、人工智能、区块链等技术的快速研发与应用，促进云服务、互联网反欺诈、大数据征信、供应链金融服务、工业物联网应用、场地智能化设计、知识产权管理服务、新能源汽车服务、空间地理信息服务、创意设计等技术与价值含量高的业务成熟化发展，为服务外包产业注入新的动力。

人工智能的投资快速增长，帮助企业在精准营销、电子商务、产品管理等更多领域作出更快的业务决策。由中国发起的首个全球区块链理事会致力于将区块链技术应用于资产托管、产业链金融、消费金融、金融科技等领域。中国在该领域的领先技术将推动更多的国内外企业与服务提供商建立基于区块链技术的区块链服务合作，将该技术应用于金融和运输、制造等非金融领域，促使服务外包更具技术密集型产业特性，推动服务外包产业能级再上台阶。

与此同时，互联网让服务外包共享经济、网络协作成为可能，通过线上线下融合、大数据与平台化，打破地域、资源与成本的限制。众包模式为服务提供方与需求方的对接架起了新的渠道，不仅提高资源整合效率，形成新的平台数据价值，更重要的是为服务外包促进大众创业、万众创新提供了重要载体。

二、发包市场有望快速发展

过去的10年是我国服务外包产业发展的起步阶段，从产业看，以承接国际服务外包业务为主，但作为服务进口的发包尚未纳入服务外包统计范畴，对服务贸易贡献低估明显。

服务外包作为整合全球资源的重要模式，既要开拓新的国际市场空间，进一步加大承接离岸服务外包，提升在全球外包中的竞争力，增加服务出口能力，又要服务于全球化投资与本地化建设，建立双向互动的国际服务合作关系。这要充分挖掘我国服务发包市场的巨大潜力，鼓励金融、制造、能源、医药等行业的大型机构和企业扩大服务发包规模，引导我国在境外开展对外投资合作的企业在当地购买服务，配置全球资源、提升价值链分工地位。

同时，通过发包加快服务与传统产业的融合，加速释放在岸服务外包市场业务，形成"服务外包+农业"、"服务外包+制造"、"服务外包+金融"、"服务外包+信息技术"、"服务外包+能源"、"服务外包+医药"等新模式，促进传统产业提升附加值，延伸产业链。

三、产业融合特性更加突出

服务外包正加速与技术、行业及国家战略全方位、广领域、深层次的融合发展。技术方面，新一代信息技术加速与传统服务外包产业融合，基于云的服务模式被广泛认可，云端交付大量被传统服务外包企业所采用，SaaS（软件即服务）和 On-demand Payment（按需付费）成为主流的交付与定价模式。

此外，服务外包与人工智能融合催生了新业态，比如传统的呼叫中心通过引用人机智能交互技术，实现自动语音识别、语音信息抓取及其智能应答，并通过分析客户体验与反馈意见获得客户需求及市场信息，再利用新媒体平台进行精准的互联网营销。

行业融合方面，"服务外包+"逐步构建出新型的农业、制造业、现代服务生产体系，实现传统产业的信息化、数据化、智能化与服务化。国内服务外包领军企业软通动力，近年来专注于智慧城市、产业互联网、跨境电子商务领域的服务外包业务，同时积极挖掘工业链上下游的产业机会，形成企业级服务外包集群效应。浙大网新为大庆采油业提供一整套利用大数据控制成本的信息化解决方案，实现实时监控、降低污染与能耗的智慧采油新模式。同时，越来越多的服务外包企业通过行业内外并购实现资源整合与服务能力拓展。

战略融合方面，服务外包与"中国制造 2025"、"互联网+"、"大数据行动纲要"、"一带一路"等国家战略紧密融合。当前，我国经济发展进入新常态下服务经济引领期和创新国际竞争优势关键期，从"中国制造"向"中国智造"和"中国服务"转型的过程中，服务外包产业正成为推动中国产业结构转型升级、吸纳中高端人才就业、培育国际竞争新优势与提升全球价值链的中坚力量，尤其对于正在迈向制造强国的中国制造业转型而言意义重大。

将有更多的传统工业城市或加工贸易城市开展制造业服务剥离工作，释放出的制造业服务外包具有显著的技术溢出效应和绿色产业特性，有助于我国传统产业创新能力的提升，缓解节能减排压力，助推"中国制造2025"。

据中国服务外包研究中心统计，目前全国已有130多个地级以上城市发展服务外包产业，正在形成服务外包全国一盘棋的生动发展局面，对国民经济和服务贸易增长的贡献度有望进一步提升，持续为中国产业转型与宏观经济的健康发展注入动力。

四、外包新理念形成外包新价值

帮助客户带来价值成为外包新的理念。国内服务提供商通过不断积累经验和技术创新，通过服务外包实现资源共享和优势互补，参与全球化分工的深度和广度前所未有，服务供给能力大幅提升。从最初承接非核心业务或业务中间环节到逐步尝试一些核心业务，发包方与接包方的关系从简单的雇用关系转向利益共享、风险共担的战略合作关系。

华为拥有优秀的管理实践与ICT市场领导地位，软通动力具备在技术与通信领域的纵深服务能力，通过建立战略合作伙伴关系，软通动力实现了通信及高科技领域全球领先的服务品牌，华为提升了高效优质的信息化服务能力。

目前，越来越多的中国信息服务提供商及生物医药研发企业加速在海外设立研发中心，由乙方变为甲方，出现向发达国家发包购买研发服务、共同致力于研发创新的新态势。传统的发达国家向发展中国家发包的固定模式被打破，更具战略合作意义的长期伙伴关系逐渐形成。

五、数字贸易有望成为新增长点

数字贸易新规则仍将在发达国家之间展开利益博弈，如美欧可能就个人隐私保护、互联网安全、知识产权、电子支付相关的数字货币、工业互联网等相关领域的跨境交付规则等展开谈判。减少数据本地化规则，对数据跨境流动合理限制代表了数字贸易规则制定的方向。

在全球数字贸易迅猛发展的大趋势下，一旦符合共同利益的数字贸易规则落地，将增强跨国企业全球发包的意愿，促进我国服务外包与数字贸易的融合发展。从国内市场政策环境层面看，全国服务贸易创新试点将加快深入开展，第三批自贸区也将加速推进以负面清单模式为核心的贸易自由化制度创新，为国内更广泛区域加速离岸服务外包的创新发展提供良好的制度保障。

六、多元市场促进产业新格局

美、欧、日等发达国家和地区是中国服务外包传统的主要国际市场，随着"一带一路"国家战略的实施和我国传统产业尤其是制造业的转型升级，"一带一路"相关国家服务外包业务加速释放，在岸市场规模快速增长，中国服务外包产业有望形成发达国家、新兴国家和国内市场"三位一体"的产业新格局。

随着美欧等发达国家和地区经济缓慢复苏态势明显，与美国、加拿大、欧盟等国家和地区的服务外包合作有望保持稳定增长，同时向更高水平攀升。"一带一路"相关国家有望成为新的增长点。新加坡、印度、印度尼西亚、马来西亚、巴基斯坦、泰国、阿联酋、沙特、俄罗斯及欧盟主要发达国家已与我国在服务外包领域建立了合作基础，上述国家将凭借较好的经济发展基础与产业发展环境，成为我国开拓"一带一路"市场的优先级。

此外，随着"一带一路"互联互通工程建设的加速推进，我国在中亚、西亚等地区将获得更多工业技术服务、信息化解决方案、专业业务服务需求。安永咨询公司研究报告显示，中东、北非地区服务外包市场规模预计将达到 70 亿美元，部分经济贸易发展良好的城市如迪拜等已经将服务外包列为重点发展对象。

七、继续为区域协同发展提供新动能

以长江经济带、环渤海及珠三角为核心的服务外包领先区域将继续发挥集聚示范效应，引领全国产业的制度创新、技术创新、业态创新与模式创新。同时将中低端业务加速向成本更低的中西部欠发达地区转移，服务外包产业核心区雏形将加速显现，对协调发展的带动促进作用更加明显。

第四节　中国发展服务外包的条件与机遇

一、有利条件

（一）国家将服务外包上升为国家战略，为服务外包提供了强有力的政策支持

2015 年 1 月 16 日，国务院发布了《关于促进服务外包产业加快发展的意见》（国发〔2014〕67 号），首次将发展服务外包提高到国家战略层面，明确提出了促进我国服务外包产业加快发展，推动"中国服务"再上台阶、走向世界

的要求，预示着我国服务外包产业进入新的发展机遇期。此后，国家各部委相继出台了一批贯彻落实政策，在企业培育、人才培养、对外合作、财税金融等方面支持服务外包产业发展。

（二）"一带一路"等政策实施，为服务外包拓展了更大的发展空间

随着"一带一路"战略的实施，我国与"一带一路"沿线国家和地区的投资贸易将大大加强，在输出资本和技术的同时，服务也将跟随"走出去"。由我国倡议设立的亚投行，既为"一带一路"提供了重要的融资渠道，也为开展服务外包合作提供了项目支撑。此外，国家还通过自由贸易区合作实施开放带动战略，扩大服务业对外开放。目前，我国已签署 14 个自贸协定，涉及 22 个国家和地区，自贸伙伴遍及亚洲、拉美、大洋洲、欧洲等地区。这些政策的实施，都将给我国服务外包带来新的发展机遇，成为服务外包新的增长极。

（三）"互联网＋"为服务外包创造了更多的发展机会

随着"互联网＋"战略的实施及"中国制造"转型升级，传统产业与信息技术的深度融合将催生新兴业态和产业模式出现，大大拓展了服务外包的领域和价值，为服务外包企业带来了更广阔的施展空间。在"互联网＋"时代，服务外包企业开始摒弃传统的模式，不断地进行创新，运用新的信息技术、智能化设备来服务客户，云技术、物联网、三维打印等智能设备、高级分析几乎无处不在。

（四）创新驱动及双创政策为服务外包产业增添了更多的发展活力和动力

由于新技术的出现和应用，国内服务外包企业传统的服务模式、运营模式都在发生根本性的变化，服务外包产业的核心驱动力已经从政策转为创新。同时，服务外包轻资产、智力投入为主的特色，非常符合大学生创业的领域。在国家鼓励大众创业、万众创新的政策环境下，服务外包产业有望掀起新一轮创业热潮。

二、不利因素

我国服务外包产业发展也面临着诸多不利因素。

第一，虽然我国不少省市都已成立服务外包行业组织，但缺乏一个全国性的类似印度 NASSCOM 规模的行业协会。行业协会是政府机关与企业间不可或缺的纽带和桥梁，同时也是提升企业参与国际外包市场竞争、与国际相关行业协会建立合作机制、加强"中国服务"品牌宣传，以及应对贸易过程中出现的各类问题的重要载体，具有十分重要的作用。

第二，能够让外包企业广泛深入合作的平台较少。目前，国际重要的外包专业峰会及软件展会等，对参与的服务外包企业有较高的门槛要求，一般服务外包企业难有沟通交流机会；国内服务外包展会，如京交会、服博会等，更加侧重于

城市的参与，服务外包企业参与的深度和广度都不足。

第三，具有国际竞争力的企业和园区不多。我国服务外包企业虽然数量众多，但少有较大规模、有较强国际影响力的企业。中国最大的服务外包企业文思海辉，拥有员工2.3万人，2014年营业收入7.13亿美元。而同期印度已有7家服务外包企业员工超过10万人，11家企业年收入超过10亿美元，最大的塔塔咨询（TCS）从业人员34.4万人，总收入155亿美元。此外，服务外包园区建设也存在诸多问题，更多的园区仍停留在硬件及物理环境供给的层面，缺乏先进的服务外包企业发展环境和服务理念。

第四，以往支撑服务外包产业快速发展的人才、成本等优势正逐渐失去，发展后劲不足。随着服务外包产业逐渐发展壮大，从业人员成本随着物价、生活成本飞涨而水涨船高。过去5年，我国服务外包行业人力成本每年递增10%～15%，菲律宾、马来西亚、泰国等人力成本较低的东南亚国家，正对中国服务外包产业产生巨大冲击。

三、抢抓新机遇，推进服务外包产业再上新台阶。面对国内外新的形势、新的机遇，必须进一步抢抓发展机遇，乘势而上，推进中国服务外包产业稳步快速发展

（一）融入战略

融入国家主体发展战略，实现在新兴产业中导向发展融入国家创新驱动发展战略，以创新驱动服务外包产业发展；融入国家"一带一路"发展战略，紧抓"一带一路"机遇，深化与沿线国家和地区的服务外包合作；融入国家自贸区发展战略，帮助服务外包企业利用自贸协定优惠政策，促进服务外包发展；融入国家"互联网＋"发展战略，促进服务外包与传统产业的融合发展，拓展服务外包新领域。加强顶层设计，推进服务外包国际化、智能化、规模化发展，在国家新兴产业中领先发展，起好示范带头作用。

（二）完善产业政策，加大财政支持力度

目前，国家已经出台了一系列支持服务外包产业发展的政策，为产业发展提供了良好环境支撑，但仍需在以下方面有所加强：

一是完善现有政策，加大服务外包扶持力度，在税收、人才培训、国际市场开拓等方面提供支持，引导产业健康发展。

二是提升便利化水平，在通关便利、外汇管理、出入境和国际线路接入等方面提供支持。

三是要增加政策的可操作性，降低资金申报门槛，简化申报流程，让更多的服务外包企业享受到政策，充分发挥政策作用。

（三）鼓励企业做大做强，推动产业转型升级

服务外包产业发展的主体是企业，推动企业转型、培育企业成长，是推动服务外包产业发展的核心任务。

一是鼓励服务外包企业做大做强。培育一批创新能力强、集成服务水平高、具有国际竞争力的服务外包龙头企业，发挥龙头企业规模大、高质量人才集中、技术能力强和市场信誉好等优势，带动中小企业共同发展。

二是鼓励企业向国际化发展。通过新建、并购、参股、增资等方式开展境外投资，在欧美本土市场设立分公司及交付中心，有效整合利用国际资源，提高国际竞争能力。

三是推动服务外包企业转型升级。着力发展高技术、高附加值服务外包业务，促进向产业价值链高端延伸，引导企业重点发展软件和信息技术、研发、设计、医疗、文化创意、金融服务外包等领域。

四是开拓服务外包产业新兴领域。释放云计算、物联网、电子商务等领域企业的潜力和活力，进一步拓展服务外包业务。

（四）加强服务外包园区建设，创新服务支持

服务外包园区是多方资源的汇聚点，是城市服务外包产业集群参与全球服务外包产业分工的重要载体。

首先，园区需要重视服务驱动。改变以往只注重硬环境而忽略软服务的思路，将提升园区专业服务能力作为核心，与企业成长发展实现全过程对接，努力实现全方位、专业化、"一站式"中介服务，促进和推动中小服务外包企业的快速成长与发展。

其次，完善平台建设。通过设立投融资对接、人才培训、技术支撑、信息服务、市场推介、产业联盟等平台来满足企业多层次需求。

最后，强化科学布局。通过科学布局，明确产业定位，树立主体和特色，促进产业集聚效应的形成。

（五）建立服务外包人才培养体系，健全人才供应链

人力资源是服务外包产业的核心资源。要搭建政府、院校、培训机构、企业和行业协会五方联动的服务外包人才培养体系，构建完善的服务外包人才供应链，按照"外语＋计算机应用＋专业知识"的模式，培养服务外包产业复合型人才，打造服务外包行业的人力资源优势。要加大对相关教育的投入和扶持力度，加强职业技术教育体系建设，加强对各种人才的培养；改善服务外包行业自身的软硬件建设，吸引并留住人才。

（六）加强宣传力度，打造"中国服务"品牌

一是完善与提升国家和服务外包示范城市的基础环境及整体形象，进一步加

大"中国服务"品牌的推广力度。

二是加强与全球知名国际服务外包研究机构、中介组织的沟通交流，积极参加国际性服务外包论坛、展会，提升国际影响力。

三是完善与服务外包相关的各种法律法规，增强对企业商业秘密的保护力度，加大对接包方侵犯发包方知识产权的惩罚力度，营造良好的知识产权保护环境，为企业公平竞争创造更加良好的市场秩序。

习题

1. 我国服务外包的发展经历了哪些阶段？
2. 我国服务外包的发展趋势是什么？
3. 我国服务外包发展的有利条件和不利因素是什么？
4. 如何推动服务外包产业转型升级？

第五章 软件和信息技术服务外包

学习目标：
➢ 了解 IT 服务提供的方式
➢ 了解 IT 服务外包在企业发展中的重要作用
➢ 了解 IT 服务外包的发展现状
➢ 了解 IT 服务外包的发展趋势

第一节 IT 服务提供的方式

根据客户的不同需求，某工厂外包企业为客户提供以下服务：

（1）IT 资源整体外包：为客户提供全套的 IT 系统规划、采购、实施、运维、咨询、培训的整体服务，适用于不想成立 IT 部门或雇用 IT 工程师，并迫切希望降低运营成本的公司。

（2）单项 IT 技术外包服务：也许您的公司有少量的计算机人员，难以应付日常的各种繁杂事务，可以把您觉得棘手的事情交给我们，如网络建设，硬件设备维护，单项软件开发，我们可以按项目，时间，设备量等各种方式计费，提供服务。

（3）维护外包：当系统已经建设好，维护人员日常工作不多，有了问题时又忙不过来，我们可以提供随机的维护外包服务，作为我们的客户，您在遇到问题时可以享受到团队技术力量的服务，保障已建系统的正常运行。

（4）IT 行业信息咨询，目的是帮助客户找到正确的价格比并及时、准确了解 IT 行业前沿技术动态；

（5）系统解决方案，目的是根据企业网络实际情况及时、有效提出合理的优化、升级方案书，使企业网络系统总是处于最佳状态。

第二节 IT 服务外包的特点

根据 Corbett Group 对 200 余家全球超大型企业决策人物的一项关于外包市场的调查结果显示，外包已经成为一项企业用于提高核心竞争力、降低运营成本、巩固自己市场份额的战略性手段。IT 服务外包的根本原因是满足业务目标的需求外包，推动企业注重核心业务，专注于自己的核心竞争力，有利于企业在不断发展业务和技术环境中重新定位。

企业 IT 服务外包的特点如下：

（1）互补性。IT 服务商在 IT 外包中提供的产品和服务是整合了企业的业务领域专业知识、流程知识、先进的信息技术所创造的成果。

（2）复杂性。企业所拥有的业务领域专业知识，对于 IT 服务商而言，是不容易理解和学习的知识，IT 服务商所拥有的信息技术专业知识，对企业而言，也是不容易学习和掌握的。

（3）过程循环性。企业 IT 外包的过程中，企业的 IT 需求可能会随着业务活动或者环境的变化而发生变化，为了更好地为企业服务，IT 服务商需要进行不断的技术更新和产品创新。

（4）专属性。IT 外包中，IT 服务商为企业所提供的是满足企业特定需求并结合了企业专业领域和知识业务流程的产品及服务，具有知识的专属特性，这些知识资产适用于特定的企业，为企业的特殊需求服务。

（5）风险性。IT 服务商的水平和创新能力可能在最开始的时候能够满足企业需求，随着业务活动的开展和信息技术的发展，IT 服务商可能无法满足企业的要求。在 IT 外包的知识转移过程中，还会产生一系列相关风险，例如知识受损风险、知识泄露风险等。

（6）人员流动性。与 IT 外包有关的企业员工和 IT 服务商员工都具有一定的流动性，企业员工的流动会影响到企业业务知识的发送、信息技术知识的接收，IT 服务商员工的流动性会影响到企业业务知识的吸收，对 IT 需求的理解，开发和服务的连续性等。

服务外包产业是现代高端服务业的重要组成部分，具有信息技术承载度高、附加值大、资源消耗低、环境污染少、吸纳就业（特别是大学生就业）能力强、国际化水平高等特点。

IT 服务外包的优点如下：

（1）改进财务：一些财务方面的考虑可使利用外包具有特别的吸引力。

（2）节约成本、削减开支：与内部信息技术部门相比，外包服务商因规模效应等原因能以较低的成本提供服务；相对于信息技术性能的指数式增长，外包将信息服务由可变成本转化为固定成本，能够避免随着企业业务的扩展而出现成本的激增，能够使信息技术预算保持线性增长，成本更容易预测和控制，避免"IT 黑洞"的现象发生。

（3）获得信息技术和能力：IT 外包能够获得最先进和前沿的技术和技能；同时，企业能够获得外部可利用的设备、服务等方面的资源；能够将信息技术和技能易于过时的风险转移给外包商；能够使企业与外包商分担新技术的风险或将新技术的风险转嫁给外包商；IT 外包的战略性考虑因素之一是借助外包商与现有的、未来的技术保持同步的优势，改善技术服务，提供接触新技术的机会，实现企业以花费更少、历时更短、风险更小的方式推动信息技术在企业发展中的功能。

（4）改善信息技术服务水平：外包可以提高信息服务水平，提高服务响应速度与效率。外包商在某些领域常常能够比内部信息部门提供质量更高的服务，外包日常的操作性及负担性的信息服务使企业内部的信息技术部门将精力集中在那些真正能够为企业创造价值的活动和应用方面，提高了内部信息技术部门的效率。

（5）促进组织变迁：在一家公司创业初期，外包信息技术能够节省一大笔初始投资，有效缓解创业期资金的紧张；外包有利于企业的合并、购并和重组活动；外包有利于用外包的标准来提升内部的信息技术部门的绩效；增强人力资源配置的灵活性，通过外包，企业无须扩大自身人力规模，减少了因人才聘用或流失而花费的精力、成本、面临的压力以及培训方面的开支，增加了人力资源配置的灵活性。

（6）提高内部信息技术人员的学习能力：外包能够减轻内部信息技术人员的压力、外包日常的操作和维护工作，能够为内部信息技术人员提供更多的学习新技术、新的解决方案的机会。

第三节　软件与信息技术服务外包国内外发展现状

一、国际市场现状

（一）全球 IT 外包服务市场容量巨大且逐年稳步增长

软件外包与服务业是软件和信息技术服务业的重要组成部分。近年来，新一代信息技术在政府、金融、通信、交通、贸易、物流、能源等领域的广泛运用，为产业发展注入了新的动力。在信息技术领域新技术、新应用和新模式以及外包服务供应链全球化不断深入的推动下，全球软件与信息服务外包产业持续增长。信息技术在现代社会扮演的重要角色，决定了信息技术在全球范围内稳定而持续的需求。根据市场研究机构 Gartner 在 2015 年 10 月发布的数据显示，全球 IT 服务支出呈现稳步上升的趋势，全球信息技术投资市场容量巨大，如图 5-1 所示。

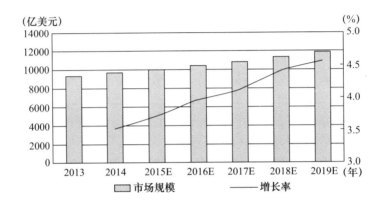

图 5-1　全球 IT 外包服务市场规模

　　全球专业化分工深化，为软件外包与服务行业加速发展提供新空间。软件外包与服务作为全球 IT 服务市场分工的主要形式，其发展已成为当今全球新一轮产业革命和产业转移中不可逆转的趋势。随着以服务业转移为主要特征的新一轮全球产业结构调整，全球软件外包服务市场的规模不断扩大。在全球发包市场中，软件发包量与发包商所在国家的软件基础、经济条件息息相关。从全球范围看，美国、日本、欧洲等发达国家和地区一直占据着软件产业的主导地位，这些地区日益高涨的人力资源费用使当地企业的软件外包需求大幅增加，成为软件外包的主要需求市场。

　　因发展中国家在税收、人力成本等方面较发达国家具有优势，因而发展中国家为主要接包商，目前已形成了以印度、中国、马来西亚等国为主要接包方的市场格局。2008 年以来，金融危机、欧洲债务危机使得发达国家经济增长乏力，而新兴经济体国家对经济衰退表现出较强的抵御能力，这为发展中国家承接软件与信息服务外包提供了难得的机遇，也促进了发展中国家软件与信息服务外包产业的布局。这些国家的 IT 生态环境不断优化，IT 竞争力指数不断提高。据统计，2015 年来自中国、印度等发展中国家的外包企业在全球软件外包 100 强占 36 席。

　　根据 AT Kearney 发布的"全球离岸服务目的地指数排名"，2014 年，印度、中国和马来西亚在财税吸引力、技术人才和商业环境方面综合实力稳居前三位，如表 5 - 1 所示。

表 5 - 1　全球离岸服务目的地指数排名

排名	国家	财税吸引力	技术人力	商业环境	综合得分
1	印度	3. 14	2. 71	1. 19	7. 04
2	中国	2. 26	2. 54	1. 36	6. 15
3	马来西亚	2. 72	1. 43	1. 84	5. 98
4	墨西哥	2. 67	1. 61	1. 61	5. 90
5	印度尼西亚	3. 15	1. 56	1. 61	5. 87
6	泰国	3. 01	1. 42	1. 44	5. 87
7	菲律宾	3. 06	1. 48	1. 21	5. 75
8	巴西	1. 81	2. 25	1. 63	5. 69
9	保加利亚	2. 99	0. 97	1. 66	5. 62
10	埃及	3. 20	1. 36	1. 06	5. 62

（二）全球软件外包与服务行业产业链不断升级

信息技术和网络技术的发展使得软件外包与服务行业所需的技术水平逐渐提高，全球软件外包与服务的内容不断拓展。一方面，云计算、电子商务、移动互联网、物联网、大数据与商务分析等新兴领域的软件服务外包细分市场不断涌现；另一方面，跨国企业更加关注软件外包服务商的丰富行业经验、稳定服务、能否为企业带来价值等能力。因此，随着全球软件外包服务内容纵深拓展，全球软件外包与服务行业产业链不断升级。

二、国内市场现状

（一）我国离岸外包市场高速、高质增长

根据 2015 年 3 月计世传媒研究院发布的中国离岸软件外包市场报告，随着中国服务外包产业环境的不断完善以及本土服务商水平的日渐提升，服务外包市场持续为中国的产业转型注入动力。2014 年，我国承接离岸信息技术外包（ITO）、知识流程外包（KPO）和业务流程外包（BPO）执行金额分别为 293. 5 亿美元、186. 7 亿美元和 79 亿美元，同比分别增长 18. 3%、30. 9% 和 24. 5%。根据工信部公布的软件业经济运行情况，我国软件离岸外包业务实现快速增长。软件外包服务出口从 2007 年的 10 亿美元增长到 2014 年的 121 亿美元，年均复合增长率达到 31. 92%，如图 5 - 2 所示。

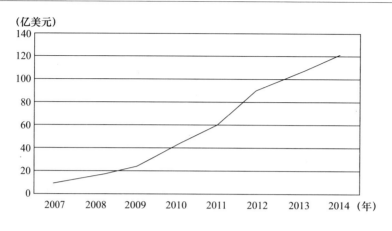

图 5-2 软件外包服务出口金额

从业企业及人员方面，2014 年我国从业企业达到 38695 家，同比增长 16.1%，一大批规模迅速扩张、实力持续增强的外包企业带动中小外包企业的快速发展。从业人员达到 507 万人，同比增长 7.87%。国内经济稳步增长、内需市场持续扩大和国际市场有效拓展是该行业快速发展的主要因素。从业务构成看，随着服务商专业能力的不断提升，中国服务外包产业在国际产业链中的地位不断提高，其业务从最初的软件代码编写、软件测试等低端、低附加值业务，逐步向行业应用开发、产品研发、咨询服务、解决方案等转移。从业务来源地区看，2014 年我国离岸软件外包业务中，22.9% 来自美国，14.9% 来自欧洲，13.3% 来自中国香港，10.9% 来自日本。上述 4 个地区的业务量占我国国际业务接包总量的 62.0%。

（二）国内外包需求日益旺盛，金融外包业务比重提升较快

在国家政策的大力支持下，伴随着产业升级和各行业信息化建设不断推进，软件外包需求得到大量释放，国内外包业务保持较快增长。原因在于，一方面，中国本土企业接受 IT 服务的程度不断提高；另一方面，随着中国市场的壮大，越来越多的跨国企业将其与中国相关的服务外包到中国执行。根据工信部的统计，国内外包业务收入从 2004 年的 943.8 亿元增长到 2014 年的 5124.42 亿元，年复合增长率为 18.4%。

近年来，随着我国金融行业的不断发展使其对软件与信息服务外包的需求快速增加。同时，出于业务发展和成本控制的考虑，国际金融外包也呈现向亚太地区转移的集中趋势，我国正在逐步成为全球金融外包服务中心。根据前瞻产业研究院的分析，我国金融产业外包市场规模将由 2011 年的 120 亿元增长至 2018 年的 795 亿元，年均复合增长率为 31.0%。

（三）企业面临向产业链上游转型升级

由于人民币升值、人力成本不断上升等因素，我国劳动力成本优势逐步减弱，导致低端软件外包市场面临洗牌。而上游软件外包市场受市场进入门槛和客户严格要求的限制，竞争壁垒较高，因而利润率水平较高。我国外包企业在向产业链上游转型升级过程中，面临业务架构重新定位、技术升级、人才招聘及培养、企业自主创新能力提升等诸多挑战。目前，业内转型主要有以下路径：一是从低端劳动和知识密集型编码业务提炼企业核心技术竞争力，根据服务外包经验整合行业方案，从单一人力外包输出的企业提升为可提供解决方案的企业；二是把握市场行情，根据自身技术实力，加强自研产品的开发；三是将企业已有知识产权产业化，把出售知识产权作为一个重要的业务形式。

软件外包中，与最终用户签约的外包商为一级接包商，与一级接包商签约的为二级接包商，以此类推。日本最终用户在发包时，不仅希望一级接包商具有很深的行业知识与业务咨询能力，与本企业有良好的信任关系，更希望它有足够的资金抗风险能力和在日本本地承担法律责任的能力。因此，一级接包商一般都是本地规模较大的企业，在日本只有 30 多家。这些一级接包商控制了客户资源，熟悉客户的业务细节，与客户有良好的信任关系。一级接包商在完成系统分析、架构和设计等前端流程之后，再将其余的部分外包出去。

由于文化、语言因素及地理位置的相近性，中国软件企业成为日本一级接包商最主要的外包合作商，日本离岸服务业务的 70% 发到了中国。中国的软件企业一般只能接到第三、第四层级的工作，利润率不高。而一旦进入第二级接包商行列，项目规模和利润率都将大幅提升。少数优秀的中国软件企业通过与日本一级软件接包商的长期合作建立起来的品牌和信誉，并通过自身服务能力和完成质量的提升，正逐步获取一些技术含量高、规模大的项目。

我国软件外包与服务企业有较大的成本优势，一般情况下，最终用户支付给日本一级软件接包商的单价为 200 万～300 万日元/人·月，日本一级软件接包商将业务分包给日本本土二级软件分包商的价格为 100 万日元/人·月左右，而分包给中国较优秀的软件外包企业的价格为 30 万～40 万日元/人·月。日本一级软件接包商通过实施软件离岸外包的战略，能有效降低其成本。根据野村综研披露的 2014 年报信息，其外包金额占其生产成本的 49.07%，对中国企业的发包金额从 2004 年的 64.59 亿日元增加至 2014 年的 234.82 亿日元，年复合增长率为 13.78%。总体上看，日本企业在中国市场加大了服务项目的发放，无论数量和质量都有较大的提升。

因人口老龄化，日本 IT 人才资源欠缺。据统计，日本仅 IT 软件编码业的技术开发人才的缺口就在 10 万人左右，再加上世界 IT 业竞争的日趋激烈，迫使日本企业不得不选择成本低的海外 IT 服务外包，使得日本软件离岸外包服务市场不断增长。

根据 2015 年 2 月 IDC 发布的日本 IT 服务市场预测报告，2015 年日本 IT 服务市场规模预计将达到 52718 亿日元，比 2014 年增长 1.9%。而根据计世传媒研究院的统计，2014 年我国软件与信息服务外包国际业务中，来自日本企业的业务额为 60.7 亿美元，占日本 IT 服务市场规模的 14.2% 左右。而随着离岸外包服务范围的扩大、日本企业进一步降低成本求发展等，IDC 预计至 2020 年日本离岸服务外包市场会以年均 14.4% 的复合增长率发展。

我国软件外包与服务行业尚处于成长期，行业内企业众多，市场化程度较高，市场集中度较低。根据中国经济报导报提供的数据显示，相较印度拥有众多 10 万人规模的外包企业，而中国最大的外包商仅有 2.8 万人。

尽管软件外包与服务行业内企业数量不断增加，由于存在较高准入门槛，竞争尚不激烈。未来从事产业链上游软件外包业务、拥有较为稳定的客户资源、较高的业务技术成熟度、较大的接单能力的企业将有较大发展空间。

随着客户对接包企业行业经验、服务能力、技术水平、供给规模的要求逐步提高，行业内较大规模企业的发展趋势将显著优于中小企业。规模较大企业可通过在异地建立开发基地提高交付能力，以更好地服务于异地客户和开拓异地市场，同时通过在国内外证券市场融资，进一步提升企业规模和竞争力。而中小企业因规模较小、品牌影响力小、技术成熟度较低，在服务能力方面无法满足客户持续增加的订单要求。加之人民币升值、人力成本不断上升等因素影响，其经营会受到较大影响。因此，软件外包与服务行业将日趋集中。

由于人民币升值、人力成本不断上升等因素影响，我国劳动力成本优势逐步减弱，将导致软件外包市场面临洗牌。只有拥有较高的研发能力，能为客户提供从咨询、基本设计、开发、测试、上线、维护等软件全生命周期作业服务，才能得到较快发展，而仅提供代码编写服务的企业将逐渐被淘汰。

行业最终用户或一级接包商在挑选外包企业时，将重点关注该企业是否积累了丰富的行业经验。行业内优秀企业通过在细分市场领域的积累，可形成细分行业品牌优势，今后可获得更多该领域的项目。而行业新入企业由于没有项目经验，在发展初期往往较难获得项目。

软件外包企业需具备较强大的客户开拓和维护能力。软件发包商对接包商的要求虽然较为严格，但一旦开始合作，若没有特殊原因一般不会更换接包商，业务较稳定。尤其是日本软件发包商，一旦与其建立信任关系，将保持长期固定合作。目前，行业内优秀的日软件外包厂商通常与其主要客户建立了 10 多年的合作关系。上述长期协议将导致新进入者业务发展空间较小。

软件外包与服务行业是知识密集型行业。由于软件外包与服务行业专业人才培养周期较长，行业内高素质的技术人才相对有限，尤其是具有多年软件外包经验、团队管理能力、又熟练掌握外语的人才更加稀缺。因此，软件外包人才不足将降低新进入者的竞争力。

国际市场中，美国、日本、欧洲等发达国家一直占据着软件产业的主导地位，这些软件传统发包国企业在中国市场加大了外包项目的发放。根据2015年3月计世传媒研究院发布的数据显示，2014年中国承接离岸服务外包合同金额和执行金额分别为718.3亿美元和559.2亿美元，分别同比增长15.1%和23.1%，预计未来3年我国服务外包以10%复合增长率增长。

国内市场中，在国家政策的大力支持下，各行业信息化建设不断推进，软件外包需求得到大量释放。根据工信部的统计，国内外包业务收入从2004年的943.8亿元增长到2014年的5124.42亿元，年复合增长率为18.4%。我国软件外包服务企业及从业人员也相应增加。2014年，我国软件与信息服务外包产业从业人员达到507万人，同比增长7.87%。

随着客户对行业经验、服务能力、技术水平、供给规模的要求逐步提高，我国软件外包与服务市场的集中度将提高，促进了行业利润率水平有所提升。经过多年的发展，国内优秀的外包企业已形成了完整的服务体系。上述企业将上述经验运用到国内新兴业务中，可大幅降低开发成本，进一步提升企业的盈利能力。

我国软件外包与服务行业尚处于发展初期，相对于埃森哲、IBM、Infosys、NTTData、野村综研等国外大公司，国内软件外包与服务企业规模普遍较小，市场集中度较低，研发能力较弱，承接大型软件外包项目的能力较弱，获取的项目数量较少，利润率都较低。

三、其他国家承接国际 IT 服务外包的现状

国际上主要的 IT 服务外包承接国家有印度、爱尔兰、马来西亚、菲律宾、日本等国家，其中日本和爱尔兰两个国家在国际 IT 服务外包方面具有明显的代表作用。下面分别对日本和爱尔兰的 IT 服务外包状况进行详细描述来反映国际 IT 服务外包的现状。

（一）爱尔兰软件和服务外包产业情况

爱尔兰软件和服务外包产业起源于20世纪50年代末，自1994年以来，爱尔兰软件产业异军突起，目前已成为该国支柱产业之一，形成了令人瞩目的国际竞争力。如今，爱尔兰已经成为全球最大的软件本地化供应基地，也是欧洲最典型的接包国。其软件在欧洲市场占有率超过60%，全球排名前10位的软件企业在爱尔兰都设有分支机构。爱尔兰软件和服务外包产业具有以下特点：

第一，产业发展高度集聚。都柏林地区是爱尔兰软件的主要聚集地，该地区软件业从业人员占整个爱尔兰软件业的83%以上，汇集了爱尔兰约73%的软件公司。

第二，本土与外资企业协调发展的格局业已形成。爱尔兰本土软件企业在与跨国公司合作中形成了自己的核心竞争力。整体看，爱尔兰软件行业呈现发展的多样性和业务范围的广泛性，在全国范围内形成了协同发展格局。

第三，产业层次不断提高。目前，爱尔兰软件产业正在将发展方向定位在更高附加值和更具发展潜力的专业化细分市场和特殊的商业应用市场。经过多年努力，现已逐步在工业嵌入式软件、移动通信、企业管理、教育培训、加密技术和安全领域成为国际领先者。

第四，以出口为主的产业发展模式。自1991年以来，爱尔兰软件产业出口额大幅度攀升，年出口比重超过90%，主要集中在欧洲和美国。爱尔兰软件产业的快速发展，很大程度上得益于国家出台的"科技兴国"战略以及一系列政策扶持措施。此外，美国500强企业首席执行官中，爱裔占近1/4。爱尔兰政府极为重视这一资源，积极推动美国企业投资爱尔兰，这成为促进爱尔兰软件产业快速发展的重要因素。

（二）日本的IT服务外包现状

日本注重信息技术服务外包，日本是利用信息技术较早的国家，其非常重视信息技术的使用。采用外包体制是日本商业社会一大特点。在日本的信息服务业，最终客户把其信息服务项目委托给具有强大资金实力与技术实力的顶级企业，进行总体设计和任务模块分割等上游作业后，再将不同的任务转包给若干个具有相当经验与实力的二级企业，进行分模块的功能设计与详细设计等中游作业，然后再进行第三、第四次工作转移进行更细化的详细设计和代码开发等下游作业。这样来自多个公司，拥有各自优势的多层级的项目团队可以更好地共同完成项目。基于日本出现的人才"瓶颈"和成本压力，把下游作业转包到具有大量人才储备及成本优势的海外企业，自然成为解决该问题的唯一选择，由于中国与日本的文化与文字的近缘优势以及人员优势，成为日本外包的首选地。

日本是全球信息服务外包第二大国，虽然目前其离岸服务外包总规模只占日本信息服务市场总额的5%，但与其他英文国家的发包结构不同的是，中国在其信息服务外包中已经居于不可替代的位置。据Gartner统计的数据表示，在2012年日本离岸外包业务市场份额占比中，中国获得了77.9%，比位于第二位的印度高出了58%。在日本的离岸外包承接国中，中国的份额一直保持在80%左右，日本是我国承接离岸外包业务的重点市场。

第四节　IT 服务外包的发展趋势

新一代技术革命推动软件服务外包进入 3.0 时代，给服务外包产业带来了新方向，战术上对成本、技术追求正在向价值需求转变。基于云技术和云理念，与互联网、移动、大数据等技术的进一步融合，服务外包面临技术模式、服务模式、运营模式、交易模式、商业模式、供给模式、行业边界、服务内涵、竞争格局和服务外包产业定义十大变革和发展趋势。

一、技术模式的变革——从 ICT 到 ICD

服务外包作为以技术为核心驱动力的产业，其诞生和发展，紧紧伴随着每一次的技术革命的浪潮。技术基础决定了外包服务的内涵和外延，并驱动服务外包行业的不断升级和发展。1.0 时代的服务外包在以计算机为代表的 IT 产业推动下诞生和发展；2.0 时代的服务外包，以互联网革命为核心的 ICT 产业代表了推动服务外包产业发展的 3 个关键技术要素；在新经济时代，即 3.0 时代，ICT 将更多地被赋予信息化、智能化的内涵，并从 ICT 向 ICD 的迁移。Information 将被 Data 取代，互联网新业务、各类商业应用、大数据等将成为新 Data 所代表的主要内容；传感网络、智能终端、All - IP 化网络、云数据中心将成为全新形态的 Communication，并由 Cloud 取代；而 Technology 由于其宽泛性，将成为新一代信息技术特别是光通信技术、IP 化技术、虚拟化等技术的代名词，泛互联网是其中的核心标识，并被 Internet 取代。3.0 时代的服务外包，将在新的 ICD 技术基础上重新组合现有的服务领域和服务模式，并衍生出各种全新的服务业态。

二、服务模式变革——从"卖人头"到合作伙伴

对于传统服务外包企业而言，从服务方式及其盈利特点上看，可以分为项目外包和人力外包两类。可以说，2.0 时代服务外包最基本业务模式就是以"卖人头"的形式为发包商提供软件开发等人力资源及服务，这样的模式直接决定了服务外包业务的收入和人员规模成正比的关系。因此，服务商希望依靠提高价格来获得更高的利润率几乎是无法实现的。随着外包产业进入 3.0 时代，发包企业越发需要与外包企业进行全方位、360 度的合作，形成基于信任控制并结合价格和权力控制的跨组织战略关系，以构筑满足自身发展的生态系统并创造纵深的行业价值。这要求接包企业更加专注于与发包企业业务流程的深度整合，与发包企业

形成你中有我，我中有你，价值共创。因此，战略客户的布局和开发便具有了前所未有的重要性。

三、运营模式变革——从基地模式到网格管理

2.0时代，服务外包企业运营为"重服务"模式，即"全员雇佣、场地办公"，人工成本和房租成本构成服务外包企业最重要的成本要素。在3.0时代，随着移动互联网、云计算等技术的兴起，服务外包企业的运营模式向"轻资产运营"转变，自带设备办公、移动办公等的出现，带来众包时代的来临。服务外包企业更加强调技术替代劳动，网络替代场地，通过网络化管理降低企业的固定成本，利用技术和系统取代劳动力的过度依赖。服务外包越来越向知识密集型、数据密集型产业演进。

四、交易模式变革——从替代型外包到放弃型外包

在服务外包2.0时代，替代型外包是服务的主流，发包商将自己内部的某些流程或者服务，以降低成本为目标转移给第三方专业服务机构完成。随着3.0时代的来临，企业外包战略发生了根本性的变化，发包方和接包方的利益更加趋同一致，由商业关系向战略合作伙伴关系蜕变。在这种环境下，企业将本身原本没有的IT产品或功能，通过外包方式从外部市场获得，这就是放弃型外包。一般来说，放弃型外包是企业为满足业务战略需求而选择的外包，接包方不仅要提供所需的IT资源，还需要与企业一起甚至是独立提供与企业业务流程相关的行业解决方案，这种解决方案集成了企业与服务商双方或者多方的能力，远超出企业自身原有能力，更能适应市场和客户需求，在市场竞争中获得优势。因而，放弃型外包下的外包功能已经超越了节省成本的范畴，而是迈进了解决业务、优化业务的领域，创造的附加值要远高于替代型外包，接包方拥有更高的议价能力。

五、商业模式——按需付费、SaaS与平台化企业

3.0时代服务外包的核心就是服务外包企业建立标准化的统一外包服务处理平台，通过标准化、模块化和流程化将服务集成到统一云平台上，在数据库里面进行统一处理。基于云的技术和云的理念，与互联网、移动、大数据等新兴技术的进一步融合，将改变服务外包的商业模式、交易模式、交付模式以及定价模式。

（1）交付模式与定价模式的变革。传统2.0时代，服务外包的定价模式是典型的"卖人头"模式，而Onsite成为交付模式的主流。随着互联网技术的发展和云时代的到来，在外包3.0时代，基于云的服务交付模式，即SaaS，将成为新的

交付和定价模式的主流。

（2）商业模式的变革。在服务外包的3.0时代，外包产业走向矩阵式，分工变得越来越专业、越细分。所以从垂直走向水平，再走向矩阵。云外包最重要的是服务，没有应用就没有服务。这会催生新的资源优化、新的模式和产业分工，从而形成全新的商业模式。首先，云外包将促使共生关系的建立，可促进服务商与用户和合作伙伴一起实现价值的协同创造。其次，"云外包"将带来"云创造"，企业将越来越多地利用网络或者生态系统创造竞争优势，协调活动以获得价值。最后，云外包会从服务延伸到制造领域，制造业将从"成本"导向再延伸至"设计"导向。

（3）平台化企业。3.0时代的服务外包推动传统服务外包企业商业模式的根本变革，即企业平台化的趋势开始出现。平台有两方面的意义，具备其中任何一方面，均可称为平台。第一是合作伙伴间利益共享的机制，强调其承载商业模式的特性；第二是不同应用共享数据的技术架构，强调其承载不同合作伙伴提供的应用程序的特性。

另外，服务外包的交易模式也在发生变革，从传统的直接交易——中介机构向社会化平台与众包的模式转变。

在快速发展的外包市场中，在新技术革命带来的产业大变革时代，"大鱼吃小鱼、快鱼吃慢鱼"是主基调，企业快速做大规模，扩大行业覆盖，是生存下来以至保持竞争优势的不二法门。在接下来的几年，随着跨界融合的不断深入，全球服务外包市场的格局将发生深刻的变化，这对中国服务外包产业而言，既是反超的机遇，更是转型的挑战。

案例分析

中国石化的外包案例①

中国石化是国内石油化工行业的龙头企业，主营业务为石油、天然气勘探开发业务和石油化工等业务，截至2005年，中国石化总人数约38万人，以6637亿元的营业收入居中国大型集团企业之首。

2000年，中国石化集团在海外重组上市，在行业竞争及自身业务发展双重压力之下，中石化在2000~2001年开始重新定位信息化战略：坚持以ERP和电子商务应用为主线，以ERP深度应用、总部与二级企业的信息集成为重点，采用国内外成熟和先进的信息技术，改造和提升组织、管理及决策水平，为企业精

---

① 殷国鹏，杨波. 企业IS外包、IT组织变革与能力提升的案例研究［J］. 软科学，2007，21（2）.

细化管理和业务的国际化发展打下坚实的基础。

为了实施企业信息化战略，中石化主动尝试新的IT组织及管理模式，将内部信息中心的一般性、具体的技术操作职能和人员分离，与香港电讯盈科成立石化盈科信息技术有限公司。信息系统管理部会同业务单位与石化盈科签订外包服务协议，并由业务单位、分子公司分摊IT支出，通过市场交易促进IT资源、服务的有效利用，同时也较好地规避了完全市场化交易的风险（中石化拥有石化盈科55%的股权）。重组之后，中石化总部的信息系统管理部编制由原来的245人降为34人。信息系统管理部姜主任谈道："重组实现了信息化的'管理'与'服务'的分离，目前该部门的核心职能是IT规划和管理协调与业务部门、外包商之间的关系，而具体项目实施和运维服务则主要是交给石化盈科去完成。"通过此项重组，内部IT部门将向业务部门合作伙伴、领导者角色转换，更加关注IT价值创造。2001年，在全面规划和实施ERP之初，总部成立ERP项目指导委员会，由总裁任主任，主管技术的高级副总裁任副主任，成员由信息系统管理部主任、总部各相关业务部门的主要负责人、软件提供商、咨询服务商代表组成，每个季度定期由总裁召集会议。李主任在谈及委员会时指出：中石化几年来的实践表明，准备好与开好ERP项目指导委员会会议，对于推动全局信息化工作非常关键。

中石化信息管理体系十分明确地规定双方在应用系统建设中的基本关系：业务和职能部门是IT应用系统的使用单位，也是与本部门有关应用系统建设的牵头单位，与信息部门协同配合共同做好本部门所担负的信息化工作，通过在业务部门设立关键用户（Key Users），作为协调双方关系的正式安排。信息系统管理部十分重视业务部门干部职工的IT培训工作，不断提高他们的IT技能和应用水平，从而形成一支强大的信息化建设应用队伍，这是公司成功推行大型信息系统建设的一条重要经验。粗略统计，截至2004年，已经实施ERP的25家企业参加ERP专职培训的干部职工达到22000多人次。

除了上述的正式协调机制以外，信息部门主动和各业务部门进行沟通，一些由信息部门主管的相关活动主动邀请他们参加，如软硬件选型、方案评审等。这样，双方之间的理解和友谊与日俱增，工作上的配合越来越密切、越来越默契。

在访谈及非正式交流过程中，物装部主任叙述电子商务采购系统应用成功的关键因素时，他对网络采购的运行情况、收益（如网络采购比率、采购金额的节约等）的熟悉程度，以及对发展网络采购的信心、决心更是给我们留下了深刻记忆，并且多次提及IT部门为了配合物装部所付出的巨大努力；信息系统管理部李主任也补充道："在建设ERP过程中，总部各有关业务部门（如物装、炼油、化工、销售等部门）都发挥了非常重要的牵头作用，而这种作用是IT部门永远无法替代的。"此时，我们直接观察、体会到了双方对于 IT 应用的共同理解以及相互信任的合作关系。

　　分析：本案例的合资方式是什么？为什么采用此种方式？本项目成功的因素是什么？

习题

1. 什么是 IT 服务外包？其内涵是什么？

2. 采用 IT 服务外包的原因是什么？

3. IT 服务外包的重要性？

4. IT 服务外包有哪些优势？

5. 如何理解 IT 服务外包在企业运营过程中的地位？

第六章　金融服务外包

学习目标：
➢ 了解我国金融服务外包发展的特点
➢ 了解我国金融服务外包面临的问题
➢ 了解金融外包的风险因素及其作用机理
➢ 了解金融外包风险及其防范对策
➢ 了解国外金融服务外包监管的发展

第一节　金融服务外包现状与发展趋势

金融外包作为服务外包的一项重要外包形式，已成为国际外包市场的主流。我国金融领域开放程度不断加大，竞争日益激烈，国内金融企业要在竞争中取胜，必须借鉴国外金融外包的经验，把现有的资源集中到核心业务上去，形成自己的核心竞争力。

根据 2005 年由巴塞尔银行监管委员会（BCBS）、国际证监会组织（IOSCO）、国际保险监督官协会（IAIS）及国际清算银行（BIS）组织联合论坛上发表的《金融服务外包》（*Outsourcing in Financial Services*）报告，将金融业务外包定义为"受监管实体持续地利用外包服务商（为集团内的附属实体或集团以外的实体）以完成以前由自身承担的业务活动。金融服务外包可以是将某项业务（或业务的一部分）从受监管实体转交给服务商操作，或由服务商进一步转移给另一服务商（称为转包）"。金融服务外包的实质在于，金融企业为了降低成本，将资源集中于相对优势领域，重组价值链、优化资源配置、增强核心竞争力，增强持续发展能力。

一、国外金融外包的发展

金融外包始于20世纪70年代的欧美。当时，部分金融机构为节约成本，将一些准事务性业务外包。到了20世纪90年代，金融外包在全球得到迅速发展。当前国际上的服务外包发包方市场主要集中于北美、西欧和日本。由于2008年金融危机的影响，全球离岸外包的增长速度放缓，受到利润率下降的压力，欧美等成熟市场的金融机构开始通过外包的方式降低成本，提高效率。通用金融是金融外包潮流的领导者，当年率先在印度建立起外包基地。这也体现出了离岸外包潜力未被充分挖掘，还有很强劲的实力。

国际金融外包市场的发展，为处于发展初期的国内金融外包产业提供了重要经验。随着金融机构业务的多元化及外包业务的复杂度与专业度的提升，对接包商提出了更高的要求。

二、国内金融服务外包的发展

我国金融服务外包开始于20世纪90年代，近年来进入高速发展时期，增长速度快、市场潜力大、吸纳就业能力强，是提高金融服务信息化、专业化、标准化、国际化的重要途径。

随着我国金融业对外开放的深化，金融业竞争日益加剧，都将带来金融外包的发展。毕马威调查报告显示，中国服务外包市场每年保持约26%的年复合增长率。麦肯锡研究显示，中国BPO市场规模超过200亿元，增长速度超过20%，国内金融BPO市场以超过23%的速度成长。目前，我国金融服务外包供应商普遍处于快速扩张时期，营业收入年均增速近100%。

从表6-1可以看出，2012年我国金融服务外包ITO和BPO分别比2011年增长15%和25%，预计2016年将分别达到65.84亿美元和18.87亿美元，分别相当于2011年的1.88倍和2.35倍。从表6-2可以看出，2012年全球银行外包ITO和金融外包BPO分别比2011年增长5%和0.47%，2015年分别达到786亿元和268亿元，分别相当于2011年的1.25倍和1.26倍。

表6-1　2011~2016年中国金融服务外包情况　　单位：百万美元

年份	2011	2012	2013	2014	2015	2016
ITO	3506.1	4036.4	4545.3	5120.0	5800.7	6584.3
BPO	803.4	964.6	1126.7	1328.4	1580.5	1887.8

资料来源：IDC。

表6-2　2011-2016年全球金融服务外包情况　单位：10亿美元

年份	2011	2012	2013	2014	2015	2016
ITO	62.7	65.9	69.8	74.0	78.6	
BPO	21.3	22.3	23.7	25	26.8	28.7

资料来源：IDC。

（一）我国金融服务外包以境内发包商为主

近年来，境内金融外包市场逐步成熟，发包主体涵盖了银行、保险、证券、财务公司、信托等金融业各个领域，其中主要集中在银行业和保险业。表6-3显示了一些金融机构外包项目的情况。

表6-3　部分国内金融机构外包项目

编号	金融机构	外包项目	服务供应商
1	国家开发银行	核心IT系统集成	文思信息
		系统集成与开发	神州数码
2	中国光大银行	应用软件开发及维护	软通动力
		IT咨询	
3	招商银行	系统开发、升级及维护	文思信息
4	中国民生银行	银行卡业务	银联数据
5	中国人寿	文档影像数据处理	浙大网新
6	中意人寿	寿险理赔解决方案	华道数据
7	安邦保险	电子商务平台建设	软通动力
8	英大信托	系统开发及实施、IT规划	软通动力

资料来源：根据相关外包服务供应商网站的信息整理而得。

（二）承接金融服务外包以在岸为主，离岸为辅

1. 在岸市场占主导地位

目前，国内金融服务提供商的服务对象主要是国内客户，这与印度外包市场高度依赖海外市场的发展模式完全不同。2010年，金融BPO市场规模在岸与离岸之比为10:1，国内金融业IT外包合同有86%是本地发包商。在前20家国内金融服务提供商中，只有6~7家公司以离岸外包为主，其余绝大部分主要承接国内金融机构后台业务。

目前，我国金融外包支出约占金融业运营总支出的0.53%，而美国为

1.86%，因此，在岸金融外包还有很大市场空间。随着国内金融机构关注核心业务的创新发展和整体经营效益的提升，越来越多地尝试外包。此外，与国际金融机构相比，国内金融机构信息化起点低，在金融业务流程方面仍存在人才、经验和技能缺口，也更多地采用与服务提供商的战略协作方式，这些都加快释放国内金融机构的外包需求。

2. 离岸市场逐步开拓

随着我国金融业对外开放步伐加快，跨国公司金融机构转移速度加快，以及国内金融服务供应商能力的提升，未来时期，金融外包离岸业务规模将逐渐扩大。Tower Group 研究表明，全球最大的 15 家金融服务企业将扩大信息外包业务，金额将从 2005 年的 16 亿美元上升到 2008 年的 38.9 亿美元，平均年增长率为 34%。目前，我国金融服务离岸发包市场主要集中于日本、北美、西欧等发达国家，日本和美国是我国两个最大的离岸市场，其次是中国香港和中国台湾。目前日本离岸业务的 80% 左右是中国企业承接的。国内较具代表性的服务外包企业中，软通动力日韩业务占 65%，欧美业务占 35%；大展集团日本业务占 1/3，其后依次为北美、欧洲和中国；东软对日外包业务占 90%，欧美业务占 10% 左右。

（三）金融服务外包业务结构以 ITO 为主，逐步向 BPO、KPO 延伸

从业务类型看，金融 ITO 市场规模最大，业务范围最广，已遍及整个金融业；金融 BPO 发展速度较快，规模仅次于 ITO；金融 KPO 将成为新的增长领域。2010～2012 年，中国银行业软件、服务投资规模分别为：353.6 亿元、438.6 亿元、546.7 亿元，均高于硬件投资。2010～2012 年，中国银行业 IT 应用市场结构中，服务、软件市场所占比重为：52.9%、56.7%、61.3%，高于硬件市场。

近年来，金融 BPO 业务规模、业务种类逐渐扩大，已经从简单的单据录入、数据处理等低端业务向研发设计、客户服务、财务会计、理赔等高端业务过渡。同时，金融 KPO 业务也有一定程度的增长。以银行业为例，其对软件和服务的需求规模占比日益提升，2012 年将超过其 IT 总体需求的 60%。随着金融企业需求层次的提升，除 IT 基础设施服务外，BPO 和 KPO 都将成为新的增长源，如泰康人寿和新华人寿的电话营销中心均采用 IT 外包的方式。一些保险机构和基金管理机构在外包 IT 业务的基础上，逐步拓展到外包战略管理、法律服务、投资管理、基金单位定价及托管、核保与理赔、人力资源、财务管理等。

三、我国金融服务外包企业发展状况

（一）金融服务外包企业呈现金字塔型结构

目前，我国金融服务外包企业主要有三种类型：①国际金融服务外包公司，

如埃森哲、HP、IBM、FDC、TCS、凯捷、Unisys、Infosys、Wipro、塔塔、萨蒂扬等；②本土金融服务外包公司，如万国数据、华道数据、银联数据、文思创新、浙大网新、东软、博彦科技、中软国际、海辉软件、软通动力、东南融通、中讯软件等；③国内外金融机构的自建中心。由此形成了金字塔型结构，最上端以国际巨头为主，中间层次则以中国本土企业为主，第三层次则以众多的中小型国内企业为主。

（二）跨国金融服务外包企业示范效应明显

随着外资银行、保险、证券等金融机构进入中国速度加快，将带来国际服务提供商的跟进。跨国服务提供商通常具有很强的业务流程咨询能力、IT系统实施能力，外包项目以涵盖复杂环节的整体流程外包为主，发包商与接包商形成了长期稳固的战略合作关系。跨国服务提供商带来了成熟的外包运营模式和管理理念，对本土服务商产生示范效应，提升了整体服务质量。2003年11月，中国光大银行将管理会计系统的开发外包给联想IT服务，引进全球ERP市场占比最高的SAP公司产品，功能包括总账、应收应付、资产管理、成本中心会计、内部订单、利润中心会计、薪资管理等，实现了财务流程标准化和成本管理。2004年初，光大银行又将信用卡外包给美国第一资讯公司，服务内容包括：信用卡机具维护、市场营销策划、个人资信调查、制卡、人员招聘、培训考核、透支催收等，开创了国内信用卡系统外包开发的先河。

（三）本土金融服务外包企业市场开拓能力增强

一方面，以文思创新、软通动力、博朗软件等为代表的一批企业国际市场开拓能力明显增强。文思创新2011年第四季度大中华区主营业务净营收占公司总营业收入的46.5%；来自美国、欧洲和日本的主营业务净营收占公司总主营业务净营收比例分别为36%、12.6%和3.3%。软通动力国内业务占55%，海外业务占45%左右。他们依靠同欧美等跨国IT企业的合作，获得了产品本地化、软件测试等离岸业务，从而获得更多的欧美离岸外包机会。从企业文化、语言能力、服务交付标准等各个方面，积极同欧美市场对接，正获得越来越多的欧美金融机构认可。从市场前景看，美国企业倾向多国外包的动机，为中国供应商进军欧美市场提供了机遇。

另一方面，以华道数据、万国数据等为代表的一批企业，通过专注国内市场不断充实自身的竞争优势。这类供应商长期同国内金融机构保持良好合作，建立了牢固的地位与影响力。在发展国内市场的同时，将逐渐开拓海外市场，支撑企业新的成长。万国数据是国内起步最早、规模最大的数据中心专业化服务公司，是中国灾难恢复服务外包的领军企业。目前，已经在北京、上海、广州、深圳、成都等地运营管理多个数据中心，开创了国内银行、证券、保险外包服务先例。

2007 年，万国数据将市场扩展到港澳、日韩、欧美等国家和地区，发展离岸数据中心业务。

（四）金融外包价值链不断攀升

我国金融外包企业逐渐拓展价值链高端业务。例如，中讯软件公司通过长期承接日本大和证券等金融机构的外包业务，由简单编码逐步扩展到需求分析、概要设计、系统维护领域，并形成了面向银行、保险、证券等行业性的解决方案。可以看出，一些金融服务提供商已经逐步通过服务创新提高附加值，主要表现在拥有更先进的服务理念、更多元化的服务模式、更强的交付能力，以及提供更高附加值的咨询业务。从技术等级看，目前国内共有 1719 家软件与外包企业获得 CMM/CMMI 认证，仅次于美国，是印度获得认证企业总数的 2.6 倍。

四、我国金融业务外包面临的问题

（一）企业规模小、竞争力弱

目前，我国在金融服务外包方面落后印度 5～10 年，表现在金融服务外包提供商的人员规模、营业规模等方面。

从人员规模看，我国服务外包企业平均人员规模 200 人左右，超过 1000 人的企业仅 220 家，占企业总数的 2.5%，最大的东软集团拥有员工 1.6 万名。而 IBM、HP、埃森哲等达到上万人、几十万人的规模，如 IBM 拥有 20 万名左右员工。印度软件外包企业 3000 多家，从业人员 50 余万人，其中前 10 家服务外包企业人员规模在 1 万人以上，Infosys 拥有员工数量超过 12 万人。

从营业收入看，2010 年评选的中国服务外包企业最佳实践 50 强中，服务外包企业最高营业收入不超过 50 亿元；而 IBM、HP 等营业收入均超过 200 亿美元。排名靠前的印度金融 ITO 外包企业年营业收入为 30 亿～40 亿美元，Infosys、Wipro 等年收入超过 50 亿美元。东软集团、文思创新、中软国际、浙大网新和海隆软件等国内领先软件外包企业与印度软件外包龙头企业 Infosys 的收入比较，营业收入差距较大。

（二）以承接低端业务为主

总体上看，国内金融服务外包供应商目前尚不具备承接高技术含量外包业务的能力，大多业务处于价值链低端，金融 ITO 主要涉及软件开发与维护、硬件远程支持、应用外包等业务。目前承接的金融 ITO 业务主要包括设备管理、应用系统开发、软件开发设计、灾备中心建设等业务，BPO 业务主要包括后勤服务、人力资源服务、数据中心、财务中心、呼叫中心等，多数业务技术含量低、附加值较小。

（三）提供服务能力较低

从能力上看，美国金融服务提供商主要体现在对金融买家业务转型提供战略性咨询服务等高端业务；从业务范围看，美国金融服务提供商基本能够提供全业务的外包支持。而我国金融外包企业组织和管理尚不成熟。在服务模式上，服务提供商被动地接受任务和提供服务；在交付能力上，提供商往往不能为金融机构提供全面业务范围的外包服务，尚不具备为金融买家业务提供咨询和支持的能力，还没有出现提供全方位业务范围的金融外包提供商。此外，当前金融业尚缺乏对外包服务商进行综合管理的制度和供应商评级体系，无法有效对外包商的技术实力、经营状况、社会信誉等因素进行综合评定。

（四）金融服务外包人才缺乏

随着金融外包的发展加快，人才匮乏已经成为制约金融服务外包发展的"瓶颈"。人才总量存在较大缺口，尤其是缺乏精通外语、外包行业规则，拥有丰富金融知识、计算机技能的专业性高端人才。一些金融服务外包企业受限于自身规模，不得不放弃一些较大的外包项目。

五、我国金融服务外包的发展策略

大力发展金融服务外包，对于做大做强金融业，提高我国金融业国际竞争力，扩大白领就业，具有重要意义。应充分利用国家服务外包有关政策，加大地方配套资金和财政支持力度。

（一）促进在岸与离岸业务融合发展

利用我国金融业的巨大市场优势，鼓励金融机构分离服务业务，扩大在岸市场、积累经验、扩大规模，延伸和拓宽境外业务渠道。支持外资金融机构发包国内企业，鼓励外资金融服务提供商承接国内业务。

（二）加强金融服务外包园区（基地）建设

在税收、土地、房租、用电等方面给予优惠政策，完善公共设施配套，加强园区信息服务、融资担保、教育培训、市场交易、知识产权等服务平台建设。加大对平台的财政投入和减免税政策支持。发挥行业协会、产业联盟的作用，扩大承接离岸金融业务的规模。

（三）加快培育金融服务外包品牌企业

积极引进金融外包跨国企业，发挥其业务渠道、产业链、先进技术、先进管理模式等优势，鼓励分包、转包业务，带动本土金融外包企业发展。鼓励大型金融企业外包业务，设立业务交付中心等，鼓励金融外包龙头企业、骨干企业海外上市。

（四）建立完善金融外包监管制度

建立金融服务提供商的资格审查和信用评级制度，通过综合财务资信状况、技术能力、管理成熟度、资源规模和对行业的熟悉程度及创新能力等方面选择并评估服务商。金融机构采购管理和项目管理部门要逐渐提高服务战略组合能力和资源整合能力，提高外包管理成熟度。

（五）加强金融服务外包人才培训和引进

充分利用金融机构、金融学院等教育资源，引进国外培训机构，加强国际交流，注重培养具有较强国际沟通能力、研究能力、运营能力的中高端复合型人才。

六、金融服务外包新机遇

近年来，我国金融服务外包市场不断壮大，作为拓展全球市场的战略抓手，不仅越来越多的全球金融大机构在中国建立了交互中心和共享中心，还涌现出了一批本土领军企业，壮大了我国金融服务外包市场的主体，提高了金融服务供给能力。

金融服务外包作为助力金融企业打造高效的供应链、整合外部资源、降低运营成本、提高经济效益的生产组织模式，正在迎来发展新机遇。

（一）新科技提供新的驱动力

金融服务外包的快速发展从根本上得益于数字化金融对整个金融业产业链和价值链的重构，主要体现在四个方面：

（1）金融产业链、价值链在延长，使得服务外包有了更多空间和价值发挥；

（2）金融综合性平台作用增大，使平台建设和维护类的金融外包服务需求更加旺盛；

（3）数据价值凸显，使数据中心、数据处理、大数据分析等金融外包服务发展迅速；

（4）客户的价值提升，使得围绕客户关系维护的这一类金融外包服务获得新的发展。

云计算、物联网、移动网络、大数据、人工智能等新一代信息技术的发展，为服务外包提供了新一轮发展的支撑和动力，我国的服务外包行业正在从成本驱动向价值驱动转变，专注于自身特色优势业务领域成为服务外包企业积极转型升级的重要途径。未来，随着金融业对外开放深化、前后台业务分类及区块链技术、大数据等技术的应用，必将加速金融服务外包的进程。

（二）模式创新推动新的发展趋势

（1）服务外包企业会根据金融机构的需求，从成本需求转向价值需求，金融企业要求服务外包企业更多地去创造服务价值，而不是仅仅停留在早期的成本控制、成本降低这样的动机上。

（2）更加注重个性化服务能力提升。数字化金融的价值创造新模式——"化整为零、聚零为整"使每个小客户的良好服务体验都成为有效的价值转化源泉。

（3）服务集成性进一步提高。要求金融外包企业提高整合能力，也就是说其流程设计、系统开发当中能够综合不同的业务和产品的种类，兼顾不同的客户要求，支持核心业务、非核心业务以及前台业务、后台业务，标准化流程和非标准流程业务的动态转换。这样就使得金融外包成为推动现代金融机构组织协同和战略创新的一个重要的支撑。

（4）更加关注风险和安全的管控。依托新一代 IT 技术的金融风险管理，包括发生危机之后的数据备份和恢复、重建都会成为金融外包新的业务增长点。金融机构的系统升级、安全管理的全流程都需要金融外包企业提供有效的支撑。

（5）跨界融合的市场机会增多。外包企业可以依托某一个领域的优势，借助"互联网＋"关联应用到其他领域并获得竞争先机，从而降低不同行业跨界经营的门槛。这也带来一个新的机遇，就是在新的金融生态圈中如何利用自己已经建立的优势去寻找并实现属于自己的、最有竞争力的价值点，然后引领金融业的创新发展势头，所以这将会成为金融外包企业转型升级的重要方向。

第二节 金融外包风险及防范

一、金融外包的风险

（一）金融外包的风险因素及其作用机理

风险因素就是引起风险的因素，并不是所有的风险因素都可以导致外包风险，因此识别外包风险因素，并进行分类研究，了解不同类型的风险因素的作用机理，可为识别风险提供依据。

1. 识别风险因素

简单来说，外包理论的关键词是：资源、成本、竞争力、关系，其中关系包括了企业与外包商之间的关系以及他们与整体的社会、经济、政治、文化之间的关系，因此在考察外包风险时也离不开分析和研究这三个因素以及将它们结合起来的战略因素。可以归纳外包的风险因素为：资源因素、能力因素、环境因素和战略因素。其中，资源因素包括信息资源、人力资源、资金资产资源、制度资源、市场资源、管理资源、技术资源等；能力因素指组织竞争能力、管理控制能力、沟通协调能力、技术创新能力、市场控制能力以及将资源转化为能力的能力等；环境因素包括经济环境（包括宏观经济周期，经济政策的调整，行业相关经济政策的变化）、市场环境（包括市场竞争结构、竞争激烈程度等）、社会环境

（包括社会诚信和道德约束），以及政治环境、文化环境等；战略因素包括战略的制定、实施、修改、控制等，具体地说包括外包的目的、范围和深度、供应商的评价和选择、外包合同的制定和延续、外包绩效的评价、外包中止或终止等。

2. 风险因素的作用机理

外包战略不同于公司的其他战略，这个战略的成功与否依赖于外包的双方或多方当事人。外包商的实力、资源及战略决策等对企业外包战略目标的实现有着举足轻重的作用。在《金融服务外包征求意见稿》中把战略风险归纳为外包商按自己的利益行事，从而可能有悖于受监管实体的整体战略目标的风险；未能对外包商实施适当监察的风险；缺乏足够能力检查外包商的风险。因此，在战略风险分析框架中，我们要考虑外包商相应的战略、资源、核心竞争力以及环境因素。

在金融服务外包中，如图6-1所示，金融机构作为委托方实施金融服务外包战略，将金融服务外包给外包商，战略目标的实现依于双方当事人的共同努力。风险因素包括环境因素、资源、竞争能力、战略。它们之间的关系是：资源和竞争能力是实现战略目标的支持要素，资源和竞争能力之间是相互作用的，它们除了直接对战略产生影响之外，还可以通过对彼此的改变而间接影响战略；环境的变化会对战略产生影响，并导致资源以及竞争能力的变化；战略本身也暗藏着风险因素，委托方和承包商的战略之间也有很大的相关性。因此在图6-1中的箭头既表示各个风险因素之间的关系，也体现了双方当事人的潜在风险，它们中间任何一个因素的变化都可能打破平衡，导致风险的出现，因此外包风险管理的目标就是保持环境、资源、能力、战略之间的动态平衡。

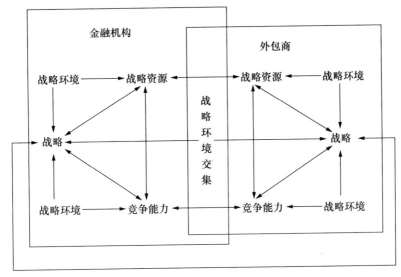

图6-1 风险因素作用机理

（二）金融服务外包风险因素及风险类别

环境、资源、竞争能力、战略这四个风险因素对外包风险的影响主要体现在八个方面：战略决策、财务、人力、管理、系统、市场、技术以及服务商。前四个方面的影响所带来的风险来自企业内部，后四个方面所产生的风险来自企业外部。这些风险始终贯穿于外包战略实施的全过程，包括外包战略的制定、选择服务商、签订合同、合同管理几个部分，如图6-2所示。

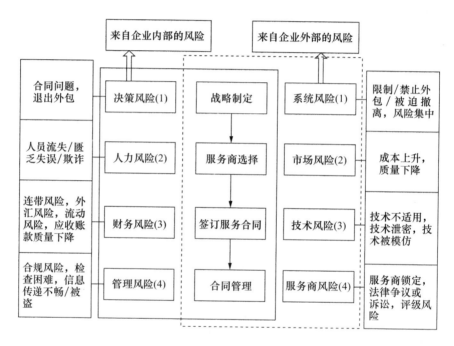

图6-2　金融服务外包的风险类型

（三）金融服务外包风险的识别

任何企业的风险都可以分为两类，即来自企业内部的风险和来自企业外部的风险。一般来说，内部风险是可控制的，而外部风险中来自其他组织的风险是可以部分控制的，而来自整体环境和系统的风险是不可控制的。

1. 来自企业内部的风险

来自企业内部风险包括决策风险、人力风险、财务风险和管理风险。

（1）决策风险。决策风险主要包括合同风险和退出策略风险。合同风险包括合同修订、中止或终止，履行合同的能力以及离岸外包中管辖法的选择。退出策略风险主要是由不适当的市场退出引起，导致决策风险的原因有金融机构对自己的核心能力和非核心能力的把握不准确或不够重视、战略指导理论落后、环境的变化频繁、与本身前期制定的发展战略不一致、公司资源对目标缺乏支持、对所处行业环境的发展规律的认识不够以及领导层的新旧更替等，其中主要原因还是金融机构对自身能力、资源和所处环境把握不准确。

（2）人力风险。人力风险包括人员流失、缺乏、失误、欺诈等风险。金融业是劳动密集型产业，因此人员的稳定性和人才的素质直接影响着金融服务的品质。由于薪资下降、上下层沟通不到位、离岸外包的语言障碍、文化差异以及文化融合度差等原因导致员工产生抵触情绪，人员流失；服务环节的外包导致金融机构内部的服务能力和学习能力降低、技术水平下降、后备人才缺乏；信息不对称、信息沟通渠道不畅通以及机会主义行为导致的失误和欺诈等。

（3）财务风险。财务风险包括连带风险、外汇风险以及操作风险。外包的方式有很多种：合同、战略联盟、以参股或合资企业形式建立合作关系等，可见在一些情况下存在金融机构与外包商互相投资。参股的情况，这样做可以保持合作关系的稳定性，加强双方目标的一致性，减少机会主义的产生，但缺陷在于两者之中任何一方的经营、财务等问题都可能很快传递到另一方，出现"蝴蝶效应"，产生连带风险；离岸的金融服务外包涉及用外汇购买外包资产以及外汇结算的问题，因此，也可能带来汇率风险，同理还有利率风险；在外包中财务方面可能出现流动性风险致使缺乏足够财力以履行责任或提供补偿。

（4）管理风险。金融服务外包的管理风险包括合规风险、操作风险、信息风险。其中，合规风险主要指未遵守隐私法、未充分遵守客户与谨慎管理的法规以及委托方的合规金融服务外包及其风险研究与控制力不足等；操作风险主要对外包商实施检查的成本过高；信息风险则指外包协议影响受监管实体向当局及时提供数据及信息或信息被盗等。导致管理风险的原因还有质量保障体系欠完善性、联络渠道不健全、外包绩效衡量标准的不科学性、高层领导知识结构和领导能力的欠缺，以及组织学习与知识管理体系、组织结构适应性、信息保密性差等。由于外包涉及的是两个或多个不同的、独立的经济实体，它不是管理的结束，而是新的管理的开始，而在金融领域，管理的对象更为复杂，因此加大了管理的难度。

2. 来自企业外部的风险

来自企业外部的风险包括系统风险、市场风险、技术风险和服务商的风险。

（1）系统风险。系统风险主要包括国家风险和集中与系统风险。国家风险是指政治、社会或法律因素的变动，以及商业持续性计划的复杂性。集中与系统风险是指行业整体的风险集中于某一服务商。国家风险主要是由政权的交替、工会力量以及社会利益集团力量的此消彼长、媒体导向的变化、不同经济周期的政策的转变等引起。经济危机、金融危机、金融体制的转变、服务业的开放程度、贸易政策的转变等对于外包来说都有很大的影响。此外系统风险还表现在风险集中上，如果外包市场被一个或少数外包商所垄断，那么极有可能导致风险的集中和扩大。金融产业是牵动国家经济命脉的关键产业，因此要分析金融服务外包的系统风险就要时刻关注整个社会系统的变化。

（2）市场风险。这个市场指的是外包市场，包括市场结构、市场机制和市场环境的完备程度、市场评价机制的健全程度、市场的利润构成以及利润空间等。市场风险主要表现为名誉风险（服务成本和质量问题），随着外包经验和技术的成熟，外包市场格局发生变化，某些外包商竞争能力加强，从而提高了讨价还价的能力，导致外包成本上升。也有可能是行业标准、知识产权等法规完善，加大了外包的进入门槛，导致总成本上升。而质量下降可能是由于金融机构对外包商进一步的低成本控制降低其利润空间，导致外包商丧失服务积极性，也可能是由于外包商人才流失严重，在很大程度上影响了生产能力，从而导致质量下降。如印度相对于中国的最大优势是政府的重视以及知识产权保护的力度。在中国从事外包的企业规模普遍较小，一个原因是中国人做生意比较依赖关系，这种方式必然会形成很多的小公司，而印度的外包企业则遵循着行业市场规则，不管是知识产权保护还是安全保护都是如此。

（3）技术风险。技术风险包括技术不适用、技术泄密和技术被模仿。如今金融服务的提供越来越依赖于信息技术，信息技术的应用直接关系金融服务提供的数量和质量，金融服务制造和提供过程与技术的应用是密不可分的，因此技术风险对金融机构的运作可能产生连带作用。技术风险主要表现在技术不适用和技术泄密两个风险事件上。主要原因是技术标准不统一、技术缺乏连续性和延展性，以及技术安全保密性能差、抗侵袭能力差等导致。如技术的不断更新可能使得金融机构最先开发的信息系统落后，而不能匹配新技术发展的需要，从而导致系统资源的浪费等。此外，技术本身是有缺陷的，当技术被黑客所利用的时候，就会导致金融机构的巨大损失，"数据门"事件就是个很好的教训。目前国内银行业务或信息系统外包的微乎其微，目前外包从法律上、技术上都不确定，银行一般不敢外包，因此每个银行都养了一大批 IT 人员，用较高的成本把技术风险降到最低。

（4）服务商的风险。服务商的风险包括外包商锁定风险、法律诉讼和争议风险以及评级风险。服务商锁定风险指外包商的选择具有不可逆性。导致外包不可逆的因素有很多，如少量外包商对外包市场的垄断、对外包商的过分依赖性，以及资产专用性高导致重新选择的沉没成本高等。法律诉讼和争议风险可以由多种因素引起，如可能是由于服务商按照自己的利益行事、风险分担和收益不匹配。服务商与客户的互动不符合受监管实体的整体标准、服务商的活动不符合受监管实体（在道德或其他方面）的规定等引起。评级风险指错误的信用评级导致错误选择外包商的风险。

二、金融外包风险的防范

从风险的可控制性看，决策风险、人力风险、财务风险、管理风险、技术风险以及外包商风险属于可控制风险，市场风险和系统风险属于不可控制的风险。因此金融服务外包风险控制的内容针对的是可控制风险，不同的企业所面临的风险的相对重要性也是各异的，企业必须根据风险的重要性来分配资源。决策风险、管理风险、财务风险、技术风险体现的是外包的过程问题；人力风险体现的是人的问题；外包商的风险体现的是组织的问题，因此可以从三个方面进行风险管理。

（一）外包过程管理

对外包过程的风险控制是整个外包工作的重中之重，直接关系到整个外包工作的成败，是整个外包工作的关键所在。对外包过程的控制可以分为以下几个阶段：前期调查分析阶段、评估和确立方案阶段、选择外包商阶段、外包的实施和监理阶段、退出外包阶段。

（二）外包商管理

对外包商的管理主要是对其投机行为的管理，外包中的投机行为包括：企业对外包合作伙伴的依赖度上升而失去对外包业务的控制，外包合作伙伴提高供货价格；外包合作伙伴纵向一体化而成为竞争对手；对收益分配期望值的差异而使后续合同无法执行；外包合作伙伴把企业的核心机密、技术突破、产品研发透露给企业的竞争对手。对于外包商投机行为的管理主要包括：①制造并利用竞争控制；②详细灵活的合约控制；③相互制约的股权控制；④必要的管理输出控制；⑤公平合理的激励和惩戒。

（三）外包人员管理

对外包人员的管理包括对文化冲突的管理和对因员工道德或心理因素而产生的风险。

1. 对于文化冲突的管理

文化冲突可能直接导致谈判成本、融合成本、管理成本等增加，利润减少；导致职员之间理解误差，挫伤劳动积极性；人才流失、市场份额减少等。文化冲突的根源在于不同文化的差异性，从而导致工作方式、作风、态度以及对同一事物的理解上的差异或矛盾。解决这一矛盾的方法有很多，如价值观培训、会议、联谊互动等形式，不论是哪种形式，都是要促进双方的文化交流和理解，找出不同文化的结合点，求同存异，提高员工对外包活动的认可度和接受度，平等对待。

2. 对于外包人员风险的管理

导致人员风险的因素：一是外包人员的道德风险；二是外包人员的心理风险。道德风险的发生主要是由于人员的职业道德水平低下，社会道德素质差，具有恶意行为或不良企图，歧视、轻视外包工作，不愿承担工作责任，向对方推卸责任；丧失工作兴趣而消极怠工；帮助竞争对手工作；利用职务之便为自己谋私利等。心理风险的发生主要是由于外包人员主观上的疏忽与过失导致外包风险事故的发生或损失扩大，主要表现为业务素质差，技术水平不过硬，心理素质差等。为防范人力风险，企业应根据实际情况，不定期地对外包人员的素质进行审查和培训，除了要提高外包人员道德素质、业务素质、心理素质之外，还要从企业自身找原因，是否企业在外包运作上存在不足和疏忽，如外包业务相关人员的责任划分是否明晰、外包商的工作人员的劳动计费是否合理、是否能够保证劳有所得、劳动成果是否能够得到肯定、企业中以及企业间的学习交流、经验共享的渠道是否通畅等。这些因素都会直接影响到员工的工作情绪、工作积极性、工作新鲜感以及工作成就感。

3. 要建立完善的风险责任制

为提高外包人员对风险的认识，保护外包活动的安全，规范外包行为，降低风险程度，需要建立外包风险责任制，在企业内部明确外包部门和外包人员的职责和权限，建立外包风险责任制，就要实行职责分离，明确风险责任的主体和风险责任的范围，风险责任包括工作责任、经济责任和法律责任，与责任相应的是权利，要适当授权给外包人员，外包人员只能在其活动授权的范围内开展活动。授权要具体明确，避免出现问题时没人管或多人管的局面。此外，由于具体经办人员的行为或环境等因素的干扰，会使外包工作可能偏离预定轨道，因此需要对外包业务进行不定期的审核，审核的途径和内容可不断变化，这对外包人员的道德和心理因素引起的外包风险能起到有效的防范作用。

总之，要管理控制好外包的风险，就要建立富有建设性关系，达到五个方面的融合：战略上的融合（即高层领导之间能够进行连续的沟通）、战术上的融合（即双方中层管理人员与专业技术人员在外包项目上能进行良好的合作）、运营上的融合（即日常工作的基层人员能够互相交流信息）、人员上的融合以及文化上的融合。

第三节　金融外包监管

为应对迅速发展的金融业务外包趋势，防范由此带来的各种风险，世界主要发达国家的监管机构已经出台了关于外包业务的标准和法律控制措施。但伴随着国际金融一体化步伐的加快，各国的监管者们已经意识到，外包所带来的问题不仅是某个国家内部的，而且是国际性的。因此巴塞尔委员会才协同欧洲银行监管委员会（CEBS）、欧洲证券监管委员会（CESR）、国际证券委员会组织（IOSCO）等国际性组织制定了《金融业务中的外包》这一咨询文件，以应对国际金融业务外包的飞速发展所带来的监管难题。随着世界各国金融机构业务外包的不断发展，包括巴塞尔委员会在内的一些国际监管组织和许多国家监管当局都认识到业务外包所隐含的风险，并制定了一些业务外包监管原则或指引。

一、金融服务业务外包监管制度的国际比较

（一）美国监管制度

美国是最早开始就金融服务外包制定规则的国家。目前美国对银行、证券和保险业的外包分别进行了相关监管立法。

2004年6月，美国银行监管部门完成的新版《FFIEC 技术外包 IT 检查手册》对如何评价一家金融机构建立、管理和监督 IT 外包关系的风险管理水平，提供了指导方针和检查办法，其内容涵盖董事会和管理层的责任、风险评估和要求、服务供应商选择、合同争端、即时监控、业务连续性和信息安全性监控计划、关联供应商关系处理、跨国外包的国家风险的评估与监控等。纽约证券交易所第342条、346条及382条规则的规定，某些外包安排被完全禁止或仅允许外包给受监管实体，但证券公司内部传统的外包业务无须美国证券监管当局的批准。美国保险监管机构依据各种司法授权对基本业务外包进行监管。这方面的法律涉及管理一般代理人及承包商管理人的法律，其他外包业务由现场市场行为检查程序来处理。此外，全国保险业协会（NAIC）的市场监管及消费者事务委员会成立了承包商卖方工作组，处理当前监管当局未涉足的有关保险公司业务外包的其他问题。

（二）英国监管制度

2004年12月，英国金融服务局（FSA）将银行业外包业务的监管规则纳入了《临时审慎监管手册》，建议银行应建立必要的外包程序，以最小化风险暴露和处理可能出现的问题。这些程序包括制订外包战略、尽职检查程序、合同和服务水平安排、变革管理、合同管理、退出战略和应急方案。每道程序都要求根据风险估计结果设计风险管理措施。FSA 还在手册中创定了对银行及住房互助协会的业务外包指引。指引涵盖了重要与次要的外包业务，但主要针对重要的外包业务。公司重要业务的外包须通知 FSA。此指引也适用于保险公司。

英国金融服务局（FSA）对实质性业务和非实质性业务的外包都制定和发布

了指引，但重点是实质性业务的外包。尤其值得一提的是，FSA 针对业务外包操作风险制定了极为全面的指引，它为管理业务外包操作风险提供了指导。

例如，它规定业务外包前必须通知监管当局、业务外包前必须考虑到的因素，与供应商讨论后同时必须注意的诸如外部审计、知识产权方面的事项以及一旦发生来自供应商重大服务损失时应采取的措施等的内容。

（三）国际组织的监管制度

2005 年 2 月，巴塞尔委员会主导的联合论坛发布了《金融服务外包文件》，规定了九条原则，用于指导受监管的金融机构的外包活动，确立监管当局的管制责任和义务。这九条原则为：

（1）需要实行业务外包的金融机构应制定一个对业务外包及其方式的恰当性进行评估总体性的外包政策。董事会或其同等权力部门对外包政策以及根据这一政策开展业务外包全权负责。

（2）金融机构应制订全面的外包风险管理计划来妥善处理外包业务以及其和承包商的关系。

（3）金融机构应确保业务外包不削弱其履行对客户和监管当局的义务的能力，也不阻碍监管当局对其进行有效的监管。

（4）金融机构在选择承包商时应尽责。

（5）外包各方的关系必须以书面合同的形式予以确定。合同应明确规定各方的权利、责任及各项要求。

（6）金融机构及其承包者均应制订应急计划，包括灾难恢复计划和定期测试备份系统的计划。

（7）金融机构应采取恰当措施要求承包商为金融机构及其客户保密，避免它们的机密信息被故意或无意地泄露给未经授权者。

（8）金融监管当局应将外包纳入对金融机构的持续监管，以适当方式确保金融机构的外包安排不影响其达到监管要求的能力。

（9）当多家金融机构同时将业务外包给有限的几家承包商时，监管当局应关注其潜在的风险。

（四）各国监管制度的比较分析

主要发达国家已基本建立起了金融服务外包监管制度，但它们的监管水平不一，欧洲的金融外包监管明显落后于美国。各国具体的监管措施也不尽相同：在合格承包商的确定方面，美国和瑞士主要考虑外包安排与发包方的目标和战略的匹配性，而荷兰和英国则关注确保承包商完成外包所需资源的充足性；在告知义务方面，瑞士强调银行对客户的告知义务，而英国和澳大利亚则强调银行对金融监管当局的告知义务；在银行董事会和管理层的责任方面，美国关注二者的监管职责，加拿大关注二者的外包制定和审批职责，瑞士和澳大利亚强调二者应全程关注外包；在外包的审计方面，美国要求外包的审计工作由银行内部审计人员完成，而瑞士、英国和澳大利亚则要求外包业务的审计工作先由银行内部审计人员审计，再由外部审计人员审计；在服务水平协议方面，美国的法律法规比较完善，而其他国家则偏重某一方面；在风险管理方面，美国和加拿大倾向于建立一个实质性的外包风险管理程序，荷兰倾向于要求发包方和承包商达成应急计划，澳大利亚倾向于组建一个外包管理团队来评估外包的潜在风险，确保董事会的外包管理策略被遵守以及向管理层和董事会提出参考意见。

但各国和国际组织的监管机制也具有一些共同特征：各国对金融服务外包的监管规范主要以监管指引的形式颁布，各国对金融服务外包的监管主要通过发包方自身的内部控制和监管当局的外部监管两种途径来进行，监管内容主要集中于外包金融服务的范围、发包方内部控制、承包商的选择、客户合法权益的保护、发包方和承包商的应急机制等方面。此外监管指引还注意对金融服务外包的监管程序、内容与权限等方面进行规范。

二、我国金融外包监管的现状及问题

截至目前，我国金融监管当局尚未出台针对金融机构业务外包的监管法规或指引文件。监管制度的落后在一定程度上制约了我国金融机构业务外包的发展，因为我国没有出台相应的法律法规，外包需要有关部门的事先审批，基本属于个案处理，这增加了我国金融机构业务外包的成本。此外，监管制度的落后使得监管人员对金融机构业务外包的监管缺乏可操作的法律依据，从而不利于对业务外包风险的监控。因此，为了规范和促进我国金融机构业务外包的发展，监管机构应参考国际监管组织制定的业务外包监管原则，借鉴发达国家监管当局的业务外包监管制度，尽快建立金融机构业务外包监管制度。

三、国外金融服务外包监管的发展对我国的启示

我国应充分认识金融服务外包监管制度构建的重要性和迫切性，尽快建立我国金融外包规制体系。

（一）金融机构自身应切实加强对外包业务的监管工作，完善内部监控设计

在业务外包之前，金融机构应当建立外包决策的具体政策和标准，包括对相关业务是否适合以及在多大程度上适合外包的评估。风险集中、可接受的外包业务综合水平的限制以及将多项业务外包给同一服务供应商引起的风险都必须考虑。管理层应当对外包的利弊有全面的认识，要对组织的核心竞争力、管理上的优势和劣势以及组织未来的目标进行评估。还必须制定政策，以确保其能够对外

包业务进行有效的监控。发包方必须采取适当措施确保其能够遵守母国和东道国的法律以及监管法规。被监管机构的董事会（或相当的机构）对于确保其所有外包决策以及第三方所从事的外包业务符合其外包政策负全面的职责。内部审计应当在这方面发挥重要作用。

（二）无论是监管机构还是被监管机构都应当建立全面的外包风险监控程序

在建立外包风险管理计划时，对外包风险的评价包括以下几个方面：外包业务的范围和重要性；被监管机构的管理能力；对外包风险的监督和控制（包括对经营风险的综合管理）；以及服务供应商管理和控制潜在经营风险的能力；明确外包业务的重要性和建立风险管理计划，应当考虑服务供应商未能适当履行外包业务时对发包方可能产生的财务、声誉以及经营等方面的影响；服务供应商违约对发包方的顾客和同行可能造成的潜在损失；业务外包对金融机构遵守监管法规及其变化的能力的影响等。概言之，全面的外包风险管理程序应当是对外包业务的所有相关方面进行监控，并在一定情况下提供正确的指导。

（三）金融监管当局应注意对外包业务的持续监管和系统性风险监管

为了实现持续监管，可以借鉴国际监管组织制定的监管原则，要求金融机构在外包合同中制定相关条款，确保监管当局随时可获得监管所需的资料。此外，当多家金融机构同时将业务外包给一家或有限的几家服务供应商时，可能会形成系统性风险。对于这种情况，监管当局除了加强监管之外，可以做出必要的限制。

（四）监管机构应做好外包业务的外部监管

如要求被监管机构应当保证其外包安排不会减弱其对顾客和监管者履行义务的能力，也不会妨碍监管者的有效监管；外包关系应当用书面合同来规范，该合同应当清楚地规定外包安排的所有实质内容，包括各方的权利、义务以及期待等；被监管机构及其服务供应商应当建立并维持应急计划，包括突发性灾难的补救计划以及支持系统的定期测试计划等。监管者在评价被监管机构时应当将其外包业务作为其整体业务不可缺少的一部分。

总之，监管者应当采取适当措施以确保任何外包安排均未妨碍被监管机构满足监管要求的能力。同时，当多家被监管机构的外包业务集中于有限的几个服务供应商时，监管者应当意识到其潜在风险。

（五）金融机构及其服务提供者均应制订应急计划

金融机构应该尽力要求供应商制订应急计划，保证信息技术的安全性，以及发生意外情况时的灾难恢复能力。对于业务外包的各种意外情形，比如，外包商发生破产、遇到不可抗力无法完成外包事务、外包商在内部技术或者骨干人员的变动等影响外包合同履行等，应该设计必要的应急计划。当然，如果意外情况导致金融机构必须更换供应商或收回外包业务自己做，这些可能性和相应的成本应该在合同条款中说明。

（六）金融监管当局针对不同业务和外包服务供应商应采取不同的监管程序

对于明确规定可以外包的业务，只需经过备案程序即可。而对于规定之外的业务，则应该经过监管机构的审查与批准程序。对于不同的服务供应商，也应采取有差别的监管程序。如果服务供应商是金融机构系统的其他分支机构，只需经过适当备案程序即可。如果服务供应商是金融机构同一集团的关联公司，对于这种情况应当经过适当的审查与批准。如果服务供应商是完全独立于金融机构的第三方，监管当局必须进行严格的审查和批准。

案例分析

关于德意志银行的外包运作模式

2002年，德意志银行在进行大规模组织架构调整的同时，推出了一个以"打造扁平化集团，专注核心业务"为主要目标的新战略，作为推动经营转型的指导性原则。强化核心业务、剥离非核心业务成为德意志银行业务转型的重要组成部分。具体做法有：

1. IT软件业务的外包

为了提高银行的竞争力和降低成本，德意志银行决心尽可能将某些领域和业务包给其他服务商或低薪国家。首当其冲的是从事软件开发、销售等环球技术和应用部门。2003年，德意志银行将其计算机中心及1000名员工移交给了IBM公司，并签署了计算机中心业务外包合同。合同期限为10年，合同规模约2.5亿美元。IBM可向德意志银行提供包括信息技术和数据中心在内的多种技术服务，并直接聘用德意志银行在各国分行的职员。通过将计算中心的固定支出改变为根据用量收费制度，大幅度降低了成本开支。

2. 公司采购和应收账款事项的外包

2004年，德意志银行和埃森哲签订了合约，德意志银行将公司采购和应付账款等事项外包给后者。根据合同，埃森哲将向德意志银行提供先进的系统、工具和流程来管理整个购买和支付过程，严格控制采购成本，保证银行的正常运转。而德意志银行仍然负责供应商的选择以及和供应商之间的关系维护，同时对采购行为和支付行为保留同意权和给予授权。这一举措和德意志银行加强核心业务竞争能力的战略安排是高度一致的。

3. 研究业务的外包

2005年，德意志银行与英国咨询机构Irevna Limited签约，通过该公司将研究业务外包给印度。据资料显示，一位出自名校又具备工作经验的华尔街分析师的年薪至少为25万美元，而具有同样资质的印度分析师索要的年薪一般不会超过2万美元。德意志银行认为，只要加强和外包公司的沟通与交流，外包的研究业务完全可以像银行内部的研究工作做得一样好，而且还可能更为客观并受到较少干扰。

4. 未来的规划

德意志银行已于2006年底，将其交易业务将近半数的后台岗位转移至印度，德意志银行市场业务的海外运营员工已达40%～50%，新增员工主要集中在印度的班加罗尔、孟买和钦奈。仅此项业务即推动德意志银行收入增长了19亿欧元以上。同时，该银行还计算将其海外研究人员从350人增加至500人，占其目前总数为900名研究人员的半数以上。

通过阅读上述案例，请您总结归纳德意志银行业务外包的运作模式，并分析该模式对我国金融服务外包开展的启示和对策建议。

习题

1. 简述我国金融服务外包发展的特点。
2. 分析我国金融服务外包面临的问题及其发展对策建议。
3. 简述金融外包的风险因素及其作用机理。
4. 简述金融外包风险及其防范对策。
5. 国外金融服务外包监管的发展对我国有何启示？

第七章　客户关系外包与呼叫中心

学习目标：
➢ 了解客户关系管理相关理论
➢ 掌握客户关系外包的理论基础
➢ 了解呼叫中心的起源与发展
➢ 了解呼叫中心的分类
➢ 了解呼叫中心的建设与管理

随着市场竞争日益激烈，满足客户需求、提高客户满意度、降低客户流失率逐渐成为企业发展的核心任务。在网络化、数字化时代，客户可以从各种渠道获取大量商业信息，使其选择更加多样化和理性化，也给企业带来了巨大的挑战。通过与精通客户关系管理的外包商合作，形成一个高效的外包模式，加上兼具成本效益的解决方案，能使企业降低成本、提高效率、改善整体客户体验，帮助企业更好地完善客户关系管理，以应对市场快速发展的步伐。客户关系外包就是由专业的承包商针对客户关系管理中的各类项目、各种技术、CRM 系统、呼叫中心等进行计划、组织、指挥和协调，从而实现提高发包商客户关系管理的水平。同时，针对各行各业的需求，客户关系外包的内容能够实现因业而异。

呼叫中心是客户关系外包的典型应用，所以本章从客户关系管理的概念、内涵、理论和技术等几个方面，分析了客户关系外包的理论基础和技术基础，并重点介绍了呼叫中心的产生、发展、建设与管理，以便全面地了解客户关系外包中呼叫中心的巨大作用。

第一节　客户关系管理与外包

一、客户关系管理概述

（一）客户关系管理的概念

CRM 是 Customer Relationship Management 的简写，由 Gartner Group 于 20 世纪 90 年代中期正式提出的，一般被译作客户关系管理，也有译作"顾客关系管理"的。在实际中，Customer 被译作客户所表示的意义更为广泛，它包括了过去购买或正在购买的消费者，以及没有购买但今后可能产生购买行为的"潜在消费者"，表达更为准确。由于 CRM 作为新兴的管理概念，大量研究人员及机构都提出了各自的 CRM 定义，所以关于客户关系管理的概念、定义及其理解很多，直到目前还没有形成一个统一的权威定论。

关于 CRM 概念的界定，有的是 IT 厂商，有的是管理人才，有的是商业机构，也有的是学者。他们所从事的领域不同，所以都各有其侧重之处。但总体来说基本理念是一致的，即他们都认为"客户关系"是企业与客户之间建立的一种相互有益的、互动的关系，对企业的生存和发展至关重要，并由此认为 CRM 已经上升到企业的战略高度，技术在 CRM 中起到了很重要的驱动作用。

所以，可以给客户关系管理定义为：客户关系管理是企业为提高核心竞争力，达到竞争取胜、快速成长的目的，树立以客户为中心的发展战略，并在此基础上开展的包括判断、选择、争取、发展和保持客户所需实施的全部商业过程，是企业以客户关系为重点，通过开展系统化的客户研究，优化企业组织体系和业务流程，提高客户满意度和忠诚度，提高企业效率和利润水平的工作实践，也是企业在不断改进与客户关系相关的全部业务流程，最终实现电子化、自动化运营目标的过程中，所创造并使用的先进信息技术、软硬件和优化的管理方法、解决方案的总和。

（二）客户关系管理的内涵

综合上述对 CRM 的经典定义，可以从管理思想、管理技术、管理实施三个层面理解 CRM。其中，管理思想是 CRM 成功的关键，它是 CRM 实施应用的基础和土壤；信息系统、信息技术等管理技术是 CRM 成功实施的手段和方法，使以客户为中心的流程改进软件和管理系统得以实现，使其管理思想能够实现；管理实施是以客户为中心的经营理念和软件在企业内部的正确推广，是决定 CRM

能够成功、效果如何的直接因素。三者构成了一个稳固的三角形，也就是 CRM 的概念模型（见图 7-1），支撑着 CRM 理论全面地发展，逐步成为当今最受管理学界关注的营销与管理策略之一。

图 7-1　CRM 内涵模型

综合上述相关经典定义，CRM 可以从管理思想、管理技术和管理实施三个层面定义：CRM 首先是一种管理思想，其核心思想是将企业的客户（最终客户、分销商和合作伙伴等）作为最重要的企业资源，通过完善的客户服务和深入的客户分析来满足客户的需求；CRM 也是一种管理软件和技术，它将最佳的商业实践与数据挖掘、数据仓库、一对一营销、销售自动化以及其他信息技术紧密结合在一起，为企业的销售、客户服务和决策支持等领域提供一个业务自动化的解决方案；CRM 又是一种旨在改善企业和客户之间关系的新型管理机制，是企业战略的一种，它实施于企业的市场营销、销售、客户与技术支持等与客户相关的领域，以使企业更好地围绕客户行为有效地管理自己的经营。

综上所述，CRM 是现代管理思想、管理技术和管理实施的结合体，它以信息技术为手段，通过对以"客户为中心"的设计和管理企业的战略、流程、组织和技术系统，并提供一个自动化的解决方案，以提高客户价值和忠诚度，进而实现企业利润的增长与业务操作效率的提高。具体讲，CRM 的核心内容主要是通过不断完善与管理企业销售、营销、客户服务与支持等与客户关系有关的业务流程并提高各个环节的自动化程度，从而缩短销售周期、降低销售成本、扩大销售量、增加收入与盈利、抢占更多市场份额、寻求新的市场机会和销售渠道，最终从根本上提升企业的核心竞争力，使得企业在当前激烈的竞争环境中立于不败之地。CRM 将先进的思想与最佳的实践具体化，通过使用当前多种先进的技术手段，最终帮助企业来实现以上目标。

（三）客户关系管理的作用

实施客户关系管理的目标就是充分利用客户资源，了解企业的客户，更好地满足客户的需求和保持客户、提高客户的满意度和忠诚度，建立企业与客户之间的长期、稳定关系，从不断加强的客户关系管理中明显获益，实现从客户更高的满足中获利，不但提高了企业经济效益和市场竞争力，也使客户享受了个性化服务和更好的客户关怀，对企业和客户都有益。可见，客户关系管理实现了企业和客户的"双赢"，甚至是各方面的"多赢"。

1. 对企业的作用

CRM 系统是一个全面、周密地管理企业与客户之间关系的系统，它通过对客户信息的采集、存储和分析利用，并与客户进行沟通，了解他们的需求并得到其协助，以实现客户价值的最大化。CRM 系统的核心是客户数据的管理，企业可以利用客户数据库记录整个营销过程中与客户发生的各种沟通，追踪各类活动的现状，建立各类数据的统计模型以用于后期的分析和决策支持。

（1）提升客户数据的集成水平。CRM 系统在采集、处理客户数据与挖掘客户价值时具有集成企业其他信息资源的能力。CRM 系统可以把通过 E - mail、电话、传真及邮件等方式采集的信息整合到一起，克服了交易系统、财务系统和办公自动化等系统相互分割的局限，它把从企业内部、外部和不同信息终端采集到的数据进行过滤、转换和整合，保证了数据形式的一致性、时效性，为有效利用客户信息提供了方便。

（2）方便企业与客户的互动沟通。CRM 系统通过广告、交易等获得记录仅仅是客户数据的一方面。另一方面，客户还会主动地向企业告知他们的需求，表示他们对某种产品或服务的意见或建议。这些通过不同渠道发出的信息都被集成到 CRM 系统中，随时供企业内的用户查询。通过多种渠道，企业可以在提供客户服务时高效地与客户沟通，这样不仅可以了解客户的个性化需求，同时还可以测定客户的满意度。此外，客户也可以参与企业的新产品研发和选择恰当的服务方式。客户的这些参与和选择都是企业了解他们的极好材料，也是建立企业与客户之间良好互动关系的重要途径之一。

（3）满足客户的个性化需求，挖掘客户的潜在价值。利用 CRM 系统，企业可以利用采集到的信息，跟踪并分析每一个客户的购物行为和消费模型。当企业掌握了该客户的消费行为模式后，企业便可以针对性地提供个性化的产品或服务。由于产品或服务的针对性强，此时其他商家因缺乏客户信息而不能提供同等水平的个性化服务，客户的满意度就会提高，并更加依赖该企业。随着客户与企业的交易次数的增多，企业采集的客户数量也增多，通过分析，企业对客户的消费行为将了解得更深入，因此个性化服务的水平也会不断提高。通过这样的良性循环，企业便与客户建立了一种牢固的关系，使企业拥有稳定的客户资源，在市场竞争中保持优势。例如，全球最大的网上书店亚马逊网站（www. amazon. com）就是采用了 CRM 系统，当客户购书后，系统会采集到客户的个人信息和浏览购买过程，当客户再次访问该站点，系统就会识别出客户，并根据原有记录的分析向客户推荐其感兴趣的书目。由于 CRM 系统的成功运用，亚马逊的客户回头率高达 65%。

（4）改善企业各部门员工对客户数据的有效利用。企业中不同部门和每个员工都有自己特定的工作任务和目标，传统上，当他们与客户沟通时，往往都是从自己工作的角度去解决问题或为客户提供服务。由于这种狭隘的出发点，他们有可能不能为客户解决好问题或者提供较好的服务，也有可能不能从企业的全局利益考虑去处理与客户的关系，而 CRM 系统能够使企业的各个部门和员工之间实现对客户数据和有关信息的共享，以保证部门间和员工间的工作衔接，这样既保证了为客户解决好问题或提供优质的服务，也保证了从企业的全局利益考虑去与客户建立关系。

（5）降低成本、提高效率。CRM 系统让销售人员、服务人员以及营销人员共享客户信息，减少信息断点，节省了很多搜索客户信息的时间，提高了工作效率，通过对业务流程的优化和自动化，减少了各种手工操作生产的人为错误。销售人员不必花很多时间处理各种业务管理活动，缩短了完成经营活动所需的时间，同时"无纸办公"也可以有效地减少一般性支出；利用 CRM 自助服务，可以把一般性、重复性客户服务，交由客户自己完成，从而减少呼叫中心的服务总量以及人员开支；通过对客户市场的分割和行为预测，使各种促销活动更有目的性，减少了花在营销支出上的不必要开支。

（6）提高利润率。CRM 系统通过整理分析客户的历史交易资料，强化与客户的关系，提高客户满意度，甚至提高客户的忠诚度，以提升客户再次光顾的次数或购买量，经过吸引客户、客户细分、保留客户和客户升级等经营活动来提高企业的利润率。例如，可以利用 CRM 系统对客户行为的分析能力，按照地域、年龄、偏好和季节等指标进行客户细分，适时地向客户提供个性化的建议、产品或服务，做好营销和促销战略，不但使销售部门提高其预算支出的使用效率，还能直接提高企业的销售额，最终使企业获得利润的提高；利用分析型 CRM 系统的客户分析工具，了解客户的购买历史、偏好和习惯，融入企业的生产经营之中，利用交叉销售和追加销售来提高企业的营业额等。

2. 对客户的作用

（1）客户能享受到更优质的服务。好的服务不但令人愉快，更能带来巨大价值，带有客户服务的产品的总价值明显高于产品自身，是能否保留住客户和使客户满意甚至忠诚的关键。在 CRM 系统中，客户服务是其核心内容之一，已经超出了传统的帮助平台。由于 CRM 系统可以对客户的状态进行实时跟踪，全部信息为企业各部门所公用，不存在信息孤岛，所以企业各部门可以更方便地为客户服务。具体来说，CRM 系统配备了用户手册、营销手册、服务手册、技术保障手册和疑难问题解答等文件，并可以随时补充，便于服务人员查询以为客户解决问题；同时，CRM 系统还具有记忆和分析功能，对客户的反馈和每次遇到并解决的新问题，都可以不断丰富到系统本身，并给企业提供出分类分析结果，保证企业能为客户提供更周到的服务。所以，客户服务能够处理客户各种类型的询问，包括有关的产品、需要的信息、订单请求、订单执行情况，以及高质量的现场服务，使客户能享受到更优质的服务。

此外，与客户积极主动的关系是客户服务的重要组成部分。特别是在电子商务环境下，客户期望的服务已经超出传统的电话呼叫中心的范围，越来越多的客户可以进入互联网通过浏览器来察看他们的订单或提出询问，享用发展也越来越快的自助服务，使客户感觉到更便利、更及时、更满意。

（2）客户能享受到个性化的产品和服务。个性化服务也称为定制服务，是一种真实的服务的最高级表现形式，就是按照客户的需要提供特定的服务，其方式和内容是针对个人的、可以由个人定制的，是非大生产的，其规格和标准都是非统一的。它是企业保留客户、吸引客户、提升客户价值和保持客户竞争优势的有效方法之一，旨在提高客户的满意度和忠诚度，为企业带来丰厚的利润。

在传统的方式下，由于技术和手段等方面的限制，提供产品和服务目标的细分极其有限，而在互联网上，交互技术的支撑为服务目标的细分提供了广阔的前景，可以实现"一对一"的服务，使得个性化很快成为客户期望的互动规范，客户的喜好和购买习惯等被列入企业营销活动的考虑范围。CRM 系统正迎合了这些需求，它可以跟踪记录客户信息，形成客户数据库，通过数据分析，了解用户的习惯、兴趣、消费倾向、消费能力和需求信息等，自动并主动地跟踪客户的消费倾向，从而使企业充分利用各种客户信息和营销手段，调整针对某个客户群的具体营销规则，使客户能够享受到为自己定制的、能够满足自己的、"一对一"的、个性化的产品和服务。例如，远程服务、移动服务、个性化定制和特殊需求等。

（3）客户能享受到贴心的"客户关怀"。"客户关怀"思想是 CRM 的前身，随着营销理念的发展和技术的进步，它已经逐步演变为 CRM 的关键思想之一，也是 CRM 系统的重要内容之一。"客户关怀"思想的体现涉及"想客户所想"、"客户的利益至高无上"和"客户永远是对的"等；它还具有友情或感受的内涵，正确的客户关怀体现了尊重和诚信，如今用来拓展企业对客户的职责范围。真正良好的"客户关怀"会使企业与客户建立起亲密的情感关系，让客户对企业产生"归属感"、"责任感"和对于企业价值和目标的共同使命感，逐渐赢得客户对企业的信任，是达到客户忠诚和应对日益激烈竞争的关键因素。

CRM 系统集成了企业与客户之间三个首要接触点：销售、市场营销和客户服务的各项功能，使企业实现了客户资料的信息共享；此外，CRM 解决方案在提供标准报告的同时，又可提供既定量又定性的即时分析。横跨整个企业、集成客户互动信息，利用 CRM 对客户的喜好、习惯、购买历史、需求、客户类别、服务级别以及主要问题等资料的分析结果，会使企业从部门化的客户联络向所有的客户互动行为都协调一致、统一的转变，能够使客户享受到贴心的"客户关怀"：在售前服务环节中，客户会享受到企业有目的和针对性地产品信息和服务建议等，解决客户的疑惑，节约客户的时间；在产品质量环节中，客户会得到适合客户使用的、与客户期望相吻合的、满足客户需求的产品；在售中服务环节中，在与企业的接触过程中，客户会享受到各种便利，如洽谈的环境和效率，手续的简化，以及恰当的优惠等；在售后服务环节中，面对产品查询、投诉、维护和修理等问题，客户会得到企业的快速响应，及时解决客户的后顾之忧，并会享受到专门走访、电话回访和征求意见等必要的特殊服务。

总之，CRM 系统不仅关心企业的利润，而且特别关心客户价值，关心客户在获得产品或服务的同时所获得的价值的增长，实现了企业和客户的"双赢"；CRM 系统还支持的"多赢"思想，即企业不但要把客户资源作为自己最重要的战略资源来看待，还有与结盟者合作，与竞争者合作，关心企业内部员工，与企业外部的公众处理好关系，实现多方的满意和价值提升。

二、客户关系外包理论基础

（一）客户价值理论

1. 客户价值的概念

客户价值（Customer Value）是从客户出发的价值（Customer Delivered Value）和从企业出发的价值（Customer Relationship Value）的综合体，从客户出发的价值是指客户在购买和消费过程中所得到的全部利益。客户在购买或服务时，总希望把货币、时间、精力和体力等有关成本降到最低限度，而同时又希望从中获得更多的实际利益，以使自己的需要得到最大限度的满足。因此，客户在选购商品或服务时，往往选出价值最高、成本最低的产品或服务。从企业出发的价值是指客户为企业所带来的总价值，它强调的不是"客户单次交易给企业带来的收入"，而是强调通过维持与客户的长期关系来获得最大的客户生命周期价值。客户价值可以从客户和企业两个方面进行定义。

（1）客户方面，即客户从企业的产品和服务中得到的需求和满足。肖恩·米汉教授认为客户价值是客户从某种产品或服务中所能获得的总利益与在购买和拥有时所付出的总代价的比较，也即客户从企业为其提供的产品和服务中所得到的满足。即 $Vc = Fc - Cc$（Vc：客户价值，Fc：客户感知得利，Cc：客户感知成本）。

（2）企业方面，即企业从客户的购买中所实现的企业收益。客户价值是企业从与其具有长期稳定关系的并愿意为企业提供的产品和服务承担合适价格的客户中获得的利润，也即客户为企业的利润贡献。"长期的稳定的关系"表现为客户的时间性，即客户生命周期（Customer Lifetime Value，CLV）。一个偶尔与企业接触的客户和一个经常与企业保持接触的客户对于企业来说具有不同的客户价值。这一价值是根据客户消费行为和消费特征等变量所测度出的客户能够为企业创造出的价值。

2. 客户价值管理

（1）客户价值管理的概念。客户价值管理（Customer Value Management，CVM）是客户关系管理成功应用的基础和核心。客户价值管理就是企业根据客户交易的历史数据，对客户生命周期价值进行比较和分析，发现最有价值的当前和潜在客户，通过满足其对服务的个性化需求，提高客户忠诚度和保持率。

（2）客户价值管理的步骤。完整的客户价值管理包括三个步骤：

1）所需数据采集。

2）客户价值分析。判断客户的不同价值和等级。

3）决策。根据不同客户价值来决定各个方面应该采取的措施。

（二）客户满意与客户忠诚理论

1. 客户满意的内涵

客户满意（Customer Satisfaction），是指客户对一件产品满足其需要的绩效（Perceived Performance）与期望（Expectations）进行比较所形成的感觉状态。

客户满意主要取决于效用、期望与成本三个重要因素。效用是客户购买消费产品之后，所得到的可感知的效果或结果（利益）；期望是在购买、利用产品之前对产品所能提供利益的一种期望；而成本则是客户获得效用所付出的总成本，包括资金成本、时间、精力和体力等成本。虽然资金成本是影响客户满意的一个重要因素，但随着生活水平的提高，对精神生活影响较大的时间、精力、体力等成本，越来越受到客户的重视。

客户满意（S）与效用（U）、成本（C）和期望（E）之间的关系，可以用公式（9-1）表示：

$$客户满意（S）= \frac{效用（U）- 成本（C）}{期望（E）} \tag{9-1}$$

也就是说，客户满意与效用成正比，与成本和期望成反比。

2. 客户满意度概述

客户满意度是评价企业质量管理体系业绩的重要手段。为此，要科学确定客户满意度的指标和满意度的级度并对客户满意度进行测量监控和分析，才能进一步改进质量管理体系。

（1）客户满意指标。客户满意指标，是指用于测量客户满意程度的一组项目因素。

要评价客户满意的程度，必须建立一组与产品或服务有关的、能反映客户对产品或服务满意程度的满意项目。由于客户对产品或服务需求结构的强度要求不同，而产品或服务又由许多部分组成，每个组成部分又有许多属性；如果产品或服务的某个部分或属性不符合客户要求时，他们都会做出否定的评价，产生不满意感。

因此，企业应根据客户需求结构及产品或服务的特点，选择那些既能全面反映客户满意状况又有代表性的项目，作为客户满意度的评价指标。全面就是指评价项目的设定应既包括产品的核心项目，又包括无形的和外延的产品项目。否则，就不能全面了解客户的满意程度，也不利于提升客户满意水平。另外，由于影响客户满意或不满意的因素很多，企业不能一一用作测量指标，因而应该选择那些具有代表性的主要因素作为评价项目。

（2）客户满意级度。客户满意级度指客户在消费相应的产品或服务之后，所产生的满足状态等次。

前面所述，客户满意度是一种心理状态，是一种自我体验。对这种心理状态也要进行界定，否则就无法对客户满意度进行评价。心理学家认为情感体验可以按梯级理论进行划分若干层次，相应可以把客户满意程度分成七个级度或五个级度。

七个级度为：很不满意、不满意、不太满意、一般、较满意、满意和很满意。五个级度为：很不满意、不满意、一般、满意和很满意。

（3）客户满意度测评方法。客户满意度测评的工作流程包括确定测评指标并量化、确定被测评对象、抽样设计、问卷设计、实施调查、调查数据汇总整理、计算客户满意度指数、分析评价、编写顾客满意度指标测评报告、改进建议措施等几个步骤，如图7－2所示。

3. 客户忠诚的内涵

客户忠诚（Customer Loyalty，CL）被定义为客户购买行为的连续性。它是指客户对企业产品或服务的依赖和认可、坚持长期购买和使用该企业产品或服务所表现出的在思想和情感上的一种高度信任和忠诚的程度，是客户对企业产品在长期竞争中所表现出的优势的综合评价。

4. 客户忠诚度概述

客户忠诚度（Customer Loyalty Degree/for Customer's Loyalty）指客户忠诚的程度，是一个量化概念。客户忠诚度是指由于质量、价格、服务等诸多因素的影响，使客户对某一企业的产品或服务产生感情，形成偏爱并长期重复购买该企业产品或服务的程度。

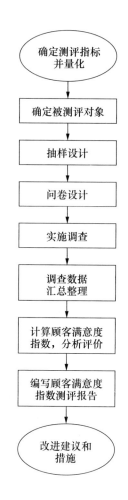

图 7-2　客户满意度测评的工作流程

真正的客户忠诚度是一种行为，而客户满意度只是一种态度。根据统计，当企业挽留客户的比率增加 5% 时，获利便可提升 25% ~ 100%。许多学者更是直接表示，忠诚的客户将是企业竞争优势的主要来源。由此可见，保有忠诚度的客户对企业经营者来说，是相当重要的任务。

（1）客户忠诚度的衡量指标。客户忠诚度是客户忠诚的量化指数，一般可运用 3 个主要指标来衡量客户忠诚度，这 3 个指标分别是：

1）整体的客户满意度（可分为很满意、比较满意、满意、不满意、很不满意）；

2）重复购买的概率（可分为70%以上，30%～70%、30%以下）。

3）推荐给他人的可能性（很大可能、有可能、不可能）。

（2）客户满意度与客户忠诚度的不同。客户满意度与客户忠诚度的不同在于，客户满意度是评量过去的交易中满足客户原来期望的程度，而客户忠诚度则是冲量客户再购及参与活动意愿。

（三）客户生命周期理论

1. 客户生命周期理论

作为企业的重要资源，客户具有价值和生命周期。客户生命周期理论也称客户关系生命周期理论，是指从企业与客户建立业务关系到完全终止关系的全过程，是客户关系水平随时间变化的发展轨迹，它动态地描述了客户关系在不同阶段的总体特征。

客户生命周期可分为考察期、形成期、稳定期和退化期四个阶段。考察期是客户关系的孕育期，形成期是客户关系的快速发展阶段，稳定期是客户关系的成熟期和理想阶段，退化期是客户关系水平发生逆转的阶段。

2. 客户生命周期各阶段客户与企业的关系

在客户生命周期不同阶段，客户对企业收益的贡献是不同的。

在考察期，企业只能获得基本的利益，客户对企业的贡献不大；在形成期内，客户开始为企业做贡献，企业从客户交易获得的收入大于投入，开始盈利；稳定期内，客户愿意支付较高的价格，带给企业的利润较大，而且由于客户忠诚度的增加，企业将获得良好的间接收益；在退化期，客户对企业提供的价值不满意，交易量回落，客户利润快速下降。

根据客户生命周期理论，客户关系水平随着时间的推移，从考察期到形成期和稳定期直到退化期依次增高，稳定期是理想阶段，而且客户关系的发展具有不可跳跃性。同时，客户利润随着生命周期的发展不断提高，考察期最小，形成期次之，稳定期最大。

客户成熟期的长度可以充分反映出一个企业的盈利能力。因此，面对激烈的市场竞争，企业借助建立客户联盟，针对客户生命周期的不同特点，提供相应的个性化服务，进行不同的战略投入，使企业获得更多的客户价值，从而增强企业竞争力。

三、客户关系外包技术基础

客户关系外包需要当今最新的信息技术：Internet、电子商务、多媒体技术、数据仓库和数据挖掘、专家系统和人工智能、呼叫中心等支撑，这些技术都体现在客户关系管理软件中。

（一）Internet 技术

在企业内外的业务活动中，Internet 技术已经起到了极为重要的作用。如今，Internet 又成为电子商务条件下客户关系管理实现的重要载体。CRM 系统能实现基于 Internet 的自助服务、自助销售、自助营销等功能。如 CRM 允许客户通过Internet 向企业定购产品，递交订单，包括产品的型号、数量、交货日期等；允许客户提出服务请求、查询常见常问的问题、检查订单状态，实现网上的自助服务。而且，Internet 技术还可以支持企业开展网上的调查活动，借以了解客户对产品特性、品质、包装、式样、服务等方面的意见，协助产品的研究开发以及服务流程改进，并且企业的各部门可以通过互联网技术及时得到这些客户数据。此外，对商业流程和数据处理也采用了基于 Internet 的集中管理方式，以简化应用软件的维护和升级工作。

（二）数据库技术

在 CRM 中，客户数据库与其他类型的数据库相比有自己的特点：是动态的、整合的客户数据管理和查询系统，能自动补充新的信息，能将客户数据与企业其他资源整合；是基于数据库支持的客户关系格式或结构系统，有一套合理的建立和保持客户关系的格式或结构；是基于数据库支持的忠诚客户识别系统，会使老客户满意，加强客户的忠诚度；是基于数据库支持的客户购买行为参考系统，能使企业的每一个服务人员清楚客户的偏好和习惯购买行为，从而提供个性化服务，提供更具有针对性的基于数据库支持的客户流失警示系统。

（三）数据仓库技术

在 CRM 中，以客户为中心的数据仓库是通过提取、转换、装载等程序建立起来，能够快速、准确、安全、可靠地从数据库中提取数据，为管理者提供关于客户和企业完整一致的历史数据和现实数据，使企业尽可能地了解有关客户详情和行为的信息，供企业的管理人员分析使用，实现企业"以客户为中心"的、个性化的经营策略方法。总之，丰富准确的数据是企业一切分析和决策工作的基础，数据仓库的目标就是为决策提供支持。

（四）数据挖掘技术

数据挖掘就是从大量的、不完全的、有噪声的、模糊的、随机的实际应用数据中提取隐含在其中的、人们事先不知道的、但又是潜在有用的信息和知识的过程，是成功实施客户关系管理系统的关键基础技术。

在 CRM 中，数据挖掘可以从海量的客户数据中挖掘出潜在的、尚不为人知的趋势或预测客户购买行为的模式，使得企业管理者可以透过数据，深入理解客户行为，判断客户需求，帮助销售人员更准确地定位销售活动，并使活动紧密结合现有客户和潜在客户的需求、愿望和状态，在企业的各项经营活动：客户盈利能力分析、客户获取、客户保持、客户细分、交叉营销等方面均发挥着重大的作用，使企业能更好地进行客户关系管理。

（五）呼叫中心技术

呼叫中心（Call Center）是基于 CTI 技术（计算机电话集成）的一种新的综合信息服务系统，由早期的、仅以电话和接话人员组成的电话服务热线发展而来。现代呼叫中心是一种充分利用通信网和计算机网络的多项功能集成，与企业各业务渠道连为一体的完整的综合信息服务系统，能有效地为用户提供多种服务。

呼叫中心是客户关系管理的重要组成部分，是现代化的客户服务手段，是客户关系外包的典型应用。对企业外部，呼叫中心不仅能随时为用户提供每天 24 小时不间断的服务，提供比柜台服务更好的、友好的服务界面，使客户通过电话或网站就能迅速获得信息、方便快捷地解决客户的问题，增加了客户对企业服务的满意度；对企业内部，呼叫中心也能立足全局，全面反映客户对企业的意见或建议，不再局限于客户服务部门，从而协调整个企业的管理和服务。

可见，各项技术都是客户关系外包中不可或缺的重要内容，没有它们的结合应用，客户关系外包就不可能发挥其全部功效。当然也应该注意到：虽然各项技术十分重要，但技术必须以商业目标为指导，才能真正实现技术与商业的完美结合。

第二节　呼叫中心的产生与发展

一、呼叫中心的含义

呼叫中心一词来源于英文 Call Center。传统的定义，呼叫中心指的是 3 个或 3 个以上的人工坐席代表（即话务员）集中处理打入或打出电话的场所（或组织），它是一个以电话接入为主的呼叫相应中心，为用户提供各种电话响应服务。

现代的呼叫中心是以高科技计算机电话集成（CTI）技术系统为基础，将计算机的信息处理功能、数字程控交换机的电话接入和智能分配、自动语音处理技术、Internet 技术、网络通信技术、商业智能技术与业务系统紧密结合在一起，将公司的通信系统、计算机处理系统、人工业务代表、信息等资源整合成统一、高效的服务工作平台。具体地说，是指用户拨打一个电话号码接入呼叫中心后，就能收到呼叫中心任务提示音（通过自动语言应答系统或人工的坐席代表实现），按照呼叫中心的语音提示，就能接入数据库，获得所需的信息服务，并可进行存储、转发、查询、交换等处理，还可以通过呼叫中心完成交易。

二、呼叫中心的起源与发展

呼叫中心最早起源于北美，其雏形可以追溯到 20 世纪 50 年代美国的民航业和旅游业。20 世纪初，美国的一些经营旅游餐饮业的公司开通了电话服务热线，客户可以通过电话进行服务预定。1956 年，美国泛美航空公司开通了电话服务热线，当时旅客可以通过这个 24 小时提供服务的全天候服务中心进行机票预定、航班查询等。不久以后，AT&T 公司推出了第一个用于电话营销的呼出型呼叫中心。

随着业务量的不断扩大和业务种类的不断增加，原有的呼叫中心越来越难以满足企业的业务需求。同时，技术的飞速发展为人们提供了更多、更好的现代化通信设备和信息处理手段，企业迫切需要一种能与技术发展保持同步的呼叫中心。在这样的背景下，一代又一代的客户服务中心应运而生了。到 20 世纪 70 年代呼叫中心已初具规模，而经过 80 年代以后，伴随着客户关系管理的形成和广泛应用，呼叫中心则更发展成为一个庞大的产业。全球呼叫中心产业经过近 30 年的蓬勃发展，在运营、管理、应用及价值贡献等方面已经达到了比较成熟的阶段。从成本中心到利润中心、从单一联络渠道到多媒体联络渠道、从单一客户服务到全面客户接触窗口、从业务支持部门到主要业务办理和营销渠道、从基本的间接价值贡献到全方位、多层次综合价值贡献等特点和趋势是目前整个产业所呈现出来的共有特征和趋势。在服务支撑能力上，呼叫中心在客户服务、产品营销、业务办理、企业运营管控、企业决策信息支持方面正发挥着越来越重要的作用。

据有关调查显示，全球呼叫中心市场 2010 年的收入约为 1950 亿美元。北美和欧洲在这个市场占统治地位，呼叫中心服务收入大约占全球市场份额的 85%。在美国，呼叫中心超过 500 万坐席，占 1.38 亿工作人口的 3.6%，如果计入后台人员则超过 700 万。在加拿大，则有 4% 的人口在呼叫中心工作，2008 年全世界新建呼叫中心发展的速度也很快；2010 年，欧洲呼叫中心仅外包市场收入就超过 183 亿美元，2017 年将达到 225 亿美元。亚太地区以其巨大的潜力，不断推动全球呼叫中心市场的增长。在发展中国家印度，有超过 50 万个坐席，曾一度是亚洲最大的呼叫中心市场，年增长大约为 16%。菲律宾预计将成为增长速度最快的呼叫中心市场，2000~2010 年的复合年增长率为 36%。呼叫中心在整个国外市场不仅有呼叫中心的各种硬件设备提供商、软件开发商、系统集成商，还有众多外包服务商、信息咨询服务商、专门的呼叫中心管理培训学员，同时每年要举办大量的呼叫中心展会和出版数不清的呼叫中心杂志、期刊，以及建立相关的网站等。

相对于国外，我国的呼叫中心服务市场起步较晚，虽然近几年发展迅猛，但仍落后于国外的平均水平 10 年左右，并且还没有形成一定的规模。在我国呼叫中心的发展过程中，最早能找到的呼叫中心的影子非 110 和 119 莫属。而后，中国电信业利用其自身行业的优势，建立起了多个呼叫中心，如 10010、10086 等，通过其方便快捷的服务，实现了呼叫中心功能的平民化和实用化，使呼叫中心的概念深入民心，从而帮助国内的呼叫中心服务市场实现从理论和概念到大规模实际应用的飞跃。我国呼叫中心行业从 1998 年开始后历经十几年的发展，已经形成了一定规模，并且已经应用到多个行业，涉及多种业务。1999 年，中国呼叫中心行业迎来了第一个发展高峰期。电信和金融行业是这个时期的“领头羊”。在 2002 年以后呼叫中心行业进入平稳发展期，更加偏重于运营管理。2004 年下半年开始，企业级呼叫中心的建设需求呈放量增长的态势，由此迎来了中国呼叫中心行业的第二个发展高峰，这个由企业级别呼叫中心建设带动的第二个发展高峰将会是漫长的和理性的，但对于在资源、管道、管理、资金等方面颇占优势的运营商来说，无疑意味着巨大的商机，技术的革新和需求的提升也使产业链空前拉长，但要实现呼叫中心产业真正的成熟和繁荣，仍然任重而道远。

三、呼叫中心的技术演变历程

（一）第一代呼叫中心：人工热线电话系统

早期的呼叫中心实际上就是今天常说的热线电话，企业通常指派若干经过培训的客服人员专门负责处理各种各样的咨询和投诉。客户只需要拨通指定的电话就可以与客服人员直接交谈。这种服务方式可以充分利用客户人员的专长，因而在提高工作效率的同时也大大提高了客户服务质量，其应用范围也逐渐被扩大到民航以外的许多领域。

（二）第二代呼叫中心：交互式自动语音应答系统

随着计算机技术和通信技术的发展，第一代呼叫中心由于基本上靠人工操作，对话务员的要求相当高，而且劳动强度大、功能差，已明显不适应时代发展的需要。因此，功能完善的第二代呼叫中心系统应运而生。它由具有简单排队功能的交换机和自动语音应道系统构成，客户拨入呼叫中心后，可以选择人工或自动语音应答服务方式。用户可以根据语音提示选择不同的操作，获得需要的服务，如 168 信息台。

（三）第三代呼叫中心：兼有自动语音和人工服务的客户服务系统

与第二代呼叫中心相比，第三代呼叫中心采用 CTI 技术实现了语音和数据同步。它主要采用软件来代替专用的硬件平台及个性化的软件，由于采用了标准化的通用的软件平台和通用的硬件平台，使得呼叫中心成为一个纯粹的数据网络。第三代呼叫中心采用通用软硬件平台，造价较低；随着软件价格的不断下调，可以不断增加新功能，特别是中间件的采用，使系统更加灵活，系统扩容升级方便；无论是企业内部的业务系统还是企业外部的客户管理系统，不同系统间的互通性都得到了加强；同时还支持虚拟呼叫中心功能（远程代理）。

（四）第四代呼叫中心：客户互动中心

第四代呼叫中心具有接入和呼出方式多样化的特点，支持电话、VOIP（即网络电话，Voice Over Internet Protocol）电话、计算机、传真机、手机短信息、WAP、寻呼机、电子邮件等多种通信方式。能够将多种沟通方式格式互换，可实现文本到语音、语音到文本、E - mail 到语音、E - mail 到短消息、E - mail 到传真、传真到 E - mail、语音到 E - mail 等自由转换。

第四代呼叫中心引入了语音自动识别技术，可自动识别语音，并实现文本与语音自动双向转换，即可实现人与系统的自动交流。第四代呼叫中心是一种基于 WEB 的呼叫中心，能够实现 WEB CALL、独立电话、文本交谈、非实时任务请求。

（五）第五代呼叫中心

由于融合通信技术、3G（3rd - generation，第三代移动通信）技术、统一通信技术迅猛发展，呼叫中心技术也已经发展到了第五代呼叫中心。第五代呼叫中心是基于 UC（Unified Communications，统一通信）的、基于 SOA（Service - oriented Architecture，面向服务的体系结构）和实时服务总线技术的、具备 JIT（Just in Time，准时制生产）管理思想和作为全业务支撑平台 TSP（Totally Service Platform，全业务支撑平台）的呼叫中心。

第三节　呼叫中心建设与管理

一、呼叫中心的分类

（一）按不同的接入技术分

可以分为基于交换机的 ACD 呼叫中心和基于计算机的板卡式呼叫中心。基于交换机的方式，由交换机将用户呼叫接入到后台坐席人员；基于计算机语音板卡的方式则由计算机通过语音板卡完成对用户拨入呼叫的控制。

（二）按呼叫类型分

可以分为呼入型呼叫中心、呼出型呼叫中心和呼入、呼出混合型呼叫中心。呼入型呼叫中心不主动发起呼叫，其主要功能是应答客户发起的呼叫，其应用的主要方面是技术支持、产品咨询等。呼出型呼叫中心是呼叫的主动发起方，其主要应用是市场营销、市场调查和客户满意度调查等。呼入、呼出混合型呼叫中心既处理客户发出的呼叫，也主动发出呼叫。

（三）按规模分

可以分为大型呼叫中心、中型呼叫中心和小型呼叫中心三种。呼叫中心的规模，一般可以用能提供多少人工坐席数量或接入多少中继线路来衡量。一般认为超过 100 个人工坐席的呼叫中心称为大型呼叫中心，人工坐席在 50～100 人的称为中型呼叫中心，坐席数目在 50 人以下的则称为小型呼叫中心。

（四）按功能分

可以分为传统的电话呼叫中心、互联网呼叫中心、多媒体呼叫中心、可视化多媒体呼叫中心、虚拟呼叫中心。互联网呼叫中心主要功能是为客户提供一个Web 站点直接进入呼叫中心的途径，使得呼叫中心从传统形式上的"拨号交谈"扩展到现代形式的"点击交谈"。多媒体呼叫中心主要功能是基于 CTI 技术的传统呼叫中心与 ICC 的互相结合，每天它把各种通信技术集成到一起，通过语音、图像和数据的集成，信息科通过多媒体来传输。可视化多媒体呼叫中心主要功能是客户和业务代表可以通过视频信号的传递面对面地进行交流的技术。虚拟呼叫中心主要功能是坐席人员可以在任意地点有效地工作。虚拟呼叫中心的应用可以最大限度地节省投资以及促进人力资源的充分应用。

（五）按使用性质分

可以分为自建自用型呼叫中心、外包服务型呼叫中心和 ASP 应用服务提供商型呼叫中心。

（六）按分布地点分

可以分为单址呼叫中心和多址呼叫中心。多址呼叫中心是指工作场所分布于不同地点，甚至于不同城市的同一个呼叫中心。

二、呼叫中心的建设模式

企业可以根据用户多少、平均呼叫次数、企业性质和业务收入等各个方面，选择适宜本企业需求的呼叫中心系统。在呼叫中心的建设模式中，主要分为3 种。

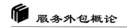

（一）自建模式

自建模式是指由企业自己购买硬件设备，并编写有关的业务流程软件，直接为自己的顾客服务。

1. 优势

（1）系统构建选择空间大：呼叫中心厂商及系统集成商数量庞大，企业可根据自己的需求选择。

（2）符合传统项目建设模式：对于企事业单位及政府相关职能部门，采购自建是比较习惯的系统建设模式，尤其是政府及事业单位更适应自建模式。

（3）系统管理维护自主性高：对于有丰富运营呼叫中心经验的企事业单位及政府相关职能部门来讲，自建模式能更好地发挥其在呼叫中心运营过程中所构建的庞大运维团队作用。

2. 劣势

（1）建设成本很高，周期很长：对于系统功能升级，需要原厂商配合集成商二次开发。在建设前期需要对自身需求准确分析，并对产品选型，供货商，集成商都要反复论证考察。建设过程中，需要把大量的人力、物力从主营业务中抽调出来，参与系统建设，经常会发生系统成功上线运行，却发现由于缺乏呼叫中心运营经验，系统功能与实际需求有很大差异。

（2）维护困难：呼叫中心是非常专业的通信系统，且跨越多个专业技术领域，普通 IT 人员管理和维护起来有很大的困难。大多数企业并不具备这样的专业技术人员，系统出现问题后，只能不断地求助于原厂商和集成商。

（3）功能无法根据需求变化而实时变化：自建呼叫中心由于系统构建的灵活性差，坐席的数量及坐席的分布很难做到根据企业需求的变化而变化。

（二）外包模式

外包模式中，首先要有一个独立的呼叫中心业务运营商，它有自己的、较大的呼叫中心运营规模，并可以将自己的一部分坐席或业务承包给有关的其他企业。这样，企业就可以将有关业务需求直接建立在这种业务运营商的基础之上，不用自己添置单独的硬件设备，仅需提供有关的专用服务信息，而将呼叫中心业务运营商为自己的客户提供服务。

1. 优势

（1）系统开通较为迅速，没有系统建设成本：用户可以依托外包呼叫中心较为快速开通呼叫中心业务，省略了烦琐复杂的呼叫中心系统及设备的选型，而且没有一次性成本投入。

（2）运行维护由外包公司负责：外包公司一般具有相应的运维人员，可以提供良好的运营维护，保障系统的稳定运行。呼叫中心系统涉及通信技术及 IT

技术等多方面的集成技术，对于具备一定规模的呼叫中心，运维难度大，且对运维团队要求较高。

（3）外包呼叫中心提供整体呼叫中心业务方案：外包呼叫中心提供包括系统、场地、人员的整体呼叫中心业务方案，客户只需要把项目需求提交给外包呼叫中心，日常运营的开展完全由外包商负责。

（4）呼叫中心规模有一定的灵活性：由于采用外包模式，呼叫中心坐席数量可以具有一定的灵活性，在增加坐席数量上更为便捷，但减少坐席数量需要在一个周期合同完结后重新实施。

（5）更为专业的呼叫中心运营管理：外包呼叫中心提供的外包服务，更为突出的是其专业的呼叫中心运营能力和人力资源，在呼叫中心的运营管理方面优势明显。

2. 劣势

（1）价格比较昂贵：外包价格比较昂贵，并不是所有的业务都适合利用外包呼叫中心，通常那些非核心业务、阶段性业务、简单重复业务、尝试性业务、缺乏足够人力支持的业务、没有能力或不愿意提供 7×24 小时服务的业务，可考虑外包给第三方呼叫中心来开展。

（2）安全无法保障：选择外包，企业所有的客户资料的安全性及保密性是令人担心的问题，无法保障自身的数据不被泄露。

（3）管理存在隐患：由于业务具体开展人员是外包呼叫中心员工，在具体业务管理上存在不小的难度，无法达到实时调度，实时管理。

（三）托管模式

呼叫中心托管服务是借鉴网站 Website 和服务器托管成熟模式，由托管型呼叫中心服务商集中构建大型、高并发处理能力呼叫中心。系统通过创新远程坐席功能将呼叫中心坐席分租给位于不同地点的不同企业来使用。通过呼叫中心托管服务，企业可以用自己坐席人员在自己办公室通过登录托管型呼叫中心平台来实现所有呼叫中心功能。这种方式既规避了自建呼叫中心的困难和风险，又可以使用自己坐席为客户提供服务，将核心资源牢牢掌握在企业自己手中。尽管托管型呼叫中心被市场广泛接受，但是要成为一个合格的托管型呼叫中心服务商并不容易，需要有效解决两个方面的棘手问题，即如何保障企业信息安全性和在享受 Internet 灵活、可分布特点的同时保证通话质量问题。

三、呼叫中心的管理

呼叫中心的管理是把呼叫中心由传统的成本中心转化为利润中心的关键。企业很少研究如何有效地运营和管理呼叫中心。因此，呼叫中心的实际潜能往往未

能得到充分的挖掘。

（一）战略管理

对呼叫中心的管理首先是战略上的管理，即从企业文化和经营理念上认同呼叫中心，把呼叫中心融入企业资源，并作为其中重要的一部分，从企业整体的角度出发来管理呼叫中心。呼叫中心的目标是为 CRM 系统服务，CRM 系统又必须为企业的战略目标服务。

因此，呼叫中心的战略管理首先要根据企业的战略目标，结合 CRM 系统的特点，来制定呼叫中心的目标、方针和策略。只有明确了呼叫中心的目标以后，才能制定相应的呼叫中心策略，才能确定每个员工应该为这个目标做什么，以及所做的努力是否符合目标，是否能够实现目标。另外，企业要营造一种环境和氛围，使企业文化、原则和价值对呼叫中心予以认同，并建立组织统一的宗旨、方向和内部环境，使员工充分参与呼叫中心的实际运作与管理。

（二）运营管理

呼叫中心作为 CRM 中的一个重要功能模块，其运营管理思想应当与 CRM 系统的运营管理思想保持一致，即将客户的需求作为企业的出发点和归宿，通过不断增加客户让渡价值以提高客户满意度，也就是将优良的客户满意度作为呼叫中心运营管理的最终目标。

呼叫中心是一个具有交互能力的通信平台，可以依据企业具体目标和呼叫中心的形式，制定不同的运营管理策略，使呼叫中心的运营与 CRM 的运营有机地整合在一起。具体来说，这主要体现在两个方面：第一，呼叫中心是 CRM 获取客户信息的主要渠道。通过呼叫中心收集客户方面的信息，并利用适当的工具进行数据分析与挖掘，从而进一步改善客户服务的质量和提高市场决策的能力；第二，呼叫中心是企业拓展客户服务最有效、最直接的方式。CRM 与呼叫中心两者结合起来展现给客户一个全方位、全天候的服务，有利于提高客户满意度，并建立良好的客户关系。

（三）人员管理

目前，在国内的整个呼叫中心产业中，普遍缺乏中高级的技术、市场和运营管理等方面的人才，无论是设备提供商、运营服务商还是自行建立呼叫中心的企业，其人员流动性都相对较高，有些企业的人员流动率甚至高达 60%。造成这种人才紧缺局面的根本原因在于呼叫中心在我国还处于起步和快速发展阶段，与之相对应的各方面条件未充分成熟，在短时间内还不可能出现大量的、掌握先进技术和运营管理的人才，另外，国内也还没有建立起针对发展呼叫中心相应的教育和培训体系。

因此，对正在或者正准备开发与应用呼叫中心的企业来说，各级管理人员及业务代表的教育培训是非常重要的。通过培训，使员工掌握岗位基本技能，提高个人的核心运作能力，并形成一支训练有素的工作团队。业务代表是呼叫中心最有价值的资源，他们直接联系客户，而且专业性强，是其他专业人员无法替代的。此外，企业还应该鼓励员工积极参与呼叫中心的管理，建立有效的员工激励机制，增加工作团队的凝聚力，降低呼叫中心的人员流动率，这也是降低人力成本的一种重要途径。

（四）绩效管理

呼叫中心在实际运行过程中，如何评价它的运行绩效，既关系到客户的满意度，又对呼叫中心的实际效果产生影响。不少企业投入巨额购买了昂贵的软件和硬件设备，但因为缺乏正确的评价方法，无法深入挖掘呼叫中心的绩效，造成资源的重大浪费。呼叫中心的绩效评价有很多指标，每个企业必须根据自身的实际情况有所侧重和选择。下面是一些关于呼叫中心绩效评价的主要指标。

1. 平均应答速度

平均应答速度等于一定时间段内的排队总时间除以应答的总电话数。如果平均应答速度太高，往往说明业务代表应答后事务处理时间没有得到控制，或对来电量缺乏准确预测，或业务代表没有按照规定的服务水平控制应答速度。

2. 平均排队时间

平均排队时间是指客户呼叫电话进入序列后等待业务代表回答的时间。排队时间在实现整个服务水平的总目标上是一个关键因素。如果排队时间为零，意味着业务代表处于一种等待状态，这是不经济和缺乏效率的运作表现，但如果排队时间太长，客户的满意度又会受到很大的影响。因此，应当通过运筹学的分析来调控好最佳的排队时间。

3. 平均持线时间

平均持线时间是业务代表让客户在线上等待的平均时间。持线时间直接影响到呼叫者的满意度，过长的持线时间表明业务代表不能很快进入所需的资料领域或者是系统反应延迟。同样，它也是分析培训成果及系统硬件的重要指标。

4. 客户问题首次解决率

客户问题首次解决率是指业务代表在客户首次呼叫就能解决客户问题，不需要客户再次来电或业务代表回电解决的电话比例。该指标通常由业务代表在应答后统计得出，它对于呼叫客户的满意度有很大的影响。同时，客户问题首次解决率也是衡量业务代表服务品质的一个重要考核指标。

5. 来电遗失率

客户呼叫接通呼叫中心后，由于排队时间太长或其他原因主动挂断电话称为来电遗失。来电遗失数与来电接通总数之比即为来电遗失率。

6. 实际工作率

实际工作率等于业务代表连入系统准备回答电话的实际时间除以按照计划应当回答电话的总时间，再乘以100%。按常规，每个业务代表的最佳实际工作率应该达到92%或更高。

7. 占线率

占线率等于通话时间与持线时间之和除以通话时间、持线时间以及闲置时间之和。

8. 事后处理时间

是指一次呼叫电话接听完后，业务代表完成与此呼叫有关的整理工作所需要的时间。

总之，呼叫中心的绩效管理者必须定期监控主要的呼叫数据并编制管理报告。在日常运作中，如果出现主要的绩效考核指标达不到规定的服务水平，管理者就应该及时检查运营流程中哪一部分出现了问题，并采取相应的措施。

案例分析

外包呼叫中心企业案例——益峰客户关系管理

VCS公司（益峰客户管理上海有限公司）于2002年在上海成立，隶属日本最大的远程教育公司Benesse集团，是中国第一家与呼叫中心有关的日资公司。该公司荣获了由呼叫中心与BPO行业资讯网（51call center）主办，由工业与信息化部软件与集成电路促进中心指导，中国呼叫中心与BPO产业联盟（CNCBA）和中国软件与信息化等机构共同协办的"2008中国最佳外包呼叫中心（电话营销）"年度大奖。

近年来，随着中国的客户服务意识不断提高，呼叫中心作为CRM的主要工具为众多企业所使用，并取得了飞速的发展。VCS公司为了应对这种需求，目前主要向中国国内的日本及欧美外资企业提供包括CRM战略的拟定、促销的企划与制作，以及呼叫中心的企划、运营、研修、诊断等内容丰富的资讯服务，同时通过呼叫中心外包商的协作企业提供电话呼入、电话外拨、人员外派以及呼叫中心的代理运营等服务。

VCS公司的服务具有以下四个特征：采用严谨的商业做法、运用丰富技能与先进设备、拥有业界最优秀的人才、按照本地价格提供服务。根据这四个特征进行有机组合，根据不同的客户提供最佳的解决方案。

伴随着公司成立之初第一呼叫中心开始营业并获得成功后，2004年开始正式提供外包呼叫中心服务业务，此后，该公司不断发展壮大，2005年，即发展成为中国最大的日资呼叫运营中心，并随着业务的扩大，设立第二呼叫中心，2007 年，发展成为中国最大的外资呼叫中心之一。随着经济环境的变化，客户要求的日益多样化。在这一形势下，为了帮助客户实现企业目标，VCS 公司一直在积极且果断地进行着挑战。2010 年，该公司搬迁、合并第一呼叫中心和第二呼叫中心，并将规模扩建至 1300 坐席，成为中国最大的外资外包呼叫中心。

习题

1. 什么是客户关系管理？其内涵是什么？
2. 简述客户关系外包对企业经营管理的影响。
3. 呼叫中心的演变经历了哪几个重要阶段？
4. 呼叫中心外包的优势和劣势是什么？
5. 呼叫中心外包有哪些建设模式？
6. 如何理解呼叫中心在客户关系外包中的地位？

第八章　供应链管理与物流外包

学习目标:
- ➢ 了解供应链管理的概念
- ➢ 了解物流外包的概念
- ➢ 了解物流外包的主要类型
- ➢ 了解第三方物流及其优势
- ➢ 了解第四方物流及其特点

第一节　供应链管理下的业务外包

随着经济全球化趋势的不断发展，资源在全球范围内的流动和配送不断加强，市场竞争的范围、速度、规则都发生了变化。传统企业"纵向一体化"的管理模式增加了企业的投资负担，而且适应需求变化的能力很差，同时延长了响应市场的时间。"纵向一体化"管理模式已经无法适应瞬息万变的市场需求。面对市场竞争环境和技术飞速发展的外部压力，企业间开始寻求彼此的合作，以整合各自的核心竞争力，供应链管理的思想应运而生。

一、供应链及供应链管理

（一）供应链的概念

供应链的概念是由美国学者于 20 世纪 80 年代首先提出的，截至目前，还没有一个公认的定义。供应链概念是在全球竞争加剧、产品寿命周期不断缩短、消费者需求日益个性化，导致企业自身难以适应从而产生了外包的思想的背景下提出的，提出目的是为了强调从原材料至产品流通环节所涉及企业间的协作和管理。

　　一般认为，供应链的发展经历了三个阶段：企业内部供应链、产业供应链、全球网络供应链。早期的观点认为供应链是制造企业中的一个内部过程，它是指从企业外部采购原材料和零部件，通过生产转换和销售等活动，再传递到零售商和用户的一个过程。传统的供应链概念局限于企业的内部操作层上，注重企业自身的资源利用。后来供应链的概念注意了与其他企业的联系，注意了供应链的外部环境，认为它是"通过链中不同企业的制造、组装、分销、零售等过程将原材料转换成产品，再到最终用户的转换过程"，这是更大范围、更为系统的概念。美国的史迪文斯对供应链的定义是："通过增值过程和分销渠道控制从供应商的供应商到用户的用户交流，它开始于供应的源点，结束于消费的终点。"伊文斯认为："供应链管理是通过反馈的信息流和反馈的物料流及信息流，将供应商、制造商、分销商、零售商，直到最终用户连成一个整体的模式。"这些定义都注意了供应链的完整性，考虑了供应链中所有成员操作的一致性。到了最近，供应链的概念更多被用来描述围绕核心企业的网链关系，如核心企业与供应商、供应商的供应商乃至一切前向的关系，与用户、用户的用户及一切后向的关系。哈里森进而将供应链定义为："供应链是执行采购原材料、将它们转换为中间产品和成品、并且将成品销售到用户的功能网链。"

　　（二）供应链管理

　　1. 供应链管理的定义

　　关于供应链管理的定义，许多学者从不同的角度给出了不同的解释。伊文斯认为："供应链管理是通过反馈的信息流和反馈的物料流及信息流，将供应商、制造商、分销商、零售商，直到最终用户连成一个整体的管理模式。"菲利浦认为："供应链管理不是供应商管理的别称，而是一种新的管理策略，它把不同企业集成起来以增加整个供应链的效率，注重企业之间的合作。"

　　香港利丰研究中心认为供应链管理就是把供应链最优化，以最少的成本完成从采购到满足最终顾客的所有流程，要求上述工作流程、实物流程、资金流程和信息流程均有效率地运行。为此，他们归纳出 7 个供应链管理的重要概念，基本涵盖了供应链管理的主要内容。即：①以顾客为中心，以市场需求的拉动为原动力；②强调企业应专注于核心业务，建立核心竞争力，在供应链上明确定位，将非核心业务外包；③各企业紧密合作，共担风险，共享利益；④对工作流程、实物流程、信息流程和资金流程进行设计、执行、修正和不断改进；⑤利用信息系统优化供应链的运作；⑥缩短产品完成时间，使生产尽量贴近实时需求；⑦减少采购、库存、运输等环节的成本。

　　在这 7 个概念中，①、②、③是供应链管理的实质，④、⑤是实施供应链管理的两种主要方法，而⑥、⑦则是实施供应链管理的主要目标，即从时间和成本两方面为产品增值，从而增强企业的竞争力。

2. 供应链管理的要求

供应链管理有四部分内容：物流管理、信息管理、资金管理、作业管理。物流贯穿整个供应链，连接供应链的各个企业，是企业间相互合作的纽带。在供应链管理环境下，为保证供应链的企业间的同步化、并行化，实现快速响应市场的能力，对物流系统提出了新的要求。

（1）供应链管理强调以客户为中心，以市场需求的拉动为原动力，强调缩短产品完成时间，使生产尽量贴近实时需求。这要求在物流作业上加快运输、配送的速度，快速响应用户需求，而这种运输方式是以小批量、多批次、多品种为特点的，这给整合运输这一物流目标带来了很大的难度，对物流系统的可靠性也提出了更高的要求。

（2）供应链管理强调企业应专注于核心业务，建立核心竞争力，在供应链上明确定位，将非核心业务外包。这有两层含义，第一层含义是指企业的物流系统如果不是企业的核心业务就应该外包给专业的物流企业以寻求整条供应链都具有竞争力。第二层含义是指随着外包的实行，物流的作业区域将更加扩大，物流系统的工作量加大。随着越来越多的企业实行 JIT 生产方式，对物流系统的作业能力提出了更高的要求。

（3）由于供应链管理强调企业之间的紧密合作，要求信息能够在企业之间准确传输与共享。这要求物流系统必须建立完备的物流信息系统，以保证与存货、运输、交货时间等有关的信息能够在企业之间有效的传输，保证供应链的无缝连接。

（4）供应链管理强调敏捷性和柔性，要求企业的物流系统必须能够根据市场和产品的变化情况做出相应的调整。如果企业自营物流的话，企业物流系统的敏捷性和柔性相对要差，这也是供应链管理环境下更容易物流业务外包的一个原因。

二、供应链环境下的物流业务外包

供应链的业务过程和操作，可以从工作流程（商流）、实物流程、信息流程和资金流程四个方面进行分析。供应链的信息流程带动工作流程，工作流程决定实物流程，实物流程反馈为资金流程。

（一）供应链的流程

业务流程的组合供应链可以比喻为一条管道，里面有工作流程（商流）、实物流程（物流）、资金流程和信息流程。工作流程（商流）即交易和管理工作，是运用信息做决定。工作流程从消费者需求开始，最初的工作包括需求分析、产品开发和设计、生产计划的制订；然后是商业和交易的发生，包括企业之间订立合同，承诺交易；最后就是执行方面的事宜，包括从进行生产、办理出入口文件到落实销售的整个过程。实物流程（物流）和资金流程则是履行交易合同的工作。实物流程是实物的交付和转移，是履行交易的必要过程。实物流程包括整个运输过程、仓库的管理以及包装分配等。实物流程也要以信息为基础，使管理人员能紧密掌握最新的具体情况。实物流程和信息流程结合，就是现在蓬勃发展起来的"现代物流"概念。

物流本身并不能满足消费者的需求，而是协助供应链的各个参与者增加产品的价值和减少供应的成本。物流行业的兴起，是专业化和企业为强化核心竞争力而外包服务的结果。

用信息系统的高效率机制快速传递需求信息，并将信息快速反应到生产和配送，只有这样，才能实现以顾客为中心的供应。

（二）供应链企业外包服务的原则

1. 强调企业应专注于核心业务，建立核心竞争力

在供应链上明确定位，将非核心业务外包，由于企业的资源有限，企业要在各种行业和领域都获得竞争优势十分困难，因此它必须集中资源在某个专长的领域，即核心业务上，这样才能在供应链上取得一个位置。企业具有在核心业务上出色的竞争能力是伙伴们愿意合作的前提。

供应链管理强调的是企业根据自己的核心业务能力，在供应链上扮演一个专门的、不可替代的角色，只有这样，其他企业才无法轻易取而代之。同时，企业应将非核心业务，以外包的模式交给其他更专业的企业，使整条供应链发挥更大的效果。如果企业缺乏或者不理解自己的核心业务，或把资源分散到没有优势的业务上，将难以在供应链上明确定位，亦会缺乏资源来不断强化其相关的核心竞争力，其在供应链上的位置便容易被其他企业取代。企业将非核心业务外包，才能将管理层的时间和注意力集中到核心竞争力上。通过对外分散配置资源，可以使资源得到最有效的运用。

2. 各企业紧密合作，共担风险，共享利益

企业要专注于核心业务，发展专长，把一些非核心的工序外包，以完善其经营过程，发挥分工带来的专业化优势。但是这些企业与企业之间的业务有交易成本，需要通过企业间相互合作，减少其中的消耗，方能真正强化整条供应链的竞争力。供应链管理着眼于整体，是一套关于系统和关系的管理概念，目标是满足最终客户的需求。要把供货商与企业（作为客户）之间的敌对关系转变为合作关系，让所有供应链上的成员有机地配合，分工合作，实现整条供应链的最大竞

争力。所以，供应链管理的其中一个要点是企业之间的相互合作和信任，供需双方在产品质量、组合、每次的生产时间和数量、发货的密度、订单的提前期等各个方面都要达成共识。

3. 对工作流程、实物流程、信息流程和资金流程进行设计、执行、修正和不断改进

顾客是供应链管理的核心，顾客需求是供应链的起点。所有供应链的最终顾客都是消费者，各个在供应链上的企业都可以说是为这一群最终顾客服务的。确定了客户需求，就有了供应链的目标，从而才能形成相应的供应链计划。供应链是工作流程、实物流程、资金流程和信息流程的综合，要将这四个方面放在一起，进行优化。因此，企业需要对所处的供应链和相应的任务、单位做精密的研究，设计出适合企业内外部环境和需要的流程。

4. 利用信息系统优化供应链的运作

资金流程相对于物流而言，是企业在销售产品之后收取顾客货款和清偿供货商款项的过程。由于业务不断产生交易，资金流程亦需要配合工作流程和实物流程的系统，并通过信息系统联结起来。

信息是供应链各环节行动的依据。信息流程包含收集和处理分析数据，提供有用的信息以协助供应链上各成员做出合适的商业决定并采取相应的行动。信息不是单独的运作，而是把供应链的工作、实物和资金的转移联结起来，形成一个有组织的整体。

5. 以客户为中心，以市场需求的拉动为原动力

供应链管理强调以顾客为中心，以市场的需求拉动上游的生产行为，提倡一种拉式系统。拉式系统要求快速的响应，否则消费者需求得不到即时的满足，或者消费者需求发生改变，生产的产品就变成过时的库存。

（三）供应链企业物流外包的必要性

物流系统对变化的实时响应、柔性、多种形式运输网络、多点信息获取途径用户服务能力的要求、满意度、多样化产品、亲和服务、可靠的质量，都要求物流管理要解决几个主要问题：①实现快速准时交货的措施问题；②低成本准时的物资采购供应策略问题；③物流信息的准确输送、信息反馈与共享问题；④物流系统的敏捷性和灵活性问题；⑤供需协调实现无缝供应链的连接问题。

从以上内容可以看出，供应链管理环境下的物流管理难度特别大，单靠企业自身达到这样的物流目标存在很大的困难，要想整个供应链的物流能力能够匹配供应链的核心业务，仅靠供应链中的生产或销售企业是不够的，因为非物流企业很难把物流作为核心竞争力，因此将物流业务外包是企业明智的选择。现在，随着第四方物流的出现，将整个供应链的所有物流业务全部外包给一个物流企业，

由它进行统一的管理已经开始实行。

第二节　第三方物流与物流外包

一、第三方物流

随着信息技术的发展和经济全球化趋势，越来越多的产品在世界范围内流通、生产、销售和消费，物流活动日益庞大和复杂，而第一、第二方物流的组织和经营方式已不能完全满足社会需要；同时，为参与世界性竞争，企业必须确立核心竞争力，加强供应链管理，降低物流成本，把不属于核心业务的物流活动外包出去。于是，第三方物流应运而生。

（一）第三方物流的概念

第三方物流，英文表达为"Third – Party Logistics"，简称3PL，也简称TPL，是相对"第一方"发货人和"第二方"收货人而言的，是由第三方专业企业来承担企业物流活动的一种物流形态。3PL既不属于第一方，也不属于第二方，而是通过与第一方或第二方的合作来提供其专业化的物流服务，它不拥有商品，不参与商品的买卖，而是为客户提供以合同为约束、以结盟为基础的、系列化、个性化、信息化的物流代理服务。

（二）第三方物流的主要特征

从发达国家物流业的状况看，第三方物流在发展中已逐渐形成鲜明特征，突出表现在五个方面。

1. 关系合同化

第三方物流是通过契约形式来规范物流经营者与物流消费者之间关系的。

首先物流经营者根据契约规定的要求，提供多功能直到全方位一体化物流服务，并以契约来管理所有提供的物流服务活动及其过程。

其次，第三方物流发展物流联盟也是通过契约的形式来明确各物流联盟参加者之间权责利相互关系的。

2. 服务个性化

首先，不同的物流消费者存在不同的物流服务要求，第三方物流需要根据不同物流消费者在企业形象、业务流程、产品特征、顾客需求特征、竞争需要等方面的不同要求，提供针对性强的个性化物流服务和增值服务。

其次，从事第三方物流的物流经营者也因为市场竞争、物流资源、物流能力的影响需要形成核心业务，不断强化所提供物流服务的个性化和特色化，以增强物流市场竞争能力。

3. 功能专业化

第三方物流所提供的是专业的物流服务。从物流设计、物流操作过程、物流技术工具、物流设施到物流管理必须体现专门化和专业水平，这既是物流消费者的需要，也是第三方物流自身发展的基本要求。

4. 管理系统化

第三方物流应具有系统的物流功能，是第三方物流产生和发展的基本要求，第三方物流需要建立现代管理系统才能满足运行和发展的基本要求。

5. 信息网络化

信息技术是第三方物流发展的基础。物流服务过程中，信息技术发展实现了信息实时共享，促进了物流管理的科学化、极大地提高了物流效率和物流效益。

（三）第三方物流的分类

第三方物流内部的构成一般可分为两类：资产基础供应商和非资产基础供应商。对于资产基础供应商而言，他们有自己的运输工具和仓库，他们通常实实在在地进行物流操作。而物流非资产基础供应商则是管理公司，不拥有或租赁资产，他们提供人力资源和先进的物流管理系统，专业管理顾客的物流功能。

广义的第三方物流可定义为两者结合。第三方物流因其所具有的专业化、规模化等优势在分担企业风险、降低经营成本、提高企业竞争力、加快物流产业的形成和再造等方面所发挥的巨大作用，已成为21世纪物流发展的主流。狭义的第三方物流是指能够提供现代化的、系统的物流服务的第三方的物流活动。

（四）第三方物流的发展战略

我国第三方物流的发展战略应突出以下几点。

1. 资源战略

物流企业发展第三方物流，需要集中把握和有效运用企业经营资源，主要表现在：

首先，准确认识和深入分析企业经营资源的基础状况，正确选择第三方物流发展的方向。

其次，积极探索企业资源的有效配置方式，有力促进第三方物流发展的速度。

最后，认真研究企业资源的可持续发展问题，确保第三方物流的健康发展。因此中小企业实施战略资源，以供应链管理重构业务流程，构筑第三方物流发展优势；就应把握资源转换方式，不断提高资源产出效益。

2. 联盟战略

物流企业发展第三方物流需要本着"优势互补、利益共享"的原则，借助产权方式、契约方式实行相互合作，共同拓展物流市场，降低物流成本，提高物流效益。

首先是物流资源的联盟：将中小工业企业分散的物流资源、物流功能要素通过一定的方式联合在一起，形成物流一体化的资源优势。

其次是物流地理区域和行业范围的联盟：根据各行各业中小企业的特性，在一定地理区域或一定行业范围实行物流联盟，形成高效直辖市运作体系。

最后是与中小企业建立发展第三方物流的联盟，通过组建服务协会，协调和指导物流企业与中小工业企业在发展第三方物流中的各种关系。

3. 服务战略

物流企业发展第三方物流必须依托中小工业企业的发展，做到"来自中小企业、服务于中小企业"。主要把握三点：

第一，必须依据中小工业企业的实际需要，设计和提供个性化物流服务理念。

第二，必须关注市场需求变化，提供保障企业产品服务质量的服务措施。

第三，必须深刻理解中小企业物流规律，建立完善的物流运作与管理的服务效益。

4. 创新战略

物流的发展过程就是一个不断创新的过程。物流企业发展第三方物流，要实施创新战略。

首先要创新观念，打破传统思想，借鉴国际先进物流管理思想，与中小企业实践有机地结合起来，探索具有中小企业物流特色的新思想和新方法。

其次要创新组织，充分运用现代信息技术手段，借助中小企业数量大面积广的特点。建立网络化物流新型组织。

再次要创新服务，深入研究中小工业企业物流需求，通过引进、模仿和创新物流技术手段，不断设计、创新和提供有效的物流服务。

最后要创新制度，既要建立以产权制度为核心的现代企业制度，也要根据发展需要建立完善的合理的物流管理体制。

5. 品牌战略

物流企业发展第三方物流必须确立品牌战略，充分发挥品牌效应，获取良好效益。

首先要树立物流发展的精品名牌意识，严格制定各项物流质量标准，才会不断提高物流服务水平。

其次要引进先进技术手段，设计创造物流服务的精品名牌意识，严格制定各项物流质量标准，才会不断提高物流服务水平。

再次要引进先进技术手段，设计查物流服务的精品内容、名牌项目。

最后要强化物流技术与管理人员素质培训，建立优秀的物流人才队伍，确保企业名牌战略的实现。

二、物流外包

（一）物流及物流外包的概念

传统的物流含义是为了满足消费者需求而进行的对货物、服务及相关信息从起始到消费的有效率与效益的流动和存储的计划、实施与控制的过程。第二次世界大战后，物流获得了长足发展，被普遍认为是"经济领域的黑暗大陆"，是节约成本的最后领域。物流包含的内容十分丰富，主要可以分为采购获取、制造支持和实体分配三大领域，涉及运输、存储、包装、物料搬运、订单处理、预测、生产计划、采购、客户服务和选址等多项物流活动。

自20世纪80年代以来，物流外包已成为商业领域的一大趋势。制造业和商业纷纷将自己的物流业务外包给专业提供物流服务的外部物流服务提供商（即第三方物流）。

所谓物流（业务）外包，即制造或销售等企业为集中资源、节省管理费用、增强核心竞争能力，将其物流业务以合同的方式委托给专业的物流公司（第三方物流，3PL）运作。物流外包是企业业务外包的主要形式，也是供应链管理环境下企业物流资源配置的一种新形式，完全不同于传统意义上的外委、外协，其目的是通过合理的资源配置，发展供应链，增强企业的核心竞争力。

物流外包是一种长期的、战略性的、相互渗透的、互利互惠的业务委托和合约执行方式。随着全球经济一体化进程的加快、信息技术在物流领域的应用和发展，以及一体化、多渠道、物流包被认识、了解、认可和进一步采用。

（二）物流外包的分类

在长期的物流外包活动中，形成了很多物流外包形式，下面根据不同的分类标准将物流外包分成以下几种类型。

1. 根据实施物流外包的目标划分

（1）时间导向型的物流外包，通过物流外包加快企业响应市场的速度，实现快速进入和占领市场的目的。

（2）成本导向型的物流外包，通过物流外包降低各种成本费用，实现低成本竞争的优势。

（3）资源导向型的物流外包，通过外包占领外部短缺资源，实现对关键资源的控制。

（4）能力导向型的物流外包，通过外包弥补企业能力缺陷，利用外部资源提高企业能力。

2. 根据物流外包的业务范围划分

根据物流外包的业务范围，物流外包可以分为生产物流外包、销售物流外包、运输物流外包、采购物流外包、仓储物流外包、流通加工物流外包、营销物流外包和配送物流外包等。

根据承包商的空间分布划分：

（1）企业内部分包，将母公司的相关物流业务分包给下属的物流子公司。

（2）企业外部分包，将企业的相关业务外包给其他企业，如麦当劳将配送服务外包给夏辉等。

（3）全球范围分包，在全球范围内寻求承包商实施外包，如沃尔玛。

（三）物流外包的作用

企业物流外包之所以成为经济全球化的重要特征，受到众多企业的关注和青睐，其根本原因在于物流外包对企业有降低成本、转移风险、扩大规模、提高响应性、增强竞争优势等多方面的价值贡献。概括起来，物流外包对企业发展所起到的作用主要体现在以下几个方面。

1. 降低经营成本

纽约物流业务外包研究所的一项调查表明，节约经费、降低成本是企业物流外包最重要的原因，有64%的被调查企业是由于"经费问题"而实施外包的。外包降低经营成本，主要源于专业化分工所带来的职能效率的提高。

物流服务提供商都拥有比物流外包企业更有效的资源和组织，尤其是专门化的知识和经验，其效率明显高于分包商。物流服务提供商通过承揽较多的外包服务，可通过规模经营的实现而获得比单个企业生产高很多的经营效率。

企业物流外包能促进物流外包企业集中资源发展核心业务，并有利于物流外包企业核心业务环节的专业化水平不断提高。

物流业务外包有利于企业节省巨额的固定资产投资，减少由于资产专用性而导致的企业沉没成本，改善企业的资本结构，降低企业的资产风险。

2. 规避经营风险

企业物流外包的一项重要优势在于其能与合作伙伴分担风险，从而降低该企业的经营风险。企业物流外包主要体现在以下两个方面。

在迅速变化的市场和技术环境下，企业通过物流外包可以与相关物流公司建立起战略协作关系，利用物流服务提供商的优势资源，降低在较长的时间里由于技术或市场需求的变化所造成的经营风险。

物流外包双方能够发挥各自的资源优势，减轻各自的投资压力，降低各自的投资风险。通过物流外包使企业变得更有柔性，更能有效地适应外部环境的变化，并与外部合作伙伴共同分担由于市场需求等变化带来的各种经营风险，从而规避经营中的一些风险。

3. 提高市场响应速度

物流外包的速度价值也可称为物流外包的时间价值，就是指物流外包能够提高企业对市场需求快速响应的价值。

物流外包可以有效地减少企业内部信息的传递环节，减少企业内部物流的传递环节，降低企业内部的摩擦与冲突，实现企业内部的快速高效运转。

物流外包可以减少企业对辅助为业务的投入，扩大核心业务的投入，提高核心为业务效率，有效地缩短制造周期，提高企业响应用户需求的速度。

物流外包可以突破企业资源和能力的局限，快速地进入市场，快速占领市场，提高市场的占有率。

4. 强化核心竞争力

物流外包对企业增强核心竞争力的价值主要体现在以下几个方面。

实施物流业务外包的企业，可以重新审视本企业在整条产品价值链上各个环节的增值优势，确定其核心业范围，以便企业将优质的资源和独特的能力集中到该领域，形成强化核心竞争力的业务平台。

实施物流为业务外包的企业，可以集中有限的资源，提升自己的核心为业务能力，助力公司所在行业的进入壁垒，从而确保企业能够长期获得高额利润，并引导行业朝着有利于企业自身的方各向发展。

实施物流为业务外包的企业，可以重新调整业务重点，为实施其他更有竞争力的业务而留出充足的资源。

5. 增强组织柔性

利用外包战略可以减少企业的规模，精简企业的组织，从而减轻由于规模膨胀而造成的组织反应迟钝，使组织更加灵活地进行竞争，更易于企业专注于自己核心能力的培养。

物流外包使得承包工商的组织目标更加明确、人员结构更为趋同，信息传播更为快捷、组织原则更为统一、组织文化更为融合、这样组织管理会更有效率。

物流外包使得承包商的组织结构具有更好的灵活性，能更快更好地满足顾客价值实现的需要。

物流外包使得承包商降低固定资产在资本结构中的比例，有利于优化企业的资本结构，因而降低了组织的退出屏障和组织的转换成本，有利于提高组织的适应性。

降低企业设备等固定资产的投入，能够优化资本结构，使得单位产品所承担的固定成本比例下降，这为企业采用主动性的价值战略创造了条件。

（四）常规性物流外包活动

常规性物流外包活动就是提供物流的几大基本功能要素，即提供运输、仓储、装卸等服务。它主要依靠物流设施，设备和器具等硬件完成，是资产和劳动密集型的服务，具有标准化的特征。

1. 运输

人们提到物流，首先提到的便是运输。运输是物流活动中的联系环节，是物流的核心。运输业作为物质生产部门，为了满足社会的各种需求，形成了铁路、公路、航空、水运、管道等运输方式。各种运输方式所采用的手段，运输工具和组织形式等有所不同。因此，形成的技术性能对地理环境的适应程度以及经济指标都不尽相同。

在物流中的运输环节进行外包的过程中，通常要从运输技术经济特征和运输服务性特征两个方面考虑，从而选择适合的外包商进行运输外包活动。

（1）运输技术经济特征。运输的技术经济特征包括送达程度、运输成本、投资水平、运输能力和能源消耗，对环境的影响程度等。送达程度包括路线行驶时间反途中的停留时间以及始发，终到两端的作业时间，铁路的送达速度一般高于水上和公路的送达速度，但在短途运输方面，其送达速度反而低于公路运输。航空运输在速度上虽然占有极大优势，但必须将客户去往机场的路途时间考虑在内，才能进行有实际意义的比较。运输成本是运输业的一个综合性的指标，受各种因素的影响。一般来讲，水运及管道运输成本最低，其次是铁路和公路运输，航空运输成本最高。各种运输方式由于其设备的构成不同，不但投资总额大小各异，而且投资期限和初期投资的金额也有相当大的差异，铁路的初期设备投资大且工期长，水上运输是利用天然航道进行的，线路投资远较铁路低，公路运输的线路设备投资介于铁路和水路之间，但高速公路的线路设备投资并不低。除比较各种运输方式的投资水平外，还需要考虑运输密度和运输工具利用率的等因素，水运和铁路运输在运输能力方面都处于优势地位，而公路和航空的运输能力相对较小。能源消耗方面，由于铁路运输可以采用电力牵引，因此具有优势，而公路和航空运输则是能源消耗量大，空运对环境的影响程度较大，铁路运输对环境和生态的影响程度较小，特别是电气化铁路这种影响较小。

（2）运输服务性特征。客户服务是物流管理的一个极其重要的组成部分，物流管理的每项活动都对公司的客户服务水平有其各自的贡献，然而运输对顾客服务水平的影响却是一个重要的因素。服务水平主要包括以下几个服务特性：可靠性，能否在适当的时间，适当的地点，将货物运到并保持一贯性；运送时间，即能否快捷，迅速，高效的将货物运到，市场覆盖程度；柔性；货损货差，即能否尽可能地将完好的货物送到客户手中。

各种服务特性的重要程度有什么不同，其中成本、速度和可靠性是最重要因素。因此，服务成本，平均运送时间，运送时间的变化幅度是运输服务水平决策的基础。

2. 仓储

仓储是通过仓库对商品与物品的储存与保管，是连接生产、供应、销售的中转站。仓储是每一物流系统中必不可少的组成部分，对促进生产、提高效率起着重要的辅助作用。同时，围绕着仓储实体活动，清晰准确的报表，单据账目，会计部门核算的准确信息也同时进行着，因此，仓储是物流、信息流、单证流的合一。

仓储作为现代物流业中的一个重要环节，越发受到人们的关注，在物流外包过程中，仓储也成为一个着重需要考虑的问题。对仓储主要是从仓储的性质和仓储的职能两个角度理解。

（1）仓储的性质。仓储是用于物流系统所有环节间的货物储存，有两种基本类型的货物可以置于仓库中：原材料和零部件及产成品。仓库能给企业带来诸多好处，提供各种基本服务，包括现场储备、配送分类、仓库组合、生产支持服务等。

现场储备服务。在实物配送中经常使用现场储备，尤其是那些产品品种有限或产品具有高度季节性的制造商偏好这种服务，他们不是按照年度计划在仓库设施中安排各种存货，而是直接从制造工厂进行装运，并通过在战略市场中获得提前存货的承诺，大大减少递送时间。于是，基于这种概念下，将某个厂商一定数量的产品堆放在仓库里或在仓库里进行现场储备，以满足顾客在至关重要的营销期内的订货。利用仓库设施进行现场储备，可以在季节销售的最旺期即将到来之前，把各种存货堆放在最靠近关键顾客的各种市场中。农产品供应商常常向农民提供现场储备服务，在销售旺季期间把农产品定位在更靠近对这种服务敏感的市场中，销售季节过后，剩下的存货的就该退回到中央仓库中。

配送分类服务。提供配送分类服务的仓库可以尚未制造商，批发商或零售商所利用。按照对顾客订货的预测，对产品进行组合储备，这种配送分类可以来自不同制造商的多种产品，或者由顾客制定的各种配送方式。在第一种情况下，例如，以为运动服批发商会储备来自若干服装供应商的产品，以便向顾客提供各种类型的服装；在第二种情况下，批发商会选配一批特定的队服，其中包括衬衫和裤子，现场储备与完整的产品分类之间区别在于仓库利用的程度和持续的时间不同。实施现场储备战略的厂商通常会在仓库里临时堆放较少品种的产品，并在大量的小仓库进行堆放储备，在有限的期间内服务于具体的市场，而提供配送分类服务的仓储通常具有广泛的产品品种，局限于一些战略地点，并且全年发挥作用。配送分类仓库可以使顾客减少其必须打交道的供应商数目，并因此改善了仓储服务。此外，配送分类仓库还可以对不同顾客的产品进行组合，以形成更大的装运批量，降低运输成本。

仓库组合服务。当制造业在地理上被分割时，通常长途运输组合，则可能降低运费和仓库需要量。在典型的组合运输条件下，制造工厂转运整卡车的产品到批发商处，每次大批量的装运可以享受较低的费率。一旦产品到达组合仓库时，卸下从制造工厂装运来的货物后，仓库就可以按照每一个顾客的要求或市场需求，选择一种产品的运输组合。通过运输组合进行转运，在经济上通常可以得到特别运输费率的支持，即给予各种转运优惠，提供转运组合服务的仓库所能得到的净收益，就是降低了物流系统中整个产品的储存量。

生产支持服务。零部件等物品的供应对制造商的长期生产具有重要意义，而生产支持服务，则可以使仓库向装配工厂提供稳定的零部件和原材料供给。由于订货进货需要较长的前置时间或使用过程中可能发生的重大变化，制造商对需要外购的物资品种进行安全储备是必要的。对此，应经营一个生产支持仓库，以经济而又适时的方式，向装配厂供应原材料、零部件和装配件。

仓储的职能主要有三种：位移、储藏和信息传递。其中，信息传递职能伴随着移动和储存功能而发生。管理者为控制仓储活动需要及时准确的信息。

第三节 第四方物流和逆向物流外包

信息技术以及电子商务的飞速发展，带来了物流模式的不断变革，当第三方物流已被世界物流界普遍认同时，一种全新的物流理念——第四方物流又在物流界备受瞩目。

一、第四方物流

（一）第四方物流的概念

第四方物流（Fourth Party Logistics，4PL）是迄今较为先进的供应链管理新理念，被称为"下一层次上的供应链外包"。美国的埃森哲咨询公司最早提出并注册了第四方物流的概念。该公司认为，如今的客户需要得到包括电子采购、订单处理能力、充分的供应链可见性、虚拟库存管理以及必不可少的集成技术在内的、实质性增值的服务。而第三方物流的优势在于运输、储存、包装、装卸、配送、流通加工等实际的物流操作能力，在综合技能、集成技术、战略规划、区域及全球拓展能力等方面存在明显的局限性，特别是缺乏对整个物流系统及供应链进行整合规划的能力，难以满足客户日益苛刻的要求。因此，作为埃森哲咨询公司领导人之一的美国物流经济学家约翰·加托纳（John Gattoma）最先在其专著中提出了第四方物流的定义："第四方物流供应商是一个供应链的集成商，它对公司内部和具有互补性的服务供应商所拥有的不同资源、能力和技术进行整合和管理，提供一整套供应链解决方案。"

第四方物流通过整合最优秀的第三方物流服务商、信息技术服务商、管理咨询服务商和电子商务服务商等，为客户提供个性化、多样化的供应链解决方案，为客户创造更大的利润价值。4PL 经营者是基于整个供应链过程考虑，扮演着协调人的角色：一方面与客户协调，与客户共同管理资源、计划和控制生产，设计全程物流方案；另一方面与各分包商协调，组织完成实际物流活动。因此，4PL 提供的是一种全面的物流解决方案，与客户建立的是长期、稳固的伙伴关系。

（二）第四方物流的特点

第四方物流通过将咨询公司、技术公司和物流公司集成在一起提供一整套完善的供应链解决方案来满足现代公司所面临的广泛而又复杂的需求。它使用传统的供应链管理咨询技巧进行供应链过程的协作和再设计，从而实现公司业务策略和供应链策略的协调一致。同时通过新技术加强各个供应链的职能，对供应链活动和流程进行改善和整合，使业务流程优化。

1. 提供了一整套完善的供应链解决方案

它集成了管理咨询和第三方物流的能力，共有四个层次——再造、变革、实施和执行。第一层是再造。在供应链绩效上取得真正提高的最佳途径，不是通过贯穿供应链成员的对供应链计划与执行活动的同步，就是通过相互独立的供应链成员之间的强化协作。再造平衡了传统的供应链咨询技能，使企业战略与供应链战略结合起来，同时，对企业内部及企业参与的供应链作业进行整合优化的技术，对再造也起到促进作用。

第二层是变革。变革的重点是改进特定的供应链职能，包括销售与作业计划、分销管理、采购战略和顾客支持。这一阶段的供应链技术成为方案成功的关键。领先精良的技术与战略思想、流程再设计、组织变革管理之间进行了平衡，并通过行业最佳的方案，改进整合了这些供应链活动与流程。

第三层是实施。委托给 4PL 的包括业务流程重组，对贯穿于客户组织和服务提供商中的技术的系统集成，以及向 4PL 团队的转交。在组织变革中应认识到"人"的因素是向 4PL 协议转换成功的关键。目的是避免在设计合理的战略与业务流程中出现的所有过于低劣的、无效的执行。否则，对方案的效果与目标的实现造成影响。

第四层即最后一层是执行。4PL 提供商承担多种供应链职能与流程的作业责任。范围彻底超越了传统的第三方运输管理和仓库作业，包括制造、采购、供应链信息技术、需求预测、网络管理、顾客服务管理、库存管理和行政管理。当组织能够把其一系列的供应链活动外包给 4PL 时，4PL 方案将更可能成为供应链运转或管理的重要途径之一。

2. 通过影响整个供应链来获得价值，即其能够为整条供应链的客户带来利益

为客户带来的利益包括：

利润增长。第四方物流的利润增长将取决于服务质量的提高、实用性的增加和物流成本的降低。优于第四方物流关注的是整条供应链，因此其为客户及自身带来的综合效益会出现惊人的进展。

运营成本降低。即通过整条供应链外包功能实现提高运作效率、降低采购成本的目的。流程一体化、供应链规划的改善和实施将使运营成本和产品销售成本降低。

工作成本降低。采用现代信息技术、科学的管理流程和便准化管理，使存货和现金流转次数较少，工作成本大幅度降低。

提高资产利用率。客户通过第四方物流减少了固定资产占用和提高了资产利用率，使得客户通过投资研究设计、产品开发、销售与市场拓展等获得经济效益的提高。

（三）第四方物流的作用

（1）第四方物流能够持续降低物流整体运作成本。

（2）企业在将其物流业务外包给 3PL 之前，为了选择合适的 3PL 需要支出一定的信息寻找费用。在将其物流业务外包给 3PL 后，其实并未实现资产的真正转移，企业还需花费大量的费用维持与 3PL 合作的交易，从而导致企业物流整体运作成本不能持续降低。而 4PL 能够充分利用其物流网络及现有的信技术对物流活动中的所有环节进行整合，协调并管理物流各环节各参与方的活动与利益冲突，从而能够帮助企业持续降低物流的整体运作成本。

（3）第四方物流能够解决中国经济发展中的"瓶颈"。2006～2007 年，中国物流总值持续高速增长，这表明经济增长对物流需求越来越大，经济发展对物流的依赖程度也越来越高。但目前中国物流业的整体水平，不管从服务能力还是质量上看，既满足不了物流发展的需求，同时又与国民经济的高速发展不相适应，这已经成为目前中国经济发展的一个"瓶颈"。而 4PL 出现的积极意义就在于它指出了 3PL 的局限性，相对于 3PL 能较大提升整个物流业的服务质量与服务能力，以其高效率的运作满足国民经济发展的要求。

（4）第四方物流能最大限度地整合物流资源。第四方物流作为有领导力量

的物流服务提供商,通过其影响整个供应链的能力,整合全社会物流资源而提供综合的供应链物流解决方案。由此实现对全社会资源的充分利用,从而可以最大限度地节约物流资源,实现企业和全社会物流整体运作的效率最大化。

(5)第四方物流是供应链成功运作的基础。供应链的运作是物流、信息流和资金流三者的结合。4PL并不是简单地为企业的物流活动提供管理服务,而是通过对企业所处供应链的整个系统进行深入分析后,提出一整套的供应链物流解决方案。4PL服务商可以通过对物流运作的流程再造,使整个物流系统的流程更合理、效率更高,从而使低成本、高质量的产品运送服务得以实现。

(6)第四方物流能促进全球制造资源的优化组合。目前,经济全球化的发展使许多企业从国际贸易巨大的价格差中受益,作为全球价值链的一环,4PL的战略眼光和资源整合能力也正是它们所需要的。虽然4PL服务的需求者往往是大规模或超大规模企业,但集中采购、联合采购等供应链采购模式的出现,使得中小企业的跨国采购成为可能。正是因为第四方物流有着这样的作用,企业管理者才将它应用于供应链的各个环节。

(四)第四方物流的组织形式

1. 第四方物流组织成员结构

第四方物流市场是由第四方物流服务供应商作为市场主导者所运作的市场。随着Internet,Intranet,特别是TCP/IP,XML的出现使得物流业务的展开始终与信息和网络紧密相连。各种数据交换技术(如EDI)也在第四方物流的运作过程中广泛应用。伴随着电子商务的迅猛发展,为第四方物流的发展奠定了重要的基础。

第四方物流运作过程比较复杂,参与的成员也比较多,具体有:原始设备制造商(OEM)、电子物流信息服务平台、IT服务供应商、第三方物流提供商以及其他传统货运服务提供商、B2B电子商务、供应链管理咨询公司等。4PL的组建方式主要是合资(资金、技术知识、基础设施、机器设备等)和长期承包等。

2. 第四方物流组织形式

第四方物流作为区别于第三方物流的物流运作形式,它的组织的核心能力在于提供先进的物流技术、互补性资源以及供应链管理方法和解决方案、全球扩展方案等。因此,它们需要建立学习机制、创新机制和市场驱动型经营机制,只有这样,第四方物流才能真正胜任"联盟总管"或"领先的物流提供商"的角色。第四方物流的组织形式主要有三种。

(1)供应链合作联盟。这是4PL的初级形态。在这种形态下,咨询公司、信息技术服务提供商以及3PL企业共同开发市场。咨询公司在3PL公司业务范围和物流技术水平支持下工作,其思想和策略通过3PL这样一个具体实施者来实现，为3PL客户服务。同时，3PL公司和物流信息技术结成伙伴关系，增强公司的信息技术能力，提高企业竞争力和顾客满意度。

（2）独立的第四方物流企业。独立的第四方物流企业可以成为第四方物流组织的中级形态。该类企业通过对第三方物流和本身的资源、能力和技术进行综合管理，借助第三方物流为客户提供全面的、集成的供应链解决方案。在这个过程中，第三方物流通过第四方物流的方案为客户提供服务。独立的第四方物流企业在全面掌握物流信息基础之上为整个供应链提供全程物流服务，其运作的核心是信息和供应链流程的解决方案。

（3）专门从事第四方物流的跨国集团。这类组织是第四方物流的高级形态，是第四方物流运作模式中的行业创新者模式。它是上游第三方物流的集群和下游客户集群的纽带。通过将第三方物流加以集成向下游的客户提供解决方案。这类组织形态的最大特点就是全球化。它可以实现供应链全球操作的"无物质流动化"，通过信息传递和异地交货。当然这样的企业还没有出现，实现难度比较大。

中国目前还没有真正意义上的第四方物流企业，许多自称"第四方物流"的企业仅仅是第三方物流企业的简单组合，服务功能少，在日益激烈的竞争中必将被淘汰。中国的第四方物流企业只有依靠提高自身服务能力，提供更多的增值服务，增强自身的核心能力才能发展起来。第四方物流不仅控制和管理特定的物流服务，而且对整个物流过程提出策划方案，并通过电子商务将这个过程集成起来。作为能与客户的制造、市场及分销数据进行全面连接的一个部分，第四方物流与第三方物流一样，必将获得长足发展，并以此推动中国经济的发展。

（五）第四方物流的运作模式

按照国外的概念，第四方物流是一个提供全面供应链解决方案的供应链集成商，对整体解决方案的设计、实施和运作，只有通过咨询公司、技术公司与物流国内公司的齐心协力才能够实现。由此可归纳出第四方物流企业的运作模式。

1. 协同运作模式

第四方物流与第三方物流共同开发市场，第四方物流向第三方物流提供第三方物流缺少的技术和战略技能。运作模式一般采用4PL和3PL共同开发市场，第四方向第三方提供一系列的服务，包括技术、供应链策略技巧、进入市场能力和项目管理专长。4PL往往会在3PL公司内工作，双方要么签有合同，要么结成战略联盟；由第四方物流为第三方物流提供其缺少的资源，如信息技术、管理技术、制定供应链策略和战略规划方案等，并与第三方物流方共同开发市场，而具体的物流业务实施则由第三方物流在第四方物流的指导下来完成，它们之间的关系一般是商业合同的方式或者战略联盟的合作方式。

在这种模式中，4PL为实力雄厚的3PL服务商提供供应链战略方案、技术、专门项目管理等补充功能，并主要通过 3PL 为多个客户提供全面物流服务，其特点是：雄厚的物流配送实力与最优的解决方案组合，业务范围多集中在物流配送管理方面，针对性强、灵活性大。如中远货运公司依托中远集运，在美国西海岸至上海之间为通用公司提供汽车零配件的集装箱陆运、海运、仓储、配送等"一条龙"服务。

2. 方案集成模式

由 4PL 为客户提供运作和管理整个供应链的解决方案，并利用其成员的资源、能力和技术进行整合和管理，为客户提供全面的、集成的供应链管理服务。在这种方式中，通常由 4PL 和客户成立合资或合伙公司，客户在公司中占主要份额，4PL 作为一个联盟的领导者和枢纽，集成多个服务供应商的资源，重点为一个主要客户服务。

如中远货运公司在广州与科龙电器公司合资成立的安泰达物流公司，就主要是为科龙集团服务的。这种模式的运作一般是在同一行业范围内，供应商和加工制造商等成员处于供应链的上下游和相关的业务范围内，彼此专业熟悉、业务联系紧密，有一定的依赖性。4PL 以服务主要客户为龙头，带动其他成员企业的发展。执行该模式的好处是服务对象及范围明确集中，客户的商业和技术秘密比较安全。4PL 与客户的关系稳定、紧密而且具有长期性。但重要的前提条件是客户的业务量要足够大，使参与的服务商所得到的收益较为满意，否则大多数服务商不愿把全部资源集中在一个客户上。

3. 行业创新模式

4PL 通过与各个资源、技术和能力的服务商进行协作，为多个行业的客户提供供应链解决方案。它以整合供应链的职能为重点，以各个行业的特殊性为依据，领导整个行业供应链实现创新。

这种模式是以 4PL 为主导，联合 3PL 公司等其他服务商，提供运输、仓储、配送等全方位的高端服务，给多个行业客户制作供应链解决方案。如美国卡特彼勒物流公司从起初的只负责总公司的货物运输，发展到后来为其他多个行业的客户（如克莱斯勒公司、标志公司、爱立信公司等）提供供应链解决方案。

4. 动态联盟模式

这是一些相对独立的服务商（如 3PL、咨询机构、供应商、制造商、分销商）和客户等，由市场机会所驱动，通过信息技术相连接的、在某个时期内结成的供应链管理联盟。它的组成到解散主要取决于市场机会的存在与消失，以及原企业可利用的价值。这些企业在设计、供应、制造、分销等领域里分别为该联盟贡献出自己的核心能力，以实现利润共享和风险分担。它们除了具有一般企业的特征外，还具有基于公共网络环境的全球化伙伴关系及企业合作特征，面向经营过程优化的组织特征，可再构、重组与可变的敏捷特征等，能以最快速度完成联盟的组织与建立，优势集成，抓住机遇，响应市场，赢得竞争。

动态联盟也有其核心企业担任倡导和协调的作用，一般由咨询机构或 3PL 担任。参加动态联盟的各成员企业的组织、资源等内部特征都可由自己来决定，而其外部特征则需要达到动态联盟的要求。由于企业业务的拓展和市场竞争的加剧，企业对收益的渴望和对资源的需求日趋多元化，一个企业可以同时以不同的角色加入多个 4PL 联盟，在贡献资源的同时，得到自己所需要的、更多的资源。一旦市场机会消失，或成员企业发现参与某个 4PL 联盟的价值枯竭时，即可根据合约有序退出。这种运作模式是比较高级的运作模式，它所服务的行业和客户众多，其兼容性、灵活性、适应性更强。

第四方物流具有突破现行供应链模式的潜能，是当今物流发展的趋向，是现代物流、供应链管理高度发展的产物。目前，有部分学者提出"第五方物流"的说法，但是针对第五方物流的界定并没有十分明确。在激烈的市场竞争中，系统控制成本和管理运作成为未来物流发展的方向，只要在物流资源整合、供应链再造、技术变革、服务创新等方面努力，无论是第几方物流都会有更广阔的发展空间。

二、逆向物流外包

(一) 逆向物流外包的概念

所谓逆向物流的外包模式，就是生产商在销售产品后，自己并不直接参与对回收产品的逆向物流工作，而是通过协议等形式将其产品回收处理工作中的部分或全部业务，以支付费用的方式由专门从事逆向物流服务的企业负责实施。在这种模式中，回收产品的逆向物流从回收、检测、分类到最后的处理环节都交由专业的第三方企业操作。

根据第三方逆向物流企业的业务范围和实现功能的不同又可以分为两类：综合性第三方企业和功能性第三方企业。综合性第三方企业一般规模较大，资金和技术到位，能够承担完整的回收产品逆向物流服务。功能性第三方企业可以完成回收产品逆向物流系统中的一项或多项服务，其主要的特点是强调专业化和技术化。

逆向物流的外包模式可以减少企业在逆向物流设施和人力资源等方面的投入，将巨大的固定成本变为可变成本，降低逆向物流的管理成本，使企业集中在核心业务上，有利于提高企业的核心竞争力。这种模式适用于逆向物流的大多数情况，特别是对于技术和经济实力比较弱的中小企业，更趋向于将逆向物流外包，以降低企业经营成本。而对于实力较强的大企业来说，将逆向物流外包，更是实现专业化运作，增强核心竞争力的重要手段。

（二）逆向物流的特点

逆向物流作为企业价值链中的特殊一环，与正向物流相比，既有共同点，也有各自不同的特点，二者的共同点在于都具有包装、装卸、运输、储存、加工等物流功能。但是逆向物流与正向物流相比又具有其鲜明的特殊性。

（1）分散性。换言之，逆向物流产生的地点、时间、质量和数量是难以预见的。废旧资流可能产生于生产领域、流通领域或生活消费领域，涉及任何领域、任何部门、任何个人，在社会的每个角落都在日夜不停地发生。正是这种多元性使其具有分散性。

（2）缓慢性。人们不难发现，开始的时候逆向物流数量少，种类多，只有在不断汇集的情况下才能形成较大的流动规模。

（3）混杂性。回收的产品在进入逆向物流系统时往往难以划分为产品，因为不同种类、不同状况的废旧物资常常混合在一起。

（4）多变性。由于逆向物流的分散性及消费者对退货、产品召回等回收政策的滥用，有的企业很难控制产品的回收时间与空间，这导致了多变性。

（三）逆向物流外包的优势

（1）逆向物流外包模式下，产品回收的工作由专业的外包商来完成，生产商把自己的主要精力和资源集中在自己具有核心竞争力的活动上，第三方回收企业的专业化和企业间的竞争，使生产商可以以较低的价格享受到高效率的逆向物流服务，降低自己在产品回收逆向物流中的成本。

（2）提高工作效率。逆向物流外包模式下，提供逆向物流服务的是专业的物流企业，拥有完备的物流网络、丰富的逆向物流运作经验、完善的管理体系和先进的物流技术手段和实施，因此工作效率高。

（3）促进创新与发展。逆向物流外包模式下，第三方逆向物流企业会从物流专业的角度对产品设计和原材料构成等方面存在的问题提出建议，提供清晰而及时的产品反馈信息，有利于生产企业及时优化产品的设计，促进再制造工业的创新和发展。

（4）发展前景广阔。第三方负责模式中的物流企业在从事逆向物流的初期需要的投资比较大，环保要求高，因此回报率不是很高，甚至出现暂时的亏损，但随着循环经济的发展和环保理念的深化，势必成为社会发展不可少的行业，因此有着非常广阔的前景。

（5）第三方逆向物流能使服务的质量得到保证。在市场竞争日益激烈的今天，高水平的顾客服务对于现代企业来说是至关重要的，它是企业优于其同行的一种竞争优势，第三方逆向物流在帮助企业提高自身顾客服务水平上，有其独到之处，第三方物流公司可利用信息网络和节点网络，加快退货处理和废品回收，保证企业为顾客提供稳定、可靠的高水平服务。

（6）实现信息共享与风险分担。企业通过将逆向物流业务外包给第三方物流商，能够实现信息共享，风险分担，从而变得更有柔性，能够对市场的风云变幻作出敏捷反应，并且对于大部分企业而言，投资逆向物流系统的建设要承担巨大的风险。对企业尤其是中小企业来说，这种高投资带来的高风险必将会影响其逆向物流的有效实施，将逆向物流业务外包给专业的物流供货商无疑是分担风险的一个不错的选择。

（7）加快企业重构，降低系统风险。物流业务外包后，企业可以加快内部组织结构与流程的重组优化，提高管理效率，降低外部经营环境变化带来的系统风险。

案例分析

中国惠普公司是进入中国的第一家计算机合资企业。

从惠普公司进入中国的 1985～1997 年初，惠普公司先后在北京、上海、广州、成都等地建立了面积小于 150 平方米的库房。由于惠普公司员工自己进行所有的库房具体操作，且库房设在昂贵的公司办公室，库房租金及操作成本一直居高不下。

当时国内航空、铁路、公路运输能力及服务水平都很差。计算机维修备件大多是由工程师先从库房取出，然后带往用户现场，或由公司派专人递送，成本高，速度慢。而且一旦用户计算机出现故障，就须停机两至三天等待维修，给用户造成很大损失。因此，这种服务备件管理模式难以满足客户的需要，阻碍了公司服务业务的发展及产品市场的开拓。

为改变这种不利状况，中国惠普公司在美国总部物流专家的帮助下，于 1997 年 4 月成立了物流业务外包项目小组，对中国当时物流企业的服务能力及水平进行全面的考察了解，深入分析惠普自营物流业务和外包物流业务的优势和障碍。

经过半年多认真细致的工作，1997 年 10 月项目小组决定，把物流运输业务及物流仓储业务外包，而公司物流部门则专心于物流战略规划、备件计划、备件采购和全国物流网络建设等核心业务。随后，根据备件物流管理种类多、数量大、规格不一、生命周期长的特点及供应商的选择原则，项目小组对物流供应商的管理水平、技术能力、覆盖范围、价格、服务水平、服务考核体系、企业信誉、信息系统等方面，进行了全面评定，并于 1998 年 2 月最终选定了物流运输供应商及物流仓储供应商。

　　尽管当时的物流企业管理水平、服务水平、工作效率还比较低，但通过物流业务外包，惠普公司的业务得到了迅速发展。维修备件从惠普办公室的库房全部移至交通便利、价格便宜的供应商库房，企业库房成本迅速降低，运输成本大幅下降，物流运输速度比外包前大大加快，初步建立了覆盖全国的物流网络。从1998年初至2000年底，惠普公司计算机服务备件的覆盖范围从5个主要城市迅速扩大到全国所有的大城市，业务量增长了3倍。

　　进入2001年，随着国内物流企业管理、服务水平的提高以及惠普公司业务的进一步发展，惠普公司备件物流外包水平也进入更高的阶段。

　　为了降低风险并保持物流供应商之间的适度竞争，惠普公司以长江为界选择了两家供应商，分别经营长江以南、长江以北的业务。根据供应商的服务水平、价格水平、反应速度，惠普对供应商实行动态的比较、选择和淘汰机制，以提高整个物流服务能力，提升物流服务的竞争优势。为了激励、鞭策供应商，惠普公司建立了科学的物流供应商业绩考评体系，准确公正地反映供应商的业务水平，及时做出奖罚。为了和供应商共享利益，共同发展，惠普公司与供应商建立了长期、稳定、双赢的战略合作伙伴关系，从战略高度去认识、管理物流供应商。

　　至此，惠普公司的计算机备件服务水平有了质的飞跃：备件服务范围覆盖了全国所有的大中城市及一部分小城市；根据用户的需要建立了快速的运输网络，能够为用户提供快至2小时的备件服务。

　　2002年初，在惠普公司物流信息平台支持下，一个范围覆盖全国、反应迅速、成本领先、管理先进、服务水平超前的计算机维修备件物流网络，搭建成功。通过该平台，惠普公司培养了一支由惠普公司员工和物流供应商成员组成的高水平的专业物流队伍，不断为计算机客户提供优质的服务，赢得高度称赞，连续在国家级计算机售后服务评比中名列第一，成为售后服务最好的企业。

　　同时，中国惠普公司利用其先进的物流平台，开始对外承接物流咨询、设计服务及物流服务承包项目，帮助一些企业迅速将物流服务扩展至全国，为它们节省投资，缩短建立网络时间，降低了物流成本，提升了服务水平，增强了这些企业的市场竞争力，也进一步降低了惠普公司的物流运作成本。从惠普公司的成功经验可以看出，物流业务的外包，可以借助专业物流公司的资源，迅速扩大企业物流服务范围，提高服务水平，降低运行成本，培养物流管理队伍。同时，利用物流平台，还可以承接公司之外的物流业务，增加物流收入，从而有力地促进公司核心产品的销售，提高企业的核心竞争力。

习题

1. 供应链管理的概念。

2. 什么是物流外包，物流外包的主要类型？

3. 什么是第三方物流，有哪些优势？

4. 什么是第四方物流，其特点是什么？

5. 逆向物流的概念和优势。

第九章　知识流程外包

学习目标：
> 了解知识流程外包的概念
> 了解研发外包的概念
> 了解知识流程外包的主要类型
> 了解我国在知识流程外包的现状与机会

知识流程外包是一种帮助客户研究解决方案的方式，是服务外包的高端部分。主要是通过多种途径来获取信息，经过即时、综合的分析、判断和研究解释，并提出一定的建议，将报告给客户作为决策的依据。主要包括价值链高端的知识产权研究、医药和生物技术研发和测试、产品技术研发、工业设计、分析学和数据挖掘、动漫及网游设计研发、教育课件研发、工程设计等领域。

第一节　概述

一、知识流程外包的概念

知识流程外包（Knowledge Process Outsourcing，KPO）是围绕对业务诀窍的需求而建立起来的业务，指把通过广泛利用全球数据库以及监管机构等的信息资源获取的信息，经过即时、综合的分析研究，最终将报告呈现给客户，作为决策的借鉴。KPO的流程可以简单归纳为：获取数据—进行研究、加工—销售给咨询公司、研究公司或终端客户。知识流程外包过程涉及要求领域专业技能的知识密集型业务流程。

二、知识流程外包的特征

相较传统的业务流程外包（BPO），KPO 将基于本领域内的流程外包从而使企业获得高附加值，因此提升了传统的 BPO 基于成本所带来的利益。KPO 的核心是通过提供业务专业知识而不是流程专业知识来为客户创造价值。KPO 将业务从简单的"标准过程"执行演变成要求高级分析和技巧的技术以及准确的判断的过程。

三、知识流程外包的作用

随着全球业务竞争的加剧，产品和服务引入的周期时间越来越短，顾客对提供的服务质量越来越苛求。这些都要求企业采取的体系和商业模型不仅能提供操作的高效，而且能为产品和服务增加战略价值。

KPO 服务使企业缩短了从设计到市场的导入时间；有效管理关键硬件；提供有关市场、竞争情况、产品和服务的研究；提升组织在业务管理的有效性；帮助快速处理预想的业务场景。最后，不同于传统的 BPO 解决方案的通用和固定价格，优秀的高端流程解决方案提供客户定制服务和采取不同的价格。客户定制提升了 KPO 中的价值成分。

四、KPO 成功应用领域

（一）知识产权研究

向美国专利商标局起草和专利权申请非常昂贵，一般要花费 10000～15000 美元。而一个离岸目的地的知识产权专家能够起草专利权申请的基本草稿，然后在提交前由美国在册的专利律师修改。即使离岸外包小部分的专利权起草流程中的内容，都能节省总费用的 50%（相对最终客户）。

知识产权资产管理、技术领域知识产权前景规划、知识产权授权使用、知识产权摘要和知识产权商业化服务其他一些能够以同样方式离岸外包的服务。这些服务不仅能适用于专利，也适用于商标、著作权和其他知识产权。当前，一些美国的法律公司已经开始在印度设立后端中心，而其他一些公司则和印度本地公司联手合作以达到相同的目的。

（二）医药和生物科技

合同研发机构已经被医药公司广泛采用。这个行业中的其他一些新兴领域包括产品导入优化和制造过程的提高。

作为离岸外包目的地，如印度在合同研发外包和临床试验方面具有非常显著的成本优势，基本只有 40%～60%。近期，一些公司，如英国阿斯利康公司

（AstraZeneca）和日本川崎汽船株式会社已经在低成本目的地设立药物发现中心以离岸外包他们的研发活动。

（三）分析和数据挖掘服务

通过离岸外包数据挖掘、分析，以及数据仓库放到低工资国家，美国公司能显著节约成本达60%~70%；需求和渠道规划、制造安排和运输规划是一些供应链管理解决方案的例子，这些解决方案要求数学设计、统计分析和计算机辅助模拟的应用。当前，诸如俄罗斯和印度是这些服务理想的目的地，这些国家以非常低的成本提供了大量的工程师储备甚至是博士。一个科学与工程类博士在美国和在印度（或者俄罗斯）的成本差能达到60000~80000万美元。

五、KPO 面临挑战

KPO 为外包业务中的所有各方提供了众多机会。然而，在发展过程中仍然充满挑战。

因为客户的高度关注，在 KPO 的流程中对执行要求更高的质量。而且，客户可能担心所提供的服务质量（特别是考虑到这些服务是由低成本目的地提供这个事实），这种担忧是比较难克服的。

在一些案例中，对于 KPO 基础设施的预期投入要比 BPO 高。例如：

（1）公司进行模拟和有限要素分析的业务就要求投入高端工作站，而如果仅仅是进行简单的数据收集、排序和分析工作可能只要求投入一般的资金。类似的合同研发机构可能要求更多的资金。

（2）缺乏好的人才储备来执行项目被证明可能是对许多国家最常见的障碍。

（3）KPO 项目要求更高层次的控制、保密性和强化的风险管理。任何部分的懈怠将会不仅危害提供的 KPO 服务，而且可能影响整个由客户主导的流程。

（4）与传统的 BPO 服务相比，等比例地放大 KPO 的操作将更困难，主要由于难以找到受过高等培训的专业人士。

开展 KPO 业务的公司面临的最大挑战是雇佣到最好的人才和给予这些专业人士以持续的培训。KPO 管理的另一个主要挑战是"绩效标准"的确认。这涉及为最终客户和专业人士设立正确的期望，持续评估和监督、建设性的反馈、合适的指导和监督以及公司专业人士合适的职业发展路径的确认。

第二节　研发外包

一、全球研发外包市场规模和趋势

根据 Zinnov 报告，2015 年全球 500 强研发投入整体市场规模达到 6140 亿美元，其中研发外包的市场规模为 2150 亿美元（包括自建离岸研发中心及离岸在岸发包），软件和嵌入式领域的研发需求占比高达 75%，预计 2020 年全球研发外包规模将增长 23%，达到 2650 亿美元。

就全球研发外包市场的发展趋势而言，主要表现为四个特点：

第一，研发活动全球化发展趋势明显。企业跨越国家和地区界限在全球范围内组织研发资源、转移研发产出。

第二，新兴经济体迅速崛起成为全球研发外包的"热土"。2015 年全球 500 强企业在新兴经济体的研发中心布局投资同比增长 7.6%，达到 310 亿美元。越来越多的欧洲企业开始通过离岸和近岸模式将研发活动发包到新兴经济体。

第三，物联网成为全球研发投入热点。越来越多的全球企业将物联网相关领域作为最关键的投入领域。

第四，收购兼并成研发外包企业快速提升能力的主要模式。企业更多通过收购兼并行业内一批专精尖的研发企业，提升自身的"一站式"和融合跨界的研发服务能力。

二、中国研发外包发展现状和问题

根据 Zinnov 报告数据，2015 年中国企业（包括跨国公司在华研发中心）承接全球 500 强企业的研发外包规模在 113 亿美元左右。研发外包在我国已迅速成长为一个高知识价值含量的重要新兴产业。

我国的研发外包产业主要集中在上海、北京、广州、杭州、南京等城市，已经形成了较具影响力的产业集群。在多样化主体的推动下，包括软件研发外包和医药研发外包在内的研发外包产业得到了蓬勃发展并呈现出融合发展的态势。

就目前而言，我国研发外包市场的主要问题表现在三个层面：

一是我国研发外包全球占比小。根据 2015 Zinnov 全球研发评级报告，2015 年我国承接全球 500 强企业的研发外包全球占比约为 5.3%。不含发包给离岸自建的研发中心业务，2015 年全球 500 强研发外包市场规模约 360 亿美元，西欧和印度占据了 74% 的业务份额，中国占比不足 5%。2015 年 500 强企业投往中国离岸研发中心的规模为 97 亿美元，相比印度低了 25.5 亿美元。

二是企业的规模盈利能力落后于国际主要研发服务企业。国际十大外包企业人数在 6 万~30 万人，根据 Gartner 数据，收入超过 10 亿美元的企业占全球市场份额的 2/3，其中没有中国企业。中国最大的服务外包企业规模为 2.7 万人，国内龙头服务外包企业的利润率均在 11% 以下，也远低于印度企业 20% 以上的水平。

三是综合运营成本的攀升引发研发外包业务的流失。目前研发外包企业和人才集聚的一线城市的技术人员用工成本已超过印度同类企业，成本的攀升导致部分研发外包业务流失转移往他国。印度研发外包企业正在加快提升包括制造业工程等领域的研发服务能力，越来越多的欧洲研发外包企业出于成本因素考虑在印度设立研发外包交付机构。

下一步发展思路：

（1）尽快细化各项支持在岸研发外包业务的发展的举措。根据 Zinnov 2015 年研发外包评级报告，2015 年中国企业研发投入增速全球领先，同比增长 24%，为美国的 2.6 倍。上海电气、华为科技、携程、百度、长城汽车等中国企业的研发投入增速均在各自领域内处于领先位置。应切实细化落实承接在岸研发外包企业的各项税收优惠政策，制定促进央企、国企、大型民企释放研发外包业务的相关措施，加快支持在岸研发业务的发展。

（2）切实减轻国内研发服务外包企业的成本压力。建议从服务贸易创新发展试点城市先行先试，推出多项减轻企业成本压力的举措，视成效逐步推广到全国范围。研究降低社保缴纳比例、扩大实施个调税减征的企业范围、试行推广公积金抵做员工住房租金。推广 2014 版《上海检验检疫局中国（上海）自由贸易试验区出入境特殊物品卫生检疫管理规定（试行）》的成功做法，使更多的医药研发外包企业享受到贸易便利化政策。研究推广研发服务外包企业进口所需的机器、设备、原材料等货物予以免税。

（3）加快打造具有全球竞争力的顶级创新型研发外包巨头。提升研发外包企业融资便利化水平，鼓励企业国内上市、海外并购，国外退市企业国内上市。在医药研发外包、软件研发外包等优势领域尽快打造具有全球竞争力的顶级创新型研发外包巨头。加大对企业走出去的支持力度，鼓励龙头企业结合"一带一路"国家战略和援外项目，积极拓展国际市场。

习题

1. 什么是知识流程外包？
2. 什么是研发外包？
3. 知识流程外包与业务流程外包有何区别？

第十章　服务外包产业未来发展趋势

学习目标:
➢ 了解服务外包产业面临的问题与挑战
➢ 了解服务外包3.0时代面临的变革
➢ 了解中国服务外包产业发展趋势

第一节　服务外包产业面临的问题与挑战

在全球资源配置下,随着发达国家企业不断释放离岸外包业务,服务外包市场将迎来新一轮快速增长周期,全球服务贸易规模未来十年将出现"井喷"式发展,知识产权、云计算和远程服务外包将成为带动全球服务贸易发展的关键驱动要素。2012年以来,随着国内人力资源及企业运营成本的不断提升,以及全球离岸外包业务逐渐向更廉价的第三世界国家转移,我国服务外包产业发展一度陷入困境。随着信息技术从IT到ICT再到ICD的革命,新的业务模式、服务模式和运营模式的出现将会极大的颠覆。当前的服务外包产业,特别是在云计算、物联网、移动互联网、大数据等新兴技术的强烈冲击下,企业如何摆脱利润空间逐步挤压的困境,产业如何实现转型突破,都成为急需解决的问题。对中国服务外包产业而言,技术革命也将缩短原有产业领导者和赶超者之间的差距,将处于不同发展阶段的企业和产业重新放到同一个起跑线上,可以说既是转型的挑战,也是反超的机遇。具体来说,中国服务外包产业当前面临着以下几个方面的问题。

一、服务外包业务回流

由于全球经济形势仍不乐观,带来服务外包产业景气度不明朗。近年来,受全球经济低迷的影响，全球服务外包产业处于萧条时期。IDC 研究报告显示，2012 年 IT 服务外包支出 1.2 万多亿美元，2013 年的数据约为 1.3 万亿美元，仅增长了不到 10%。

发包国政策转向保守。尽管服务外包客观上增强了发包国企业的核心竞争力和盈利能力，但也因此造成其对应的就业岗位数量的下降。虽然总体上可以通过提供更高端的就业机会从而使总体数量实现均衡，但低端就业岗位确实会出现绝对数量的减少。出于保护本国经济利益和维持劳工就业的考虑，美欧日等发达国家贸易保护主义抬头，在政策上对外包的态度转向保守，对整个市场造成负面打击，国内企业也会因此受到影响。2015 年 1~5 月，中国企业签订服务外包合同金额 425 亿美元，同比增长 6.3%，其中离岸服务外包合同金额 263.6 亿美元，同比下降 2.6%，其中美国、欧盟、中国香港和日本是购买中国服务的主要发包市场，但近期对中国发包均呈现不同程度的下降。

外包买家谨慎，决策迟缓，许多外包决策被推迟。研究数据表明：经济衰退的风险将阻碍 1/4 的买家签署合同，直到经济不确定因素得到消除。而不稳定的经济导致买家犹豫不定，3/4 的买家预计会稍稍改变外包决策方面的重心，或者他们不知如何是好。而仍在四处选购外包服务的客户会将外包资金集中投入到数量比较少、定价模式比较简单的交易上。还有一个知识产权方面的因素，发包方与接包方之间不断产生的知识产权纠纷也阻碍了发包方将自身核心业务外包出来。

随着云计算、大数据和移动互联网的应用和普及，在美国、欧洲本土提供外包服务的成本与离岸不断接近，同时服务的相应能力、劳动力素质和技术能力则具有明显优势，服务回流发包国家成为值得警惕的现象。从全球商业软件联盟对占世界经济总量 80% 的 24 个国家的云计算实力进行评估后发布的"BSA 全球云计算计分卡"可以看到，中国排名倒数第四。新技术革命催生的新服务外包企业，以及通过产品服务化、软硬件一体化和跨界融合所产生的新外包企业一定在技术革命领先的国家更有发展的机遇，这对中国的服务外包企业带来新的替代者的威胁。

二、服务模式可替代性强

我国服务外包产业尚处于起步阶段，相对于货物贸易，我国服务贸易发展相对滞后，服务外包产业分工仍位于国际产业链相对低端。产业发展规模和质量与国际服务外包先进国家相比还存在较大差距，整合全球业务资源能力明显不足，"中国服务"品牌尚未被全球业界广泛认知，产业在国际上的话语权依然偏弱。

随着国内发包市场的快速发展，外包的需求呈现出非常旺盛的局面，导致大量的新兴外包企业进入这个市场。由于这些外包企业并不具备核心竞争力，因此在获得订单的过程中主要是靠价格为竞争手段，最终愈演愈烈的"价格战"导致竞争的不断加剧，造成行业利润率持续下滑。

同时，在服务外包 3.0 时代，已不能再用传统的产业划分来看待服务外包，我们的竞争对手也不再仅仅是传统的服务外包企业。例如微软、SAP、用友等企业纷纷从传统的软件产品销售模式转向 SaaS 模式的软件服务，已经对许多软件外包企业构成竞争威胁。Google、亚马逊等互联网企业提供的云平台和云服务，也正在不断蚕食 IT 服务企业的市场份额。行业对人才的需求将逐步发展成为对于移动互联网、云计算、大数据挖掘和应用等新兴技术人才，以及"技术＋行业"或"语言＋服务"等高端复合型综合人才的需求。

三、廉价劳动力时代结束

对于服务外包企业，人的成本是主要成本，普遍要占 60% 甚至 70%。近几年的加薪情况，就一线城市来讲，大企业中的初级技术人才每年加薪幅度在 10%～15%，中高级人才的加薪幅度则要达到 20%～30%。而目前普遍的净利润水平在 10%～20%，按照人力成本占比 60% 计算，在其他情况不变的情况下，当前的涨薪趋势只要持续三年，就将完全吞噬掉企业的全部利润。如果说五年前，中国服务外包产业相对于印度还是有非常明显的成本优势，但是经过最近几年连续的人工成本上涨和人民币升值之后，中印之间的人工成本已经没有什么差别了，尤其是在中国的一线城市。随着中国人口红利逐渐消失，劳动力供不应求趋势已经出现，工资持续上涨已属必然，未来几年外包企业对人力成本增长的控制仍是最大挑战之一。在不改变当前"卖人头"模式的前提下，服务外包企业如果单纯依靠规模服务寻求发展，必然会重蹈制造业大规模、低利润的"富士康"路径。与此同时，第三世界能提供更廉价服务的候选国家，如菲律宾、越南、泰国等不断涌现。

四、汇率波动剧烈频繁

根据中国进出口银行测算，人民币每升值 1%，外包行业的利润将降低 0.7 个百分点。由于中国外包业务平均净利润率在 10%～20%，更有众多企业则小于 10%。如果人民币持续升值，离岸外包的成本驱动力将越来越小，中国绝大多数外包企业赖以生存的价格优势将被削弱甚至消失。

第二节 服务外包3.0时代

以云计算、大数据、移动互联网和物联网为代表的新一轮信息技术革命催生了新的服务业态，推动服务外包进入3.0时代，也为高附加值服务贸易和服务外包提供了新的发展空间。同时市场与客户需求越来越多样化，并从通用型转向个性化需求。还有就是随着技术与商业模式的创新，中国整个社会正在进入一个泛IT化社会，需求无处不在，Gartner甚至放言"所有的公司都将成为IT公司"。服务外包产业将面临多个方面的变革和发展趋势。

一、服务模式：从"卖人头"到战略合作伙伴

对于传统服务外包来说，替代型外包是主流，即发包商将自己的某些流程或以降低服务成本为目标转移给第三方专业服务机构完成。对于传统服务外包企业而言，交付模式可以分为人力资源外包和项目外包两类，而其中最基本的模式就是以"Staffing"形式为发包商提供软件开发、测试及运维等人力资源服务，也就是俗称的"卖人头"。这种模式由于派遣员工的rate多为fixed-price，从而一个企业的外包业务收入基本与该企业人员规模成正比，服务提供商的利润率也近乎是个透明的数字。

企业将自身不具备的IT产品或功能，通过外包方式从外部市场获得，这就是放弃型外包。一般来说，放弃性外包是企业为满足业务战略需求而选择的外包，接包方不仅要提供所需的IT资源（人力、物力），还需要与发包方一起甚至是接包方独立提供与企业业务流程相关的行业解决方案。因而放弃型外包已经超越了节省成本的范畴，而是迈进了解决业务、优化业务的领域，创造的附加值要高于替代型外包，接包方拥有更高的议价能力。

二、商业模式：按需付费、SaaS、平台化企业

3.0时代服务外包的核心就是服务外包企业建立标准化的统一外包服务处理平台，通过标准化，模块化和流程化将服务集成到统一云平台上，在数据库里面进行统一处理。基于云的技术和云的理念，与互联网、移动、大数据等新兴技术的进一步融合，将改变服务外包的商业模式，交易模式，交付模式以及定价模式。

一是交付模式与定价模式的变革。传统2.0时代，服务外包的定价模式是典

型 的 "Staffing" 模式，而在外包 3.0 时代，基于云的服务交付模式，即 SaaS（Software – as – a – Service 软件即服务）与 "On – demand Payment"（按需付费）模式将成为新的交付和定价模式的主流。

二是商业模式的变革。在服务外包 3.0 时代，外包产业走向矩阵式，分工变得越来越专业、越细分。如基于云的新型外包模式最重要的是应用，没有应用就没有服务。这将会催生新的资源重组和产业分工，促进服务商、用户与合作伙伴各方建立共生共赢关系并协同创造价值，从而形成全新的商业模式。

三是企业平台化。3.0 时代的服务外包推动传统服务外包企业商业模式的根本变革，即企业平台化的趋势开始出现。平台有两方面的意义，第一是合作伙伴间利益共享的机制，强调其承载商业模式的特性；第二是不同应用共享数据的技术架构，强调其承载不同合作伙伴提供的应用程序的特性。

四是交易模式的变革，即从传统的直接交易或中介机构交易，向社会化平台与众包模式转变。

三、技术模式：从 ICT 到 ICD

服务外包作为一个以技术为核心驱动力的产业，其诞生和发展，紧紧伴随着每一次的技术革命浪潮。技术基础决定了外包服务的内涵和外延，并驱动服务外包产业的不断升级和发展。1.0 时代的服务外包在以计算机为代表的 IT 产业推动下诞生和发展，2.0 时代的服务外包是以互联网革命为核心的 ICT 产业，在 3.0 时代，ICT 将更多地被赋予信息化、智能化的内涵，并从 ICT 向 ICD 的迁移。Information 将被 Data 取代，互联网业务、各类商业应用、大数据等将成为新 Data 所代表的主要内容；传感网络、智能终端、All – IP 化网络、云数据中心将成为全新形态的 Communication，并由 Cloud 取代；而 Technology 由于其宽泛性，将成为新一代信息技术特别是光通信技术、IP 化技术、虚拟化等技术的代名词，泛互联网是其中的核心标识，并被 Internet 取代。3.0 时代的服务外包，将在新的 ICD 技术基础上重新组合现有的服务领域和服务模式，并衍生出各种全新的服务业态。

2.0 时代，服务外包企业运营为"重服务"模式，即"全员雇佣、场地办公"，人工成本和房租成本构成服务外包企业最重要的成本要素。在 3.0 时代，随着移动互联网、云计算等技术的兴起，服务外包企业的运营模式向"轻资产运营"转变，自带设备办公（BYOD）、移动办公等的出现，服务外包企业更加强调技术替代劳动，网络替代场地，通过网络化管理降低企业的固定成本，利用技术和系统取代劳动力的过度依赖。如微软"小冰"的出现及其背后智能语音技术的应用，未来大量呼叫中心的人工坐席都可被替代。服务外包越来越向知识密集型、数据密集型产业演进。

四、人才需求：复合型、高层次

3.0 时代的服务外包将重置产业的人才结构。原有的以大规模人工服务为核心的商业模式，将随着新兴技术的出现，转变为以技术平台为核心的按需使用的商业模式，这一转变也将极大地改变行业对人才的需求。低端 IT 服务人员的岗位，正逐步从技术性岗位向业务型岗位转变，系统平台管理、供应商合同管理、云计算、数据分析与数据挖掘、网络应用技术、移动应用技术及垂直行业经验等，都是未来 5~10 年需要掌握的知识和技术。例如，开发人员将会越来越多地被要求从事敏捷开发、快速反馈、简单架构以及随需而变的 SaaS 软件开发，而项目管理人员既需要了解垂直行业需求，熟悉项目管理方法论，还要懂云计算和大数据应用。企业更需要具备行业知识和服务能力的复合型人才。

另外，伴随服务外包产业的迅速壮大与发展，服务外包产业结构的升级对人才的综合素质也提出了更高的要求。当前，企业转型发展所需要的高层次技术或管理人才供给明显跟不上产业发展需求，能够引领某个细分领域发展的领军型人才及具有国际视野、渠道和经验的国际化人才相对匮乏，而这将直接导致产业发展缺乏动力，甚至耽误服务外包企业的转型升级。低端操作型人员的需求虽然仍会延续，但数量将持续减少，且越来越不成为企业需求的重点和利润的来源。

五、服务内容：产品服务化、服务产品化

制造业的低成本化和海量信息的免费化趋势将导致制造业与服务业的深度融合。依赖单纯的制造或是单纯内容获取暴利的时代渐近尾声，制造与服务、硬件与软件、终端与应用的一体化体验才是获取超额利润的稀缺资源。制造业与服务业的融合趋势越发明显，惠普收购 EDS、戴尔收购佩罗系统和毕博咨询，施乐收购 ACS，都体现了产品服务化给外包产业带来的整合浪潮。

与此同时，在 3.0 时代的服务外包企业，通过将服务产品化，即由纯服务适当向产品领域延伸，从而实现从线性增长向非线性增长的跨越，则是另外一个明显的产业趋势。例如东软集团将针对医疗和社保行业的综合性行业解决方案与硬件设备相结合，推出"熙康"为品牌的服务产品，涵盖了硬件终端、移动 APP、解决方案和软件产品在内的综合服务体系；而印度 Infosys 则推出了自主品牌的，包括针对银行的核心系统、移动解决方案等在内多个产品化服务。

六、竞争格局：跨界融合

"终端＋应用"、"工业＋信息"、"制造＋服务"的跨界融合是适应未来变幻

莫测的商业环境下满足用户价值最大化的业务模式变革。越来越多的企业开始进入到服务外包领域，例如微软发布 Microsoft Azure 云平台，IBM 并购了公有云厂商 Softlayer，并在新加坡、美国、中国等国家和地区建立一批云计算实验室和云计算中心，Amazon 最早推出"云计算"服务，是当前市场上拥有云计算技术服务最多的公司。

通过分析服务外包产业 3.0 时代的未来发展趋势，我们认为在快速发展的外包市场中，在新技术革命带来的产业大变革时代，"大鱼吃小鱼、快鱼吃慢鱼"是主基调，企业快速做大规模，扩大行业覆盖，是生存下来以至保持竞争优势的不二法门。在接下来的几年，随着跨界融合的不断深入，全球服务外包市场的格局将发生深刻的变化，这对中国服务外包产业而言，既是反超的机遇，更是转型的挑战。

第三节 中国服务外包产业发展趋势

随着中国经济全球化的不断深入，产业分工日益细化，专业化水平持续提高。相比货物贸易，我国服务外包产业起步较晚但发展迅速，特别是 2006 年实施"千百十工程"以来，各级政府高度重视，国家各部委陆续出台了包括大学生培训和就业补贴、税收减免、知识产权保护、投资促进等多项产业扶持政策，设立了 21 个服务外包示范城市及多个服务外包产业园区，提供了优良的产业环境，中国服务外包产业从萌芽起步到遍地开花，取得了全面高速的发展，并已成为现代服务业乃至国民经济中一个不可或缺的新兴门类。作为全球仅次于印度的第二大服务外包接包国，中国服务外包主要具备以下几点核心特征。

（1）规模。全球服务外包 2013 年总规模约为 1.3 万亿美元。根据商务部刚刚发布的数据显示，2014 年中国服务外包合同金额首次超过 1000 亿美元，达到1072.1 亿美元，执行金额 813.4 亿美元，分别同比增长 12.2% 和 27.4%，我国服务外包企业共有 28127 家。

（2）就业。作为现代服务业的重要组成部分，服务外包产业属于人力资源和知识密集型产业，能够吸纳大量中高端劳动力，拉动就业尤其是解决大学生就业。2014 年我国服务外包企业从业人员已达 607.2 万人（当年新增 71.1 万人），其中大学（含大专）以上学历 404.7 万人，占从业人员总数 66.7%。

（3）产业。服务外包是我国外向型经济结构优化调整的一个重要内容，也是我国产业升级的一个重要支撑点。服务外包产业可根据 ITO、BPO、KPO 等几大类，再度细分为软件开发、测试、运维、本地化/全球化、IT 咨询、呼叫中心、数据中心等多个领域，每个细分领域在本质及核心要素上都具有一致性和关联性。

（4）客户。2014 年，我国承接美国、欧盟、中国香港和日本的离岸服务外包执行金额合计 346.5 亿美元，占执行总额的 62%，离岸业务逐渐从美欧港日拓展至东南亚、大洋洲、中东、拉美和非洲等近 200 个国家和地区，市场多元化趋势日益显现，同时覆盖制造、金融、电信、物流、能源、医疗、政府等多个行业。

（5）生态。服务外包产业已形成发包商、接包商、政府、园区等共同参与，包括咨询、交易、人才培训、人力资源服务、会展、国际认证等在内的一条龙产业供应链体系，并在内部形成了分工协作、利益共享的生态系统。

产业发展之初，企业都纷纷在北上广深等一线城市发展，形成了环渤海、长三角、珠三角这三大主要服务外包区域。自 2012 年以来，中国经济增速放缓、房租及人力成本持续攀升、人口红利逐渐消失、服务外包传统模式单一、日本政局转向右翼及日元贬值、服务外包相关中概股先后退市、中国制造业加速由东部沿海向中西部地区转移、欧美外包产业回流，这一系列综合因素带来服务外包产业利润空间持续收窄，加之人力成本不断攀升、市场竞争越发激烈、中国几家领军外包企业增速明显放缓、一些中小外包企业甚至遭遇生存压力，行业成长性受到很大挑战。服务外包行业"海外接包＋国内交付"的传统运营模式、印度同行"先做大再做强、先发展再升级"的宝贵经验，都越来越难以适应国内大环境的变化。

如何抓住新技术革命的契机，努力挖掘具有特色的竞争优势，主动向价值链高端延伸，更好地提升企业自身的国际竞争力，已成为摆在相关企业、行业机构和专家面前的一个急需解决的问题。在此笔者对中国服务外包产业的未来发展趋势简单总结出以下几点：

（1）创新升级。随着科学技术的飞速进步，一些新的产业与产品诞生了，如可穿戴设备与智慧医疗、智能交通与车联网，移动互联网与电子商务、社交媒体与微信等。根据高盛观点，新一波互联网革命的核心 SMAC（Social 社交，Mobile 移动，Analysis 分析，Cloud 云）技术的普及和应用，将推动我国服务外包产业不断向价值链高端延伸，业务结构持续优化，企业从低成本简单外包逐步向咨询和解决方案转型，创新已成为服务外包企业的核心竞争力和驱动力。一个企业如果无法在几年内逐步从单纯为客户省钱转向为客户增值的业务模式，还在传统的 Staffing 模式上苦苦坚守，市场竞争是残酷的，几年内就可能被无情淘汰出局。这将同时催生大量新型的服务外包业务类型和数量，包括服务外包的技术能力、产业要素、交易方式、交付模式等都将发生根本性的变革。2014 年，我国承接以知识和研发为主要特征的离岸知识流程外包业务 186.7 亿美元，占离岸执行总额的比重为 33.4%，比重稳步提升。

（2）跨界融合。受益于信息、资本和物流跨越国界的流动，世界经济得以在全球范围内对各种生产要素进行重新配置，经济全球化更多体现出从资源和市场到管理和文化等方面全方位的跨界融合。身在其中的国家和地区都在以各自的比较竞争优势，在全球化背景的产业分工中居于不同产业链的不同位置。特别是在信息技术细分市场中，技术生命周期日趋缩短，对于服务外包企业来说，置身于错综复杂而又急剧变化的企业外部环境中，为满足发包商不断产生的新的服务需求，同时为满足日趋严格的服务质量要求，跨界融合也将成为常态，这将为众多外包企业提供层出不穷的新业务领域和市场。

融合来自跨界，融合孕育着机会，信息技术更多地促成了产业的跨界融合，如智能移动终端（IT＋移动通信）、汽车电子（IT＋汽车）、电子商务（互联网＋物流）和互联网金融（互联网＋金融创新）等。以互联网金融为例，互联网企业拥有庞大的客户群体、贴近市场的客户体验、快速的技术和应用创新以及更加开放、平等的行业特点，金融行业则具有成熟的金融市场运作能力、严格的金融监管、完善的风险管控以及跨地域的协同服务渠道。银行业和互联网企业在巩固现有优势的前提下，彼此都在积极寻求向对方领域拓展，这就为服务外包企业创造出一片全新的业务蓝海。IT 服务外包企业具备金融服务和整体解决方案能力，同时又与互联网企业的文化接近，这样，IT 外包企业既可为广大金融机构提供传统外包服务，也可满足其基于互联网/移动互联网的创新服务需求，如手机银行、P2P 理财及其他 APP 应用等。

（3）兼并收购。服务外包企业内部优化创新或外部并购整合，也将会带来服务内容的转型升级并产生协同效应。由于国内企业整体规模较小，综合服务能力也较弱，如何成功进入特定行业、接近目标客户、获取核心技术和服务能力、得到现成的优秀团队，是一个颇为耗费时间和资源的过程，而最好的方式是通过并购。如博彦科技在 2014 年 3 月并购了金融大数据公司"泓智信息"以后，直接获得了泓智拥有的银行基础数据平台、统一报表平台等涉及金融领域大数据的相关产品与技术，有利于进一步拓展公司在金融领域的战略布局，培养新的行业战略性客户，由此迈出了从传统纯外包业务向行业解决方案及大数据领域转型的第一步。

（4）从 IT 行业到垂直行业。随着企业、政府、社会组织更为广泛的信息化应用，在信息技术的软件开发、运营维护等方面，尤其是在一些垂直行业如金融、电信、能源、制造、物流、电子商务、医疗、政府等，都将产生一个个巨大的服务市场。此外，我国人口结构的逐步老龄化，人力成本的持续上升，将迫使企业加快信息技术的普及和自动化水平。从传统的 IT 服务转向行业解决方案，从传统的高科技行业转向垂直行业，放弃大而全的行业，转做小而美的细分市场，都是目前正在发生的一些可喜的变化。

（5）从 ITO、BPO 到 KPO。据商务部统计发布，2013 年中国信息技术外包（ITO）、业务流程外包（BPO）和知识流程外包（KPO）承接国际服务外包合同金额分别为 311.7 亿美元、97.2 亿美元和 214.5 亿美元，同比分别增长 36.8%、25.8% 和 60.8%，信息技术外包（ITO）仍占主导地位，与此同时知识流程外包（KPO）所占比重正在迅速增加。通过对领军及和成长型外包企业的数据分析，知识流程外包（KPO）业务占比已从 2011 年的 17.58% 增加到现在 34.11% 的份额，新药研发外包（CRO）与核电、火电、轨道交通、石化冶金等领域的大型国企工程设计外包逐渐成为中国 KPO 的主流，同时在上述这两个领域，我国企业较之国外竞争者明显居于比较竞争优势地位。

（6）海外拓展。2008 年金融危机以来，全球主要发包方美国、欧盟、日本都遭遇到了严重的经济衰退，世界最大发包方美国迄今还未完全摆脱金融危机的影响，欧盟经济复苏乏力，日本则在人为操纵货币贬值。目前这些发达国家普遍存在失业率高、债务高、财政赤字高等诸多问题，为了维持本国就业，各国都在考虑减少产业向海外转移，离岸服务外包市场也必然受到不同程度的影响。

相应的对策主要是加大发包国业务比例，即在岸（On - shore）外包比例。作为全球服务外包第一承接国的印度，目前对欧美外包中离岸和在岸员工的比例约为8∶2，而中国排名靠前的 20 家服务外包企业在欧美和日本的在岸员工人数普遍只有 5% ~8%，其他中小型外包公司的比例更低，而恰恰是在岸员工的人均收入和利润要显著高于离岸员工。例如，目前国内典型 ITO 企业的人均收入约为 2 万 ~3 万美元/年，人均利润率约 10%，即 2000 多美元/年，而博彦科技 2014 年 3 月在美国全资收购的商业智能公司 TPG，其人均收入约在 20 万美元/年，人均利润近 5 万美元/年，这一数值远高于离岸外包的人均值，甚至也要高于国内软件产品企业的人均值。当然海外销售和交付团队中很多都是当地人，管理方式甚至文化习惯都与国内不同，这势必会增加管理难度，解决的建议就是由熟悉当地情况的管理者来带领团队，管理流程制度也要根据当地情况进行相应调整。

与此同时，"一带一路"战略已成为中国国策，继续加深与"一带一路"沿线国家的服务外包合作，特别是东南亚国家服务外包业务增长显著。2015 年 1 ~5 月，中国企业承接"一带一路"沿线国家服务外包合同金额 53.2 亿美元，同比增长 19.8%，执行金额 34.2 亿美元，同比增长 4.8%。其中，承接东南亚国家的服务外包合同金额和执行金额分别为 32.5 亿美元和 21.2 亿美元，同比增长分别为 23.9% 和 15.7%。

（7）本土市场。新技术革命将带来中国本土企业新一轮信息化和服务化的发展高潮。相较于印度的服务外包是趁着"千年虫"的机会直接进入美国市场，我国的服务外包则是通过跨国服务供应商在中国的转移服务而启动的，所以国内企业的离岸市场能力存在着先天不足，而国内市场则是中国服务外包企业的先天优势。

"互联网＋"和"中国制造 2025"战略促进了互联网技术与服务业和制造业的创新融合发展，不断释放国内市场潜力，推动了服务外包在岸业务快速发展。2015 年 1～5 月，中国国内在岸服务外包合同金额 161.4 亿美元，同比增长 24.8%，执行金额 106.3 亿美元，同比增长 21.7%，显著高于离岸服务外包发展增速。通过鼓励国内企业与海外企业的合作，共同开拓内需市场订单，提升国内企业的综合服务能力，可以有效地支持服务外包企业的转型发展。

（8）向国内二三线城市转移。随着服务外包产业不断走向成熟，软件研发与交付中心模式逐渐规范化和流程化，服务外包企业向二三线城市的转移过程也不再那么难以预期和控制。由于北上广深等一线城市的综合成本持续大幅攀升，高租金、高人力成本、交通拥堵、空气污染与雾霾频发等不利因素持续增多，中国服务外包产业布局正在悄然发生变化，大批服务外包企业正在把自己的一些中低端业务转移到成本更低的二三线城市。对于这些二三线接包城市来说，以前主要靠拼资源、拼廉价劳动力、拼能耗作为推动本地区经济发展的主要动力。如果他们能够改变以往观念，大力发展服务外包，做好产业转型升级的话，将对促进本地区经济发展、拉动就业以及环保等方面产生正向积极的作用。

在实施业务转移时，企业一般会考虑以下因素：低廉的运营成本、充足的高素质人才、潜在的市场开放、专业的服务提供商、完善的园区和基础设施、便捷的交通、优惠的产业政策等。目前国内的服务外包向二三线城市业务转移主要有两种路径。

一是从东部沿海省份向中西部省份转移，如博彦科技从 2012 年即开始有计划地把一些研发中心、交付中心及后台职能部门向武汉、西安、成都等内陆城市转移。

二是随着越来越多的机场、高铁、高速公路的修建完成，传统意义上的经济圈范围也在发生改变，如北京到天津仅需半小时、到石家庄一小时、到济南一个半小时，苏南的苏州、无锡、南通乃至浙江嘉兴、安徽合肥之于上海也是如此，文思海辉在无锡、软通动力在天津的分支机构都可以看作是这些公司从一线城市向周边转移的案例。

习题

1. 服务外包产业面临的问题与挑战是什么?
2. 服务外包3.0时代面临的变革是什么?
3. 中国服务外包产业发展趋势是什么?

附录1 服务外包产业重点发展领域指导目录

中华人民共和国商务部
中华人民共和国财政部
中华人民共和国海关总署
公告

2016 年 第 9 号

为落实《国务院关于促进服务外包产业加快发展的意见》（国发〔2014〕67号），明确服务外包产业发展导向，培育对外贸易竞争新优势，商务部会同财政部，海关总署等有关部门编制了《服务外包产业重点发展领域指导目录》，已经国务院批准，现予以发布。

附件：服务外包产业重点发展领域指导目录

商务部 财政部 海关总署
2016 年 6 月 13 日

附件：服务外包产业重点发展领域指导目录

服务外包产业重点发展领域指导目录

《服务外包产业重点发展领域指导目录》共涉及 23 个重点发展领域。其中，10 个领域属于信息技术外包（ITO）范畴、5 个领域属于业务流程外包（BPO）

范畴以及 8 个领域属于知识流程外包（KPO）范畴。

一、工业设计服务

定义和范围：工业设计服务是指提供专业的工业产品设计服务整体解决方案，或产品策划、外观造型设计及产品包装、产品展示等某一业务流程的服务。工业设计服务属于知识流程外包（KPO）。

主要业务类型：主要包括外观设计、结构设计、试验认证、环境设计、工业生产线设计 5 个业务类型。

主要应用领域：重点应用于制造业，批发和零售业，交通运输、仓储和邮政业，信息传输、软件和信息技术服务业，建筑业 5 个国民经济行业。

二、数据分析服务

定义和范围：数据分析服务是指借助大数据技术，对不同类型数据充分挖掘的基础上提供企业生产、营销、研发等各个环节的支撑服务，包括提供借助描述性统计及交叉分析等手段，了解客户业务发展过去、现状及存在的问题，为客户营销做基本支撑的数据分析服务；提供对商业数据库中的大量业务数据进行抽取、转换、分析和其他模型化处理，从中提取关键性数据，为客户商业决策提供支持的数据挖掘服务。数据分析服务属于知识流程外包（KPO）。

主要业务类型：主要包括数据分析、数据挖掘 2 个业务类型。

主要应用领域：重点应用于制造业，电力、热力、燃气及水生产和供应业，批发和零售业，交通运输、仓储和邮政业 4 个国民经济行业。

三、云计算服务

定义和范围：云计算服务是将大量用网络连接的计算资源统一管理和调度，构成一个计算资源池向用户提供按需服务，包括提供云主机、云空间、云开发、云测试和综合类服务产品。用户通过网络以按需、易扩展的方式获得所需资源和服务。随着云计算应用的加快发展，基于云计算等新一代信息技术的专业服务提供商将为客户提供公有云、私有云和混合云等服务。云计算服务属于信息技术外包（ITO）。

主要业务类型：主要包括软件即服务（Software – as – a – Service，SaaS）、平台即服务（Platform – as – a – Service，PaaS）以及基础设施即服务（Infrastructure – as – a – Service，IaaS）3 个业务类型。

主要应用领域：重点应用于信息传输、软件和信息技术服务业，制造业，金融业，批发和零售业，交通运输、仓储和邮政业 5 个国民经济行业。

四、医药和生物技术研发服务

定义和范围：医药和生物技术研发服务是指医药或相关企业将研发类业务外包给第三方专业机构完成，包括制药、生物医药、医疗器械等方面。医药和生物技术研发服务属于知识流程外包（KPO）。

主要业务类型：主要包括药物产品开发、临床前试验及临床试验、药物注册、国际认证及产品上市辅导服务、产业化技术咨询服务5个业务类型。

主要应用领域：重点面向制造业，科学研究和技术服务业，卫生和社会工作3个国民经济行业。

五、集成电路和电子电路设计服务

定义和范围：集成电路和电子电路设计服务是指集成电路产品和电子电路产品的设计及相关技术支持服务。集成电路和电子电路设计服务属于信息技术外包（ITO）。

主要业务类型：主要包括集成电路产品设计及相关技术支持服务、电子电路产品设计及相关技术支持服务2个业务类型。

主要应用领域：重点应用在制造业，信息传输、软件和信息技术服务业2个国民经济行业。

六、检验检测服务

定义和范围：检验检测服务是指为满足客户内部对采购物品、生产产品检测的需求而提供的专业服务，以及满足医疗机构诊断需要的第三方检测服务，不包括法律法规规定强制检测的部分。检验检测服务属于知识流程外包（KPO）。

主要业务类型：主要包括第三方医学检验检测服务、第三方食品检验检测服务、第三方消费用品检验检测服务、第三方工业产品检验检测服务4个业务类型。

主要应用领域：重点应用于制造业，卫生和社会工作，电力、热力、燃气及水生产和供应业3个国民经济行业。

七、新能源技术研发服务

定义和范围：新能源技术研发服务是指核电、太阳能、风电、生物质能、储能和智能电网等新能源企业将研发类业务外包给第三方机构完成，为其提供专业的设备制造技术研发、工程技术研发和产品应用技术研发等服务。新能源技术研发服务属于知识流程外包（KPO）。

主要业务类型：主要包括设备制造技术研发、工程技术研发、产品应用技术研发 3 个业务类型。

主要应用领域：重点应用于电力、热力、燃气和水生产和供应业，信息传输、软件和信息技术服务业，制造业，科学研究与技术服务业 4 个国民经济行业。

八、文化创意服务

定义和范围：文化创意服务是经济全球化背景下产生的以文化领域创造力为核心的业务活动，强调一种主体文化或文化因素通过技术、创业和产业化的方式开发、营销知识产权的业务，主要包括广播、影视、动漫、音像、传媒、视觉艺术、表演艺术等服务。文化创意服务属于知识流程外包（KPO）。

主要业务类型：主要包括文化软件服务、建筑设计服务、专业设计服务、广告设计服务 4 个业务类型。其中，不包括工业设计服务中涉及文化创意服务的部分；文化软件服务包含动漫及网游设计研发服务和影视文化服务。

主要应用领域：重点应用于信息传输、软件和信息技术服务业，制造业，文化、体育和娱乐业，批发和零售业 4 个国民经济行业。

九、工程技术服务

定义和范围：工程技术服务是指对工程项目的建设提供有技术依据的设计方案，如具体规划或总体设计，以及工程建设项目决策和管理提供咨询等服务，但不包括具体的施工活动及工程管理。工程技术服务属于知识流程外包（KPO）。

主要业务类型：主要包括工程咨询、规划设计 2 个业务类型。

主要应用领域：重点应用于制造业，电力、热力、燃气及水生产和供应业，建筑业，房地产业，交通运输、仓储和邮政业 5 个国民经济行业。

十、专业业务服务

定义和范围：专业业务服务是指为客户提供特有专业技术的服务，包括提供具有垂直行业专业特性的业务环节或流程外包、特种精密设备及仪器的维护维修等服务，但不包括人力资源管理服务、物流方案设计等内容。专业业务服务属于业务流程外包（BPO）。

主要业务类型：主要包括金融服务专业业务服务、医疗服务专业业务服务、仪器设备维修服务、财务与会计审计服务 4 个业务类型。

主要应用领域：重点应用于金融业，卫生和社会工作，制造业，电力、热力、燃气及水生产和供应业，信息传输、软件和信息技术服务业 5 个国民经济行业。

十一、软件技术服务

定义和范围：软件技术服务是指软件咨询、维护、培训等技术性服务。软件技术服务属于信息技术外包（ITO）。

主要业务类型：主要包括软件咨询、软件维护、软件培训、软件测试4个业务类型。

主要应用领域：重点应用于包括信息传输、软件和信息技术服务业，制造业，电力、热力、燃气及水生产和供应业，金融业，交通运输、仓储和邮政业，卫生和社会工作，教育，文化、体育和娱乐业8个国民经济行业。

十二、软件研发及开发服务

定义和范围：软件研发及开发服务是指根据用户要求建造出软件系统或者系统中软件部分的一个产品开发的过程，为用户的运营、生产、供应链、客户关系、人力资源和财务管理、计算机辅助设计、工程等业务进行软件开发，涵盖需求获取、需求分析、设计、编程、软件测试、版本控制的系统工程。软件研发及开发服务属于信息技术外包（ITO）。

主要业务类型：主要包括定制软件研发、嵌入式软件研发、套装软件研发、系统软件研发4个业务类型。

主要应用领域：重点应用于信息传输、软件和信息技术服务业，制造业，电力、热力、燃气及水生产和供应业，金融业，交通运输、仓储和邮政业，卫生和社会工作，教育，文化、体育和娱乐业8个国民经济行业。

十三、信息系统运营和维护服务

定义和范围：信息系统运营和维护服务是指为客户提供特定技术或业务需求解决方案的规划、设计、实施和进行项目管理；提供涉及与外包一个机构的网络通信基础设施、客户端/服务器的一个或多个要素的支持和管理相关的一系列活动；提供信息工程、地理信息系统、远程维护等信息系统应用服务。信息系统运营和维护服务属于信息技术外包（ITO）。

主要业务类型：主要包括信息系统集成、网络管理、桌面管理与维护、信息系统应用服务4个业务类型。

主要应用领域：重点应用于信息传输、软件和信息技术服务业，制造业，电力、热力、燃气及水生产和供应业，公共管理、社会保障和社会组织，金融业，批发和零售业，交通运输、仓储和邮政业7个国民经济行业。

十四、基础信息技术运营和维护服务

定义和范围：基础信息技术运营和维护服务是指为客户提供管理平台整合、信息技术基础设施管理、灾备中心、托管服务、安全服务、数字内容服务等基础信息技术的运营和维护服务。基础信息技术运营和维护服务属于信息技术外包（ITO）。

主要业务类型：主要包括管理平台整合、信息技术基础设施管理、数据中心、托管服务、安全服务、数字内容服务6个业务类型。

主要应用领域：重点应用于信息传输、软件和信息技术服务业，制造业，电力、热力、燃气及水生产和供应业，公共管理、社会保障和社会组织，金融业，批发和零售业，交通运输、仓储和邮政业7个国民经济行业。

十五、电子商务平台服务

定义和范围：电子商务平台服务是指为客户搭建电子商务平台并提供技术支持，如为客户提供电子商务平台的规划、开发、测试、维护及运营服务。电子商务平台服务属于信息技术外包（ITO）。

主要业务类型：主要包括电子商务平台开发、电子商务平台代运维2个业务类型。

主要应用领域：重点应用于制造业，信息传输、软件和信息技术服务业，批发和零售业，农业，租赁和商务服务业，交通运输、仓储和邮政业6个国民经济行业。

十六、数据处理服务

定义和范围：数据处理服务是指为客户提供数据采集、录入、存储、检索、加工、变换等服务，包括纸面文档电子化转换以及影响文件管理等服务；提供表格、半结构化文档等的数据化处理，将各类数字资料电子化；为客户存储资料，并提供检索服务；为客户提供统一数据结构、筛查错误数据、对错误数据进行修复、改善数据完整性等服务，提高数据库的使用率。但本定义的数据处理业务不包括数据分析及挖掘服务。数据处理服务属于业务流程外包（BPO）。

主要业务类型：主要包括数据采集与录入、数据存储及检索、数据加工3个业务类型。

主要应用领域：重点应用于信息传输、软件和信息技术服务业，制造业，金融业，批发和零售业，交通运输、仓储和邮政业，租赁和商务服务业，公共管理、社会保障和社会组织，电力、热力、燃气及水生产和供应业8个国民经济

行业。

十七、互联网营销推广服务

定义和范围：互联网营销推广服务是指借助互联网、移动互联网平台为客户优化营销推广渠道，从而辅助客户实现营销目标，包括营销方案设计、互联网媒体筛选、传播内容策划及效果监测等，但不包括电子商务平台的开发建设运营、产品的授权销售、数字内容等服务。互联网营销推广服务属于业务流程外包（BPO）。

主要业务类型：主要包括互联网营销方案设计、传播内容策划及效果监测、互联网媒体3个业务类型。

主要应用领域：重点应用于信息传输、软件和信息技术服务业与制造业2个国民经济行业。

十八、信息技术解决方案服务

定义和范围：信息技术解决方案服务是指为用户提供面向行业特殊业务流程的专业解决方案，特别是为满足企业对新技术的需求，为其提供包含从方案设计、执行、测试、运营维护等整套业务流程内容。信息技术解决方案服务属于信息技术外包（ITO）。

主要业务类型：主要包括信息化解决方案、智能化解决方案2个业务类型。

主要应用领域：重点应用于信息传输、软件和信息技术服务业，制造业，电力、热力、燃气及水生产和供应业，批发和零售业，公共管理、社会保障和社会组织5个国民经济行业。

十九、新能源技术解决方案服务

定义和范围：新能源技术解决方案服务是指为核电、太阳能、风电、生物质能、储能和智能电网等新能源用户提供面向行业特殊业务流程的专业解决方案，特别是满足企业对新能源技术的需求，为其提供方案设计、执行、测试和运营维护等服务。新能源技术解决方案服务属于信息技术外包（ITO）。

主要业务类型：主要包括新能源信息化解决方案、智能化解决方案2个业务类型。

主要应用领域：重点应用于电力、热力、燃气及水生产和供应业，信息传输、软件和信息技术服务业，制造业，科学研究与技术服务业4个国民经济行业。

二十、供应链管理服务

定义和范围：供应链管理服务是指为客户提供供应链方案设计与物流方案设计服务，包括对整个供应链系统进行计划、协调、操作、控制和优化的各种活动和过程的服务。供应链管理服务属于业务流程外包（BPO）。

主要业务类型：主要包括供应链方案设计与物流方案设计服务 2 个业务类型。

主要应用领域：重点应用于制造业，批发和零售业，交通运输、仓储和邮政业，电力、热力、燃气及水生产和供应业，公共管理、社会保障和社会组织 5 个国民经济行业。

二十一、信息技术咨询服务

定义和范围：信息技术咨询服务是指为用户提供信息技术相关的咨询服务，包括信息技术的咨询服务、规划咨询服务、信息安全管理的咨询服务、保障企业数据安全与规范、外包发展路线设计、外包环节及流程规划、外包商选择、外包流程监管及交付物验收服务等。信息技术咨询服务属于信息技术外包（ITO）。

主要业务类型：主要包括信息技术战略咨询、信息安全咨询、外包策略咨询、设备软件分析优化咨询 4 种业务。

主要应用领域：重点应用于包括信息传输、软件和信息技术服务业，制造业，电力、热力、燃气及水生产和供应业，批发和零售业 4 个国民经济行业。

二十二、管理咨询服务

定义和范围：管理咨询服务是指运用现代化的手段和科学方法，通过对企业的诊断、培训、方案规划、系统设计与辅导，从集团企业的管理到局部系统的建立，从战略层面的确立到行为方案的设计，对企业生产经营全过程实施动态分析，协助其建立现代管理系统，提出行动建议，并协助执行这些建议，以达到提高企业经济效益的一种业务活动，但不包括信息技术咨询、软件咨询等业务活动。管理咨询服务属于知识流程外包（KPO）。

主要业务类型：主要包括战略咨询服务、业务咨询服务和综合解决方案服务 3 个业务类型。

主要应用领域：重点应用于制造业，公共管理、社会保障和社会组织，信息传输、软件和信息技术服务业等 3 个国民经济行业。

二十三、人力资源管理服务

定义和范围：人力资源管理服务是指承接客户方内部一项或几项人力资源管

理工作或职能，通常是长期的持续性服务，且通常是一个或若干个业务流程而不包括具体的单一业务活动，即不包括劳务派遣服务。人力资源管理服务属于业务流程外包（BPO）。

　　主要业务类型：主要包括招聘流程服务、薪酬服务、福利管理服务、外籍员工服务4个业务类型。

　　主要应用领域：重点应用于金融业，制造业，信息传输、软件和信息技术服务业，批发和零售业，交通运输、仓储和邮政业，租赁和商务服务业6个国民经济行业。

附录 2 软件和信息技术服务业发展规划（2016～2020 年）

工业和信息化部关于印发软件和信息技术
服务业发展规划（2016～2020 年）的通知

工信部规〔2016〕425 号

各省、自治区、直辖市及计划单列市、新疆生产建设兵团工业和信息化主管部门，各省、自治区、直辖市通信管理局，有关中央企业，部直属单位：

为贯彻落实《中华人民共和国国民经济和社会发展第十三个五年规划纲要》和《中国制造 2025》，加快建设制造强国和网络强国，推动软件和信息技术服务业由大变强，我部编制了《软件和信息技术服务业发展规划（2016～2020 年）》。现印发你们，请结合实际贯彻实施。

工业和信息化部

2016 年 12 月 18 日

附件：软件和信息技术服务业发展规划（2016～2020 年）

软件和信息技术服务业发展规划
（2016～2020 年）

软件是新一代信息技术产业的灵魂，"软件定义"是信息革命的新标志和新特征。软件和信息技术服务业是引领科技创新、驱动经济社会转型发展的核心力量，是建设制造强国和网络强国的核心支撑。建设强大的软件和信息技术服务业，是我国构建全球竞争新优势、抢占新工业革命制高点的必然选择。"十二五"以来，我国软件和信息技术服务业持续快速发展，产业规模迅速扩大，技术创新和应用水平大幅提升，对经济社会发展的支撑和引领作用显著增强。"十三五"时期是我国全面建成小康社会决胜阶段，全球新一轮科技革命和产业变革持续深入，国内经济发展方式加快转变，软件和信息技术服务业迎来更大发展机遇。为深入贯彻《中国制造2025》《国务院关于积极推进"互联网＋"行动的指导意见》《国务院关于深化制造业与互联网融合发展的指导意见》《促进大数据发展行动纲要》《国家信息化发展战略纲要》等国家战略，按照《中华人民共和国国民经济和社会发展第十三个五年规划纲要》总体部署，落实《信息产业发展指南》总体要求，编制本规划。

一、发展回顾

"十二五"期间，我国软件和信息技术服务业规模、质量、效益全面跃升，综合实力进一步增强，在由大变强道路上迈出了坚实步伐。

产业规模快速壮大，产业结构不断优化。业务收入从2010年的1.3万亿元增长至2015年的4.3万亿元，年均增速高达27%，占信息产业收入比重从2010年的16%提高到2015年的25%。其中，信息技术服务收入2015年达到2.2万亿元，占软件和信息技术服务业收入的51%；云计算、大数据、移动互联网等新兴业态快速兴起和发展。软件企业数达到3.8万家，从业人数达到574万人。产业集聚效应进一步凸显，中国软件名城示范带动作用显著增强，业务收入合计占全国比重超过50%。

创新能力大幅增强，部分领域实现突破。2015年，软件业务收入前百家企业研发强度（研发经费占主营业务收入比例）达9.6%。软件著作权登记数量达29.24万件，是2010年的3.8倍。基础软件创新发展取得新成效，产品质量和解决方案成熟度显著提升，已较好地应用于党政机关，并在部分重要行业领域取得突破。智能电网调度控制系统、大型枢纽机场行李分拣系统、千万吨级炼油控制系统等重大应用跨入世界先进行列。新兴领域创新活跃，一批骨干企业转型发展取得实质性进展，平台化、网络化、服务化的商业模式创新成效显著，涌现出社交网络、搜索引擎、位置服务等一批创新性产品和服务。

企业实力不断提升，国际竞争力明显增强。培育出一批特色鲜明、创新能力强、品牌形象优、国际化水平高的骨干企业，成为产业发展的核心力量。2015年，软件业务收入前百家企业合计收入占全行业的14%，入围门槛从2010年的3.96亿元提高到13.3亿元，企业研发创新和应用服务能力大幅增强，已有2家进入全球最佳品牌百强行列，国际影响力显著提升。一批创新型互联网企业加速发展，进入国际第一阵营，全球互联网企业市值前10强中，中国企业占4家。

应用推广持续深入，支撑作用显著增强。软件技术加速向关系国计民生的重点行业领域渗透融合，有力地支撑了电力、金融、税务等信息化水平的提升和安全保障。持续推进信息化和工业化深度融合，数字化研发设计工具普及率达61.1%，关键工序数控化率达45.4%，有效地提高了制造企业精益管理、风险管控、供应链协同、市场快速响应等方面的能力和水平。加速催生融合性新兴产业，促进了信息消费迅速扩大，移动出行、互联网金融等新兴开放平台不断涌现，网上政务、远程医疗、在线教育等新型服务模式加速发展，2015年全国电子商务交易额达21.8万亿元。

公共服务体系加速完善，服务能力进一步提升。软件名城、园区基地等建设取得新的进展，创建了8个中国软件名城，建设了17个国家新型工业化产业示范基地（软件和信息服务），以及一批产业创新平台、应用体验展示平台、国家重点实验室、国家工程实验室、国家工程中心和企业技术中心等，基本形成了覆盖全国的产业公共服务体系，软件测试评估、质量保障、知识产权、投融资、人才服务、企业孵化和品牌推广等专业化服务能力显著提升。产业标准体系进一步完善。行业协会、产业联盟等在服务行业管理、促进产业创新发展方面的作用日益凸显。

同时，必须清醒认识到，我国软件和信息技术服务业发展依然面临一些迫切需要解决的突出问题：一是基础领域创新能力和动力明显不足，原始创新和协同创新亟待加强，基础软件、核心工业软件对外依存度大，安全可靠产品和系统应用推广难。二是与各行业领域融合应用的广度和深度不够，特别是行业业务知识和数据积累不足，与工业实际业务和特定应用结合不紧密。三是资源整合、技术迭代和优化能力弱，缺乏创新引领能力强的大企业，生态构建能力急待提升。四是网络安全形势更加严峻，信息安全保障能力急需进一步加强。五是产业国际影响力与整体规模不匹配，国际市场拓展能力弱，国际化发展步伐需要持续加快。六是行业管理和服务亟待创新，软件市场定价与软件价值不匹配问题有待解决，知识产权保护需要进一步加强。七是人才结构性矛盾突出，领军型人才、复合型人才和高技能人才紧缺，人才培养不能满足产业发展实际需求。

二、发展形势

（一）以"技术＋模式＋生态"为核心的协同创新持续深化产业变革

软件和信息技术服务业步入加速创新、快速迭代、群体突破的爆发期，加快向网络化、平台化、服务化、智能化、生态化演进。云计算、大数据、移动互联网、物联网等快速发展和融合创新，先进计算、高端存储、人工智能、虚拟现实、神经科学等新技术加速突破和应用，进一步重塑软件的技术架构、计算模式、开发模式、产品形态和商业模式，新技术、新产品、新模式、新业态日益成熟，加速步入质变期。开源、众包等群智化研发模式成为技术创新的主流方向，产业竞争由单一技术、单一产品、单一模式加快向多技术、集成化、融合化、平台系统、生态系统的竞争转变，生态体系竞争成为产业发展制高点。软件企业依托云计算、大数据等技术平台，强化技术、产品、内容和服务等核心要素的整合创新，加速业务重构、流程优化和服务提升，实现转型发展。

（二）以"软件定义"为特征的融合应用开启信息经济新图景

以数据驱动的"软件定义"正在成为融合应用的显著特征。一方面，数据驱动信息技术产业变革，加速新一代信息技术的跨界融合和创新发展，通过软件定义硬件、软件定义存储、软件定义网络、软件定义系统等，带来更多的新产品、服务和模式创新，催生新的业态和经济增长点，推动数据成为战略资产。另一方面，"软件定义"加速各行业领域的融合创新和转型升级。"软件定义"制造激发了研发设计、仿真验证、生产制造、经营管理等环节的创新活力，加快了个性化定制、网络化协同、服务型制造、云制造等新模式的发展，推动生产型制造向生产服务型制造转变；"软件定义"服务深刻影响了金融、物流、交通、文化、旅游等服务业的发展，催生了一批新的产业主体、业务平台、融合性业态和新型消费，引发了居民消费、民生服务、社会治理等领域多维度、深层次的变革，涌现出分享经济、平台经济、算法经济等众多新型网络经济模式，培育壮大了发展新动能。

（三）全球产业竞争和国家战略实施对产业发展提出新任务新要求

世界产业格局正在发生深刻变化，围绕技术路线主导权、价值链分工、产业生态的竞争日益激烈，发达国家在工业互联网、智能制造、人工智能、大数据等领域加速战略布局，抢占未来发展主导权，给我国软件和信息技术服务业跨越发展带来深刻影响。《中国制造2025》、"一带一路"、"互联网＋"行动计划、大数据、军民融合发展等国家战略的推进实施，以及国家网络安全保障的战略需求，赋予软件和信息技术服务业新的使命和任务；强化科技创新引领作用，着力推进供给侧结构性改革，深入推进大众创业万众创新，加快推动服务业优质高效发展等，对进一步激活软件和信息技术服务业市场主体、提升产业层级提出新的更高要求。

三、指导思想和发展目标

（一）指导思想

深入贯彻党的十八大、十八届三中、四中、五中、六中全会精神和习近平总书记系列重要讲话精神，坚持创新、协调、绿色、开放、共享的发展理念，顺应新一轮科技革命和产业变革趋势，充分发挥市场配置资源的决定性作用和更好发挥政府作用，以产业由大变强和支撑国家战略为出发点，以创新发展和融合发展为主线，着力突破核心技术，积极培育新兴业态，持续深化融合应用，加快构建具有国际竞争优势的产业生态体系，加速催生和释放创新红利、数据红利和模式红利，实现产业发展新跨越，全力支撑制造强国和网络强国建设。

（二）发展原则

创新驱动。坚持把创新摆在产业发展全局的核心位置，进一步突出企业创新主体地位，健全技术创新市场导向机制，完善创新服务体系，营造创新创业良好环境和氛围，推动实现产业技术创新、模式创新和应用创新。

协同推进。强化跨部门协作和区域协同，完善政产学研用金合作机制，最大程度汇聚和优化配置各类要素资源。以大企业为主力军、中小企业为生力军，强化产业协同，加速形成技术、产业、标准、应用和安全协同发展的良好格局。

融合发展。以全面实施《中国制造2025》、"互联网＋"行动计划、军民融合发展等战略为契机，促进软件和信息技术服务业与经济社会各行业领域的深度融合，推动传统产业转型发展，催生新型信息消费，变革社会管理方式。

安全可控。强化核心技术研发和重大应用能力建设，着力解决产业发展受制于人的问题。进一步完善相关政策法规和标准体系，加快关键产品和系统的推广应用。发展信息安全技术及产业，提升网络安全保障支撑能力。

开放共赢。统筹利用国内外创新要素和市场资源，加强技术、产业、人才、标准化等领域的国际交流与合作，提升国际化发展水平。顺应开源开放的发展趋势，深度融入全球产业生态圈，提高国际规则制定话语权，增强国际竞争能力。

（三）发展目标

到2020年，产业规模进一步扩大，技术创新体系更加完备，产业有效供给能力大幅提升，融合支撑效益进一步凸显，培育壮大一批国际影响力大、竞争力强的龙头企业，基本形成具有国际竞争力的产业生态体系。

——产业规模。到2020年，业务收入突破8万亿元，年均增长13%以上，占信息产业比重超过30%，其中信息技术服务收入占业务收入比重达到55%。信息安全产品收入达到2000亿元，年均增长20%以上。软件出口超过680亿美元。软件从业人员达到900万人。

——技术创新。以企业为主体的产业创新体系进一步完善，软件业务收入前百家企业研发投入持续加大，在重点领域形成创新引领能力和明显竞争优势。基础软件协同创新取得突破，形成若干具有竞争力的平台解决方案并实现规模应用。人工智能、虚拟现实、区块链等领域创新达到国际先进水平。云计算、大数据、移动互联网、物联网、信息安全等领域的创新发展向更高层次跃升。重点领域标准化取得显著进展，国际标准话语权进一步提升。

——融合支撑。与经济社会发展融合水平大幅提升。工业软件和系统解决方案的成熟度、可靠性、安全性全面提高，基本满足智能制造关键环节的系统集成应用、协同运行和综合服务需求。工业信息安全保障体系不断完善，安全保障能力明显提升。关键应用软件和行业解决方案在产业转型、民生服务、社会治理等方面的支撑服务能力全面提升。

——企业培育。培育一批国际影响力大、竞争力强的龙头企业，软件和信息技术服务收入百亿元级企业达 20 家以上，产生 5~8 家收入千亿元级企业。扶持一批创新活跃、发展潜力大的中小企业，打造一批名品名牌。

——产业集聚。中国软件名城、国家新型工业化产业示范基地（软件和信息服务）建设迈向更高水平，产业集聚和示范带动效应进一步扩大，产业收入超过千亿元的城市达 20 个以上。

四、重点任务和重大工程

（一）全面提高创新发展能力

围绕产业链关键环节，加强基础技术攻关，超前布局前沿技术研究和发展，构建核心技术体系，加快信息技术服务创新，完善以企业为主体、应用为导向、政产学研用金相结合的产业创新体系。

加快共性基础技术突破。面向重大行业领域应用和信息安全保障需求，瞄准技术产业发展制高点，加大力度支持操作系统、数据库、中间件、办公软件等基础软件技术和产品研发和应用，大力发展面向新型智能终端、智能装备等的基础软件平台，以及面向各行业应用的重大集成应用平台。加快发展适应平台化、网络化和智能化趋势的软件工程方法、工具和环境，提升共性基础技术支撑能力。

布局前沿技术研究和发展。围绕大数据理论与方法、计算系统与分析、关键应用技术及模型等方面开展研究，布局云计算和大数据前沿技术发展。支持开展人工智能基础理论、共性技术、应用技术研究，重点突破自然语言理解、计算机视听觉、新型人机交互、智能控制与决策等人工智能技术。加快无人驾驶、虚拟现实、3D 打印、区块链、人机物融合计算等领域技术研究和创新。

加强信息技术服务创新。面向重点行业领域应用需求，进一步增强信息技术服务基础能力，提升"互联网＋"综合集成应用水平。形成面向新型系统架构及应用场景的工程化、平台化、网络化信息技术服务能力，发展微服务、智能服务、开发运营一体化等新型服务模式，提升信息技术服务层级。加快发展面向移动智能终端、智能网联汽车、机器人等平台的移动支付、位置服务、社交网络服务、数字内容服务以及智能应用、虚拟现实等新型在线运营服务。加快培育面向数字化营销、互联网金融、电子商务、游戏动漫、人工智能等领域的技术服务平台和解决方案。大力发展基于新一代信息技术的高端外包服务。

加强产业创新机制和载体建设。面向基础软件、高端工业软件、云计算、大数据、信息安全、人工智能等重点领域和重大需求，加强产学研用对接，布局国家级创新中心建设，建立以快速应用为导向的创新成果持续改进提高机制，加快核心技术成果的转化。突出企业技术创新主体地位，推进建设企业技术创新中心，不断提升企业创新能力。引导互联网大企业进一步通过市场化方式向社会开放提供优势平台资源和服务。加强产业联盟建设，探索完善共同参与、成果共享、风险共担机制，强化协同创新攻关。发挥开源社区对创新的支撑促进作用，强化开源技术成果在创新中的应用，构建有利于创新的开放式、协作化、国际化开源生态。

专栏1　软件"铸魂"工程

加快突破基础通用软件。围绕基础通用软件由跟跑到并跑发展战略目标，以安全可靠应用试点为抓手，实现操作系统、数据库等领域核心基础技术突破，建立安全可靠基础软件产品体系。建设安全可靠软硬件联合攻关平台，支持企业和科研机构搭建通用技术创新和应用平台。发展需求分析与设计、编程语言与编译、软件测试验证、过程改进和成熟度评价度量、集成开发等软件工程方法、工具和环境，完善基础通用软件开发和应用生态。

强化网络化软件竞争优势。围绕网络化软件由并跑到领跑发展战略目标，突破虚拟资源调度、大规模并行分析、分布式内存计算等核心技术，引导骨干企业加快研发面向云计算、移动互联网、物联网的操作系统、数据库系统、新型中间件和办公套件。

抢先布局发展智能化软件。围绕抢占智能化软件领跑地位战略目标，突破虚拟资源调度、数据存储处理、大规模并行分析、分布式内存计算、轻量级容器管理、可视化等云计算和大数据技术，以及虚拟现实、增强现实、区块链等技术。支持机器学习、深度学习、知识图谱、计算机视听觉、生物特征识别、复杂环境识别、新型人机交互、自然语言理解、智能控制与决策、类脑智能等关键技术研发和产业化，推动人工智能深入应用和发展。

构筑开源开放的技术产品创新和应用生态。支持企业、高校、科研院所等参与和主导国际开源项目，发挥开源社团、产业联盟、论坛会议等平台作用，汇集国内外优秀开源资源，提升对开源资源的整合利用能力。通过联合建立开源基金等方式，支持基于开源模式的公益性生态环境建设，加强开源技术、产品创新和人才培养，增强开源社区对产业发展的支撑能力。

专栏2　信息技术服务能力跃升工程

强化基础服务能力建设。创新基础通用的信息技术服务方法论，鼓励企业建立网络化、智能化、多行业的知识库。支持企业研发网络化开发和集成平台、异构云环境资源调度管理、微服务管理等关键支撑工具。支持提升信息技术咨询、信息系统方案设计、集成实施、远程运维等服务能力，鼓励相关企业建立信息技术服务管理体系。建设完善一批公共技术服务平台，提升测试验证、集成适配等服务保障能力。

发展服务新模式新业态。创新软件定义服务新理念，鼓励发展新一代信息技术驱动的信息技术服务新业态。整合资源，支持重点企业面向人工智能、虚拟现实和增强现实等领域，提升容器、区块链、开发运营一体化等方面的关键技术服务能力，加快培育各类新型服务模式和业态，促进信息服务资源的共享和利用。依托国家新型工业化产业示范基地（软件和信息服务）及产业园区，组织开展面向"互联网＋"的智能服务试点示范。

促进企业服务化转型发展。支持重点行业企业发挥基础优势，加速提升信息技术的应用水平，发展基于云计算、大数据分析的新型服务业务。支持软件企业加快向网络化、服务化、平台化转型，研发综合性应用解决方案，并推动其与重点行业企业的跨界联合，实现"共赢"。

（二）积极培育壮大新兴业态

顺应新一代信息技术创新发展和变革趋势，着力研发云计算、大数据、移动互联网、物联网等新兴领域关键软件产品和解决方案，鼓励平台型企业、平台型产业发展，加快培育新业态和新模式，形成"平台、数据、应用、服务、安全"协同发展的格局。

1. 创新云计算应用和服务

支持发展云计算产品、服务和解决方案，推动各行业领域信息系统向云平台迁移，促进基于云计算的业务模式和商业模式创新。支持云计算与大数据、物联网、移动互联网等融合发展与创新应用，积极培育新产品新业态。支持大企业开放云平台资源，推动中小企业采用云服务，打造协同"共赢"的云平台服务环境。发展安全可信云计算外包服务,推动政府业务外包。引导建立面向个人信息存储、在线开发工具、学习娱乐的云服务平台,培育信息消费新热点。完善推广云计算综合标准体系,加强云计算测评工具研发和测评体系建设,提高云计算标准化水平和服务能力。

专栏3 云计算能力提升工程

发展面向智能制造的安全可信云计算。鼓励骨干企业开展智能制造资源和服务的可信云计算资源池建设,支撑智能制造全生命周期的各类活动。支持软件和信息技术服务企业跨界联合,发展个性化定制服务、全生命周期管理、网络精准营销、在线支持服务等新业态新模式。

开展云计算应用示范。组织开展工业云服务创新试点,推进研发设计、生产制造、营销服务、测试验证等资源的开放共享,打造工业云生态系统。支持发展第三方专有云解决方案,在政务、金融、医疗健康等领域开展行业应用试点示范,推动核心业务系统向专有云迁移。

提高公共云服务能力。开展公共云服务企业能力评价体系建设,研究完善云服务评价及计量计费标准,支持公共云服务骨干企业建设高水平公共云计算服务平台。鼓励政府部门、公共服务机构、行业骨干企业利用公共云服务构建信息化解决方案。

---

2. 加快大数据发展和应用

构建大数据产业体系。加强大数据关键技术研发和应用,培育大数据产品体系。发展大数据采集和资源建设、大数据资源流通交易、大数据成熟度评估等专业化数据服务新业态,推进大数据资源流通共享。培育大数据龙头企业和创新型中小企业,打造多层次、梯队化的产业创新主体。优化大数据产业布局,建设大数据产业集聚区和综合试验区。支持大数据公共服务平台建设,发展大数据标准验证、测评认证等服务,完善大数据产业公共服务体系。

发展工业大数据。支持研发面向研发设计、生产制造、经营管理、市场营销、运维服务等关键环节的大数据分析技术和平台,推动建立完善面向全产业链的大数据资源整合和分析平台,开展大数据在工业领域的应用创新和试点示范。依托高端装备、电子信息等数据密集型产业集聚区,支持建设一批工业大数据创新中心、行业平台和服务示范基地,丰富工业大数据服务内容、创新服务模式。

深化大数据应用服务。面向金融、能源、农业、物流、交通等重点行业领域，开发推广大数据产品和解决方案，促进大数据跨行业融合应用，助力重点行业转型发展。以服务民生需求为导向，加快大数据在医疗、教育、交通、旅游、就业、社保、环保、应急管理等领域的应用。支持建立面向政务、社会治理和网络安全领域的大数据平台，强化顶层设计、整合资源，推动大数据技术深入应用，提升政府治理能力和服务水平。

专栏4　大数据技术研发和应用示范工程

加强大数据关键技术产品研发和产业化。开展新一代关系型数据库、分布式数据库、新型大数据处理引擎、一体化数据管理平台、数据安全等关键技术及工具攻关，充分利用开源技术成果，推动构建大数据技术体系。发展大数据可扩展高质量的计算平台及相关软件系统，提升数据分析处理能力、知识发现能力和辅助决策能力，形成较为健全的大数据产品体系。大力发展与重点行业领域业务流程及数据应用需求深度融合的大数据解决方案。

布局推进大数据应用示范。开展大数据产业集聚区创建，支持有条件的地区开展大数据应用创新试点。推动大数据与云计算、工业互联网、信息物理系统等的融合发展，支持建立面向不同工业行业、不同业务环节的大数据分析应用平台，选取重点工业行业、典型企业和重点地区开展工业大数据应用示范，提升工业领域大数据应用服务水平。

---

3. 深化移动互联网、物联网等领域软件创新应用

加快发展移动互联网应用软件和服务，面向新兴媒体、医疗健康、文化教育、交通出行、金融服务、商贸流通等领域创新发展需求，鼓励建立分享经济平台，支持发展基于软件和移动互联网的移动化、社交化、个性化信息服务，积极培育新型网络经济模式。加强物联网运行支撑软件平台、应用开发环境等研发应用，进一步深化物联网软件技术在智能制造、智慧农业、交通运输等领域的融合应用。加快发展车联网、北斗导航等新型应用，支持智能网联汽车、北斗导航软件技术及应用平台发展。

（三）深入推进应用创新和融合发展

充分发挥软件的深度融合性、渗透性和耦合性作用，加速软件与各行业领域的融合应用，发展关键应用软件、行业解决方案和集成应用平台，强化应用创新和商业模式创新，提升服务型制造水平，培育扩大信息消费，强化对《中国制造2025》、"互联网＋"行动计划等的支撑服务。

1. 支撑制造业与互联网融合发展

围绕制造业关键环节，重点支持高端工业软件、新型工业 APP 等研发和应用，发展工业操作系统及工业大数据管理系统，提高工业软件产品的供给能力，强化软件支撑和定义制造的基础性作用。培育一批系统解决方案提供商，研发面向重点行业智能制造单元、智能生产线、智能车间、智能工厂建设的系统解决方案，开展试点示范，提升智能制造系统解决方案能力。推进信息物理系统（CPS）关键技术研发及产业化，开展行业应用测试和试点示范。推动软件和信息技术服务企业与制造企业融合互动发展，打造新型研发设计模式、生产制造方式和服务管理模式。

专栏 5　工业技术软件化推进工程

工业软件及解决方案研发应用。面向智能制造关键环节应用需求，支持研发计算机辅助设计与仿真、制造执行系统、企业管理系统、产品全生命周期管理等一批应用效果好、技术创新强、市场认可度高的工业软件产品及应用解决方案，进一步突破高端分布式控制系统、数据采集与监控系统、可编程逻辑控制器等工业控制系统核心技术和产品，强化安全可靠程度和综合集成应用能力，推动在重点行业的深入应用。

工业信息物理系统验证测试平台和行业应用示范。支持工业信息物理系统关键技术及系统解决方案研发和产业化。支持建立工业信息物理系统验证测试平台和安全测试评估平台。面向航空、汽车、电子、石化、冶金等重点行业，开展信息物理系统应用示范。

工业软件平台及 APP 研发和应用试点示范。支持软件企业联合工业企业，面向重点行业建设基础共性软件平台和新型工业 APP 库，构建工业技术软件体系，开展应用试点示范。支持有条件的地方或行业建设工业 APP 共享交易平台，丰富工业技术软件生态。

专栏 6　面向服务型制造的信息技术服务发展工程

支撑制造业向生产服务型加速转型。引导制造企业建立开放创新交互平台、在线设计中心，充分对接用户需求，发展基于互联网的按需、众包、众创等研发设计服务模式。鼓励大型制造企业发展基于互联网平台、面向产业链上下游的云制造、供应链管理的服务。支持重点工业行业利用物联网、云计算、大数据等技术发展产品监测追溯、远程诊断维护、产品全生命周期管理等在线服务新模式，推动产品向价值链高端跃升。鼓励企业基于产品智能化、供应链在线化的大数据分析挖掘开展供应链金融、融资租赁等新业务。

发展面向制造业的信息技术服务。推动信息技术服务企业面向制造业研发集成解决方案，提供信息技术咨询、设计和运维服务，开展示范应用和推广。面向工程机械、轨道交通、航空船舶等制造业重点领域，鼓励和支持信息技术服务在智能工厂、数字化车间、绿色制造中的应用，促进个性化定制、网络化协同制造、服务型制造等智能制造新模式的应用推广。大力发展电子商务，鼓励行业电子商务平台创新发展，支撑面向制造业的供应链管理和市场销售。

强化以供需对接为核心的服务支撑。探索建立面向制造业的信息技术服务公共服务平台，提供共性的研发测试、仿真模拟、人才培训、设备租赁等各项服务。强化供给端和需求端双驱动，搭建信息技术服务企业与制造企业供需对接平台，建立良性对接机制，推广先进经验，促进跨领域合作。加快研制和推广应用面向制造业的信息技术服务标准（ITSS），构建完善的标准体系。

2. 支撑重点行业转型发展

面向"互联网＋"现代农业发展需求，围绕农业生产管理、经营管理、市场流通等环节，支持相关应用软件、智能控制系统、产品质量安全追溯系统，以及农业大数据应用、涉农电子商务等发展。面向"互联网＋"能源发展需求，支持发展能源行业关键应用软件及解决方案，推进能源生产和消费协调匹配。坚持鼓励创新和规范引导相结合，发展互联网金融相关软件产品、服务和解决方案，强化对"互联网＋"金融的支撑服务。支持物流信息服务平台、智能仓储体系建设，以及物流装备嵌入式软件等研发应用，提升物流智能化发展水平。支持面向交通的软件产品和系统研发，支撑智能交通建设，提高交通运输资源利用效率和管理精细化水平。

3. 支撑政府管理和民生服务

围绕现代政府社会治理应用需求，鼓励和支持发展一批政府管理应用软件，利用云计算、大数据等新一代信息技术建立面向政府服务和社会治理的产品和服务体系。开展医疗、养老、教育、扶贫等领域民生服务类应用软件和信息技术服务的研发及示范应用，推动基于软件平台的民生服务应用创新。

专栏7　软件和信息技术服务驱动信息消费工程

发展关键应用软件和行业解决方案。支持软件企业与其他行业企业深入合作，搭建关键应用软件和行业解决方案的协同创新平台，研发大型管理软件、嵌入式软件等软件产品，提升融合发展能力。面向重点行业领域，布局发展面向云计算、大数据、移动互联网、物联网等新型计算环境的关键应用软件和行业解决方案，构建行业重大集成应用平台。

发展面向重点行业领域的信息技术服务。面向农业、金融、交通、能源、物流、电信等重点行业，大力发展行业智能化解决方案和数据分析等新型服务。面向医疗、卫生、教育、养老、社保等公共服务领域，创新服务模式，构建新型信息技术服务支撑体系。围绕餐饮、娱乐、出行、文化、旅游等居民生活服务领域消费需求，培育线上线下结合的服务新模式，发展基于软件与互联网的分享经济服务新业态，以及各类创新型的产品和服务。围绕智慧城市建设，重点发展智慧交通、智慧社区、智慧政务等领域的智能化解决方案和服务。支持有条件的地方和企业开展信息消费创新应用示范，推广扩大信息消费的典型经验和模式。

（四）进一步提升信息安全保障能力

围绕信息安全发展新形势和安全保障需求，支持关键技术产品研发及产业化，发展安全测评与认证、咨询、预警响应等专业化服务，增强信息安全保障支撑能力。

发展信息安全产业。支持面向"云管端"环境下的基础类、网络与边界安全类、终端与数字内容安全类、安全管理类等信息安全产品研发和产业化；支持安全咨询及集成、安全运维管理、安全测评和认证、安全风险评估、安全培训及新型信息安全服务发展。加快培育龙头企业，发展若干专业能力强、特色鲜明的优势企业。推动电子认证与云计算、大数据、移动互联网、生物识别等新技术的融合，加快可靠电子签名应用推广，创新电子认证服务模式。加强个人数据保护、可信身份标识保护、身份管理和验证系统等领域核心技术研发和应用推广。

完善工业信息安全保障体系。构建统筹设计、集智攻关、信息共享和协同防护的工业信息安全保障体系。以"小核心、大协作"为原则，建设国家级工业信息系统安全保障研究机构，开展国家级工业信息安全仿真测试、计算分析和大数据应用等技术平台建设，形成国家工业信息安全态势感知、安全防护、应急保障、风险预警、产业推进等保障能力。完善政策、标准、管理、技术、产业和服务体系，开展工业控制系统信息安全防护管理等政策及标准制定，加强工控安全检查评估，支持工业控制系统及其安全技术产品的研发，鼓励企业开展安全评估、风险验证、安全加固等服务。

专栏8　信息安全保障能力提升工程

发展关键信息安全技术和产品。面向云计算、大数据、移动互联网等新兴领域，突破密码、可信计算、数据安全、系统安全、网络安全等信息安全核心技术，支持基础类安全产品、采用内容感知、智能沙箱、异常检测、虚拟化等新技术的网络与边界类安全产品、基于海量数据和智能分析的安全管理类产品，以及安全测评、WEB漏洞扫描、内网渗透扫描、网络安全防护、源代码安全检查等安全支撑工具的研发和应用。

加强工业信息安全保障能力建设。选取典型工业控制系统及其设备，开展工业防火墙、身份认证等重点网络安全防护产品研发和测试验证。面向石化、冶金、装备制造等行业，遴选一批重点企业，开展网络安全防护产品示范应用。支持工业控制系统网络安全实时监测工具研发及其在重点企业的部署应用。建设一批工业信息系统安全实验室，优先支持工业控制产品与系统信息安全标准验证、仿真测试、通信协议安全测评、监测预警等公共服务平台建设，培育一批第三方服务机构。

（五）大力加强产业体系建设

加快构建产业生态，着力培育创新型企业，促进形成以创新为引领的发展模式，强化标准体系建设和公共服务能力提升，加强中央与地方协同，打造一批特色优势产业集群。

构建产业生态。面向重大应用需求，以构建基础软件平台为核心，逐步形成软件、硬件、应用和服务一体的安全可靠关键软硬件产业生态。以高端工业软件及系统为核心，建立覆盖研发设计、生产制造、经营管理等智能制造关键环节的工业云、工业大数据平台，形成软件驱动制造业智能化发展的生态体系。围绕新型消费和应用，以智能终端操作系统、云操作系统等为核心，面向移动智能终端、智能家居、智能网联汽车等新兴领域，构建相应的产业生态体系。

培育创新型企业。支持行业领军企业牵头组织实施重大产品研发和创新成果转化，不断提高新型产品和服务的市场占有率和品牌影响力。支持企业面向云计算、大数据、移动互联等新技术新环境，重塑业务流程、组织架构，创新研发模式、管理模式和商业模式，发展新技术、新产品和新服务。加强政策扶持、项目带动和示范引领，培育一批专业化程度、创新能力突出、发展潜力大的细分领域优势企业。支持建设创客空间、开源社区等新型众创空间，发展创业孵化、专业咨询、人才培训、检验检测、投融资等专业化服务，优化改善中小企业创新创业环境。

加强标准体系建设。面向工业软件、云计算、大数据、信息安全等重点领域，加快产业发展和行业管理急需标准的研制和实施。实施《信息技术服务标准化工作五年行动计划（2016～2020年)》，完善和推广信息技术服务标准（ITSS）体系。开展标准验证和应用试点示范，建立标准符合性测试评估和认证体系。支持组建标准推进联盟，推动建立产品研发和标准制定协同推进机制。鼓励支持企业、科研院所、行业组织等参与或主导国际标准制定，提升国际话语权。

打造特色优势产业集群。支持中国软件名城、国家新型工业化产业示范基地（软件和信息服务）、中国服务外包示范城市、软件出口（创新）基地城市等加大建设力度，做强优势领域和主导产业，提升产业集聚发展水平。支持京津冀、长江经济带、珠江—西江经济带等区域加强软件技术、产品和服务创新，突出特色优势，加快融入全球产业链布局。发挥东北地区装备制造集群优势，发展面向制造业的软件和信息技术服务，助力东北老工业基地振兴。支持中西部地区结合国家相关战略实施，发展特色软件和信息技术服务业。

专栏9　公共服务体系建设工程

强化服务载体建设。支持各地结合产业基础和市场需求，进一步推动产业基地和专业园区建设，完善优化一批产业创新平台、应用体验展示平台等公共服务载体，打造线上线下相结合的创新创业载体，推动建设众扶、众筹等综合服务平台。支持中国软件名城及试点城市创新公共服务机制，开展公共服务创新试点。

建设一批面向中小企业的公共服务平台。鼓励软件和信息技术服务大企业、各类电子商务平台向小微企业和创客群体开放创业创新资源，形成一批低成本、便利化、全要素、开放式的创新创业平台。

提升公共服务能力。支持各类公共服务平台利用云计算、大数据等新技术汇集数据信息，丰富平台资源，创新服务模式，推动平台互联互通、服务共享。培育一批知识产权、投融资、产权交易、能力认证、产品测评、人才服务、企业孵化和品牌推广等专业服务机构。推动行业协会、产业联盟等第三方中介组织加强自身建设，提升对行业发展和管理的服务支撑水平。以新兴领域软件产品标准和信息技术服务标准为重点，加强软件和信息技术服务标准体系建设，强化标准对产业发展的引领作用。

（六）加快提高国际化发展水平

坚持开放创新，把握"一带一路"等国家战略实施机遇，统筹利用国内外创新要素和市场资源，加强技术、产业、人才、标准化等领域的国际交流与合作，以龙头企业为引领深度融入全球产业生态圈，提升国际化发展水平和层次。

提升产业国际化发展能力。支持龙头企业等建立完善海外运营机构、研发中心和服务体系，建设境外合作园区，鼓励发展跨境电子商务、服务外包等外向型业务，加快软件和信息技术服务出口，打造国际品牌。依托双边、多边合作机制和平台，加强政企联动，以龙头企业为主体开展重大合作示范项目建设，支持企业联合，发挥产业链协同竞争优势，集群化"走出去"。加强原创技术引进渠道和机制建设，深化与技术原创能力强的国家和地区的产业合作，加快引进人才、技术、知识产权等优势创新资源，提高产业"引进来"的合作层次和利用水平。

强化国际化服务支撑。鼓励地方从政策、资金、项目等方面加大对产业国际化发展的支持和推进力度。支持企业、科研机构等积极参与软件和信息技术服务领域国际规则制定和标准化工作，提升国际话语权。发挥行业协会、商会、产业联盟、开源联盟等中介组织的作用，为企业国际化发展提供市场化、社会化服务。充分发挥知识更新工程、海外人才培训等手段的作用，支持软件企业培养国际化人才和引进海外优秀人才。

五、保障措施

（一）完善政策法规体系

深入落实《进一步鼓励软件产业和集成电路产业发展的若干政策》（国发〔2011〕4号），研究制定新形势下适应产业发展新特点的政策措施。完善激励创新的政策措施和机制，强化对软件创新产品和服务的首购、订购支持，鼓励软件企业加大研发投入。引导和鼓励在信息化建设中加大对软件和信息安全的投入。支持制定推动软件技术与其他行业融合发展的政策措施。进一步完善鼓励政府购买服务的相关机制和措施手段。支持有条件的地区开展产业政策创新试点。鼓励地方研究制定加快企业"走出去"的政策措施。加强产业政策执行、评估和监管。推动完善产业相关法规体系。

（二）健全行业管理制度

鼓励利用大数据、云计算等新技术，探索加强行业运行监测分析、预警预判以及事中事后监管的新模式、新方法，提升行业管理和服务水平。进一步完善行业标准体系建设，强化标准对行业发展的促进作用。开展行业知识产权分析评议，加强行业态势分析和预警预判，深入推进软件正版化，鼓励企业联合建设软件专利池、知识产权联盟，提升知识产权创造、运用、保护、管理和服务能力。加强软件资产管理和使用，开展软件价值评估和定价机制研究，探索建立科学合理的软件价值评估体系。鼓励研究建立云服务、数据服务等新兴领域交易机制和定价机制。顺应产业发展新趋势新特点，加强产业收入计量标准的研究，完善产业统计制度。强化行业自律，完善行业信用评价体系，进一步规范市场秩序。加强行业智库建设，提升发展决策支撑能力。

（三）加大财政金融支持

创新财政资金支持政策，统筹利用现有资金资源，加大对软件和信息技术服务业发展的支持。采用政府引导、市场化运作方式，探索建立国家软件和信息技术服务业产业投资基金。支持有条件的地方、大企业和投资机构设立产业专项资金或产业基金、创新创业基金、天使创投、股权和并购等各类基金。鼓励运用政府和社会资本合作（PPP）模式，引导社会资本参与重大项目建设。完善企业境外并购、跨境结算等相关金融服务政策。深化产融合作，在风险可控的前提下，推动商业银行创新信贷产品和金融服务，支持软件和信息技术服务企业创新发展，推动政策性银行在国家规定的业务范围内，根据自身职能定位为符合条件的企业提供信贷支持。健全融资担保体系，完善风险补偿机制，鼓励金融机构开展股权抵押、知识产权质押业务，试点信用保险、科技保险，研究合同质押、资质抵押的法律地位和可行性。鼓励企业扩大直接融资，支持具备条件的企业开展应收账款融资、公司信用债等新型融资方式。

（四）创新人才培养

实施人才优先发展战略，加快建设满足产业发展需求的人才队伍。强化人才培养链与产业链、创新链有机衔接，依托重大人才工程，加强"高精尖缺"软件人才的引进和培养。鼓励有条件的地区设立软件和信息技术服务业人才培养基金，重点培养技术领军人才、企业家人才、高技能人才及复合型人才。以学校教育为基础、在职培训为重点，建立健全产教融合、校企合作的人才培养机制，探索建立人才培养的市场化机制，利用信息化手段创新教育教学方式。鼓励高校面向产业发展需求，优化专业设置和人才培养方案。推广首席信息官制度，鼓励企业加强复合型人才的培养和引进。深入实施人才引进政策，重点发挥企业在人才引进中的作用，吸引和集聚海外优秀人才特别是高端人才回国就业创业。建立完善以能力为核心、以业绩和贡献为导向的人才评价标准，大力弘扬新时期工匠精神。

（五）强化统筹协调

建立健全部门、行业、区域之间的协调推进机制，在协同创新、标准制定、行业管理、市场监管、资金保障等方面加强联动合作。引导和推动各地区、各部门因地制宜发展产业，合理布局重大应用示范和产业化项目，分工协作、有序推进。引导和鼓励企业与其他行业企业建立多层次合作创新机制，在技术研发、应用推广、安全保障、资源分配利用等方面实现协同发展，加强规划实施情况动态监测和评估，确保规划实施质量。

附录3 大数据产业发展规划
（2016～2020年）（附解读）

工业和信息化部关于印发大数据产业发展规划

（2016～2020年）的通知

工信部规〔2016〕412号

各省、自治区、直辖市及计划单列市、新疆生产建设兵团工业和信息化主管部门，各省、自治区、直辖市通信管理局，有关中央企业，部直属单位：

为贯彻落实《中华人民共和国国民经济和社会发展第十三个五年规划纲要》和《促进大数据发展行动纲要》，加快实施国家大数据战略，推动大数据产业健康快速发展，我部编制了《大数据产业发展规划（2016～2020年）》。现印发你们，请结合实际贯彻落实。

工业和信息化部

2016年12月18日

附件：大数据产业发展规划（2016～2020年）

大数据产业发展规划
（2016～2020年）

数据是国家基础性战略资源，是21世纪的"钻石矿"。党中央、国务院高度重视大数据在经济社会发展中的作用，党的十八届五中全会提出"实施国家大数据战略"，国务院印发《促进大数据发展行动纲要》，全面推进大数据发展，加快建设数据强国。"十三五"时期是我国全面建成小康社会的决胜阶段，是新旧动能接续转换的关键时期，全球新一代信息产业处于加速变革期，大数据技术和应用处于创新突破期，国内市场需求处于爆发期，我国大数据产业面临重要的发展机遇。抢抓机遇，推动大数据产业发展，对提升政府治理能力、优化民生公共服务、促进经济转型和创新发展有重大意义。为推动我国大数据产业持续健康发展，深入贯彻党的十八届五中全会精神，实施国家大数据战略，落实国务院《促进大数据发展行动纲要》，按照《国民经济和社会发展第十三个五年规划纲要》的总体部署，编制本规划。

一、我国发展大数据产业的基础

大数据产业指以数据生产、采集、存储、加工、分析、服务为主的相关经济活动，包括数据资源建设、大数据软硬件产品的开发、销售和租赁活动，以及相关信息技术服务。

"十二五"期间，我国信息产业迅速壮大，信息技术快速发展，互联网经济日益繁荣，积累了丰富的数据资源，技术创新取得了明显突破，应用势头良好，为"十三五"时期我国大数据产业加快发展奠定了坚实基础。

信息化积累了丰富的数据资源。我国信息化发展水平日益提高，对数据资源的采集、挖掘和应用水平不断深化。政务信息化水平不断提升，全国面向公众的政府网站达 8.4 万个。智慧城市建设全面展开，"十二五"期间近 300 个城市进行了智慧城市试点。两化融合发展进程不断深入，正进入向纵深发展的新阶段。信息消费蓬勃发展，网民数量超过 7 亿，移动电话用户规模已经突破 13 亿，均居世界第一。月度户均移动互联网接入流量达 835M。政府部门、互联网企业、大型集团企业积累沉淀了大量的数据资源。我国已成为产生和积累数据量最大、数据类型最丰富的国家之一。

大数据技术创新取得明显突破。在软硬件方面，国内骨干软硬件企业陆续推出自主研发的大数据基础平台产品，一批信息服务企业面向特定领域研发数据分析工具，提供创新型数据服务。在平台建设方面，互联网龙头企业服务器单集群规模达到上万台，具备建设和运维超大规模大数据平台的技术实力。在智能分析方面，部分企业积极布局深度学习等人工智能前沿技术，在语音识别、图像理解、文本挖掘等方面抢占技术制高点。在开源技术方面，我国对国际大数据开源软件社区的贡献不断增大。

大数据应用推进势头良好。大数据在互联网服务中得到广泛应用，大幅度提升网络社交、电商、广告、搜索等服务的个性化和智能化水平，催生共享经济等数据驱动的新兴业态。大数据加速向传统产业渗透，驱动生产方式和管理模式变革，推动制造业向网络化、数字化和智能化方向发展。电信、金融、交通等行业利用已积累的丰富数据资源，积极探索客户细分、风险防控、信用评价等应用，加快服务优化、业务创新和产业升级步伐。

大数据产业体系初具雏形。2015 年，我国信息产业收入达到 17.1 万亿元，比 2010 年进入"十二五"前翻了一番。其中软件和信息技术服务业实现软件业务收入 4.3 万亿元，同比增长 15.7%。大型数据中心向绿色化、集约化发展，跨地区经营互联网数据中心（IDC）业务的企业达到 295 家。云计算服务逐渐成熟，主要云计算平台的数据处理规模已跻身世界前列，为大数据提供强大的计算存储能力并促进数据集聚。在大数据资源建设、大数据技术、大数据应用领域涌现出一批新模式和新业态。龙头企业引领，上下游企业互动的产业格局初步形成。基于大数据的创新创业日趋活跃，大数据技术、产业与服务成为社会资本投入的热点。

大数据产业支撑能力日益增强。形成了大数据标准化工作机制，大数据标准体系初步形成，开展了大数据技术、交易、开放共享、工业大数据等国家标准的研制工作，部分标准在北京、上海、贵阳开展了试点示范。一批大数据技术研发实验室、工程中心、企业技术中心、产业创新平台、产业联盟、投资基金等形式的产业支撑平台相继建成。大数据安全保障体系和法律法规不断完善。

二、"十三五"时期面临的形势

大数据成为塑造国家竞争力的战略制高点之一，国家竞争日趋激烈。一个国家掌握和运用大数据的能力成为国家竞争力的重要体现，各国纷纷将大数据作为国家发展战略，将产业发展作为大数据发展的核心。美国高度重视大数据研发和应用，2012 年 3 月推出"大数据研究与发展倡议"，将大数据作为国家重要的战略资源进行管理和应用，2016 年 5 月进一步发布"联邦大数据研究与开发计划"，不断加强在大数据研发和应用方面的布局。欧盟 2014 年推出了"数据驱动的经济"战略，倡导欧洲各国抢抓大数据发展机遇。此外，英国、日本、澳大利亚等国也出台了类似政策，推动大数据应用，拉动产业发展。

大数据驱动信息产业格局加速变革，创新发展面临难得机遇。当今世界，新一轮科技革命和产业变革正在孕育兴起，信息产业格局面临巨大变革。大数据推动下，信息技术正处于新旧轨道切换的过程中，分布式系统架构、多元异构数据管理技术等新技术、新模式快速发展，产业格局正处于创新变革的关键时期，我国面临加快发展重大机遇。

我国经济社会发展对信息化提出了更高要求，发展大数据具有强大的内生动力。推动大数据应用，加快传统产业数字化、智能化，做大做强数字经济，能够为我国经济转型发展提供新动力，为重塑国家竞争优势创造新机遇，为提升政府治理能力开辟新途径，是支撑国家战略的重要抓手。当前我国正在推进供给侧结构性改革和服务型政府建设，加快实施"互联网＋"行动计划和《中国制造2025》战略，建设公平普惠、便捷高效的民生服务体系，为大数据产业创造了广阔的市场空间，是我国大数据产业发展的强大内生动力。

我国大数据产业具备了良好基础，面临难得的发展机遇，但仍然存在一些困难和问题。一是数据资源开放共享程度低。数据质量不高，数据资源流通不畅，管理能力弱，数据价值难以被有效挖掘利用。二是技术创新与支撑能力不强。我国在新型计算平台、分布式计算架构、大数据处理、分析和呈现方面与国外仍存在较大差距，对开源技术和相关生态系统影响力弱。三是大数据应用水平不高。我国发展大数据具有强劲的应用市场优势，但是目前还存在应用领域不广泛、应用程度不深、认识不到位等问题。四是大数据产业支撑体系尚不完善。数据所有权、隐私权等相关法律法规和信息安全、开放共享等标准规范不健全，尚未建立起兼顾安全与发展的数据开放、管理和信息安全保障体系。五是人才队伍建设急需加强。大数据基础研究、产品研发和业务应用等各类人才短缺，难以满足发展需要。

"十三五"时期是我国全面建成小康社会决胜阶段，是实施国家大数据战略的起步期，是大数据产业崛起的重要窗口期，必须抓住机遇加快发展，实现从数据大国向数据强国转变。

三、指导思想和发展目标

（一）指导思想

全面贯彻党的十八大和十八届三中、四中、五中、六中全会精神，坚持"创新、协调、绿色、开放、共享"的发展理念，围绕实施国家大数据战略，以强化大数据产业创新发展能力为核心，以推动数据开放与共享、加强技术产品研发、深化应用创新为重点，以完善发展环境和提升安全保障能力为支撑，打造数据、技术、应用与安全协同发展的自主产业生态体系，全面提升我国大数据的资源掌控能力、技术支撑能力和价值挖掘能力，加快建设数据强国，有力支撑制造强国和网络强国建设。

（二）发展原则

创新驱动。瞄准大数据技术发展前沿领域，强化创新能力，提高创新层次，以企业为主体集中攻克大数据关键技术，加快产品研发，发展壮大新兴大数据服务业态，加强大数据技术、应用和商业模式的协同创新，培育市场化、网络化的创新生态。

应用引领。发挥我国市场规模大、应用需求旺的优势，以国家战略、人民需要、市场需求为牵引，加快大数据技术产品研发和在各行业、各领域的应用，促进跨行业、跨领域、跨地域大数据应用，形成良性互动的产业发展格局。

开放共享。汇聚全球大数据技术、人才和资金等要素资源，坚持自主创新和开放合作相结合，走开放式的大数据产业发展道路。树立数据开放共享理念，完善相关制度，推动数据资源开放共享与信息流通。

统筹协调。发挥企业在大数据产业创新中的主体作用，加大政府政策支持和引导力度，营造良好的政策法规环境，形成政产学研用统筹推进的机制。加强中央、部门、地方大数据发展政策衔接，优化产业布局，形成协同发展合力。

安全规范。安全是发展的前提，发展是安全的保障，坚持发展与安全并重，增强信息安全技术保障能力，建立健全安全防护体系，保障信息安全和个人隐私。加强行业自律，完善行业监管，促进数据资源有序流动与规范利用。

（三）发展目标

到2020年，技术先进、应用繁荣、保障有力的大数据产业体系基本形成。大数据相关产品和服务业务收入突破1万亿元，年均复合增长率保持在30%左右，加快建设数据强国，为实现制造强国和网络强国提供强大的产业支撑。

——技术产品先进可控。在大数据基础软硬件方面形成安全可控技术产品，在大数据获取、存储管理和处理平台技术领域达到国际先进水平，在数据挖掘、分析与应用等算法和工具方面处于领先地位，形成一批自主创新、技术先进，满足重大应用需求的产品、解决方案和服务。

——应用能力显著增强。工业大数据应用全面支撑智能制造和工业转型升级，大数据在创新创业、政府管理和民生服务等方面广泛深入应用，技术融合、业务融合和数据融合能力显著提升，实现跨层级、跨地域、跨系统、跨部门、跨业务的协同管理和服务，形成数据驱动创新发展的新模式。

——生态体系繁荣发展。形成若干创新能力突出的大数据骨干企业，培育一批专业化数据服务创新型中小企业，培育10家国际领先的大数据核心龙头企业和500家大数据应用及服务企业。形成比较完善的大数据产业链，大数据产业体系初步形成。建设10~15个大数据综合试验区，创建一批大数据产业集聚区，形成若干大数据新型工业化产业示范基地。

——支撑能力不断增强。建立健全覆盖技术、产品和管理等方面的大数据标准体系。建立一批区域性、行业性大数据产业和应用联盟及行业组织。培育一批大数据咨询研究、测试评估、技术和知识产权、投融资等专业化服务机构。建设1~2个运营规范、具有一定国际影响力的开源社区。

——数据安全保障有力。数据安全技术达到国际先进水平。国家数据安全保护体系基本建成。数据安全技术保障能力和保障体系基本满足国家战略和市场应用需求。数据安全和个人隐私保护的法规制度较为完善。

四、重点任务和重大工程

（一）强化大数据技术产品研发

以应用为导向，突破大数据关键技术，推动产品和解决方案研发及产业化，创新技术服务模式，形成技术先进、生态完备的技术产品体系。

加快大数据关键技术研发。围绕数据科学理论体系、大数据计算系统与分析、大数据应用模型等领域进行前瞻布局，加强大数据基础研究。发挥企业创新主体作用，整合产学研用资源优势联合攻关，研发大数据采集、传输、存储、管理、处理、分析、应用、可视化和安全等关键技术。突破大规模结构数据融合、集群资源调度、分布式文件系统等大数据基础技术，面向多任务的通用计算框架技术，以及流计算、图计算等计算引擎技术。支持深度学习、类脑计算、认知计算、区块链、虚拟现实等前沿技术创新，提升数据分析处理和知识发现能力。结合行业应用，研发大数据分析、理解、预测及决策支持与知识服务等智能数据应用技术。突破面向大数据的新型计算、存储、传感、通信等芯片及融合架构、内存计算、亿级并发、EB 级存储、绿色计算等技术，推动软硬件协同发展。

培育安全可控的大数据产品体系。以应用为牵引，自主研发和引进吸收并重，加快形成安全可控的大数据产品体系。重点突破面向大数据应用基础设施的核心信息技术设备、信息安全产品以及面向事务的新型关系数据库、列式数据库、NoSQL 数据库、大规模图数据库和新一代分布式计算平台等基础产品。加快研发新一代商业智能、数据挖掘、数据可视化、语音搜索等软件产品。结合数据生命周期管理需求，培育大数据采集与集成、大数据分析与挖掘、大数据交互感知、基于语音理解的数据资源管理等平台产品。面向重点行业应用需求，研发具有行业特征的大数据检索、分析、展示等技术产品，形成垂直领域成熟的大数据解决方案及服务。

创新大数据技术服务模式。加快大数据服务模式创新，培育数据即服务新模式和新业态，提升大数据服务能力，降低大数据应用门槛和成本。围绕数据全生命周期各阶段需求，发展数据采集、清洗、分析、交易、安全防护等技术服务。推进大数据与云计算服务模式融合，促进海量数据、大规模分布式计算和智能数据分析等公共云计算服务发展，提升第三方大数据技术服务能力。推动大数据技术服务与行业深度结合，培育面向垂直领域的大数据服务模式。

专栏1　大数据关键技术及产品研发与产业化工程

突破技术。支持大数据共性关键技术研究，实施云计算和大数据重点专项等重大项目。着力突破服务器新型架构和绿色节能技术、海量多源异构数据的存储和管理技术、可信数据分析技术、面向大数据处理的多种计算模型及其编程框架等关键技术。

打造产品。以应用为导向，支持大数据产品研发，建立完善的大数据工具型、平台型和系统型产品体系，形成面向各行业的成熟大数据解决方案，推动大数据产品和解决方案研发及产业化。

树立品牌。支持我国大数据企业建设自主品牌，提升市场竞争力。引导企业加强产品质量管控，提高创新能力，鼓励企业加强战略合作。加强知识产权保护，推动自主知识产权标准产业化和国际化应用。培育一批国际知名的大数据产品和服务公司。

专栏2　大数据服务能力提升工程

培育数据即服务模式。发展数据资源服务、在线数据服务、大数据平台服务等模式，支持企业充分整合、挖掘、利用自有数据或公共数据资源，面向具体需求和行业领域，开展数据分析、数据咨询等服务，形成按需提供数据服务的新模式。

支持第三方大数据服务。鼓励企业探索数据采集、数据清洗、数据交换等新商业模式，培育一批开展数据服务的新业态。支持弹性分布式计算、数据存储等基础数据处理云服务发展。加快发展面向大数据分析的在线机器学习、自然语言处理、图像理解、语音识别、空间分析、基因分析和大数据可视化等数据分析服务。开展第三方数据交易平台建设试点示范。

（二）深化工业大数据创新应用

加强工业大数据基础设施建设规划与布局，推动大数据在产品全生命周期和全产业链的应用，推进工业大数据与自动控制和感知硬件、工业核心软件、工业互联网、工业云和智能服务平台融合发展，形成数据驱动的工业发展新模式，支撑《中国制造2025》战略，探索建立工业大数据中心。

加快工业大数据基础设施建设。加快建设面向智能制造单元、智能工厂及物联网应用的低延时、高可靠、广覆盖的工业互联网，提升工业网络基础设施服务能力。加快工业传感器、射频识别（RFID）、光通信器件等数据采集设备的部署和应用，促进工业物联网标准体系建设，推动工业控制系统的升级改造，汇聚传感、控制、管理、运营等多源数据，提升产品、装备、企业的网络化、数字化和智能化水平。

推进工业大数据全流程应用。支持建设工业大数据平台，推动大数据在重点工业领域各环节应用，提升信息化和工业化深度融合发展水平，助推工业转型升级。加强研发设计大数据应用能力，利用大数据精准感知用户需求，促进基于数据和知识的创新设计，提升研发效率。加快生产制造大数据应用，通过大数据监控优化流水线作业，强化故障预测与健康管理，优化产品质量，降低能源消耗。提升经营管理大数据应用水平，提高人力、财务、生产制造、采购等关键经营环节业务集成水平，提升管理效率和决策水平，实现经营活动的智能化。推动客户服务大数据深度应用，促进大数据在售前、售中、售后服务中的创新应用。促进数据资源整合，打通各个环节数据链条，形成全流程的数据闭环。

培育数据驱动的制造业新模式。深化制造业与互联网融合发展，坚持创新驱动，加快工业大数据与物联网、云计算、信息物理系统等新兴技术在制造业领域的深度集成与应用，构建制造业企业大数据"双创"平台，培育新技术、新业态和新模式。利用大数据，推动"专精特新"中小企业参与产业链，与《中国制造2025》、军民融合项目对接，促进协同设计和协同制造。大力发展基于大数据的个性化定制，推动发展顾客对工厂（C2M）等制造模式，提升制造过程智能化和柔性化程度。利用大数据加快发展制造即服务模式，促进生产型制造向服务型制造转变。

专栏 3　工业大数据创新发展工程

加强工业大数据关键技术研发及应用。加快大数据获取、存储、分析、挖掘、应用等关键技术在工业领域的应用，重点研究可编程逻辑控制器、高通量计算引擎、数据采集与监控等工控系统，开发新型工业大数据分析建模工具，开展工业大数据优秀产品、服务及应用案例的征集与宣传推广。

建设工业大数据公共服务平台，提升中小企业大数据运用能力。支持面向典型行业中小企业的工业大数据服务平台建设，实现行业数据资源的共享交换以及对产品、市场和经济运行的动态监控、预测预警，提升对中小企业的服务能力。

重点领域大数据平台建设及应用示范。支持面向航空航天装备、海洋工程装备及高技术船舶、先进轨道交通装备、节能与新能源汽车等离散制造企业，以及石油、化工、电力等流程制造企业集团的工业大数据平台开发和应用示范，整合集团数据资源，提升集团企业协同研发能力和集中管控水平。

探索工业大数据创新模式。支持建设一批工业大数据创新中心，推进企业、高校和科研院所共同探索工业大数据创新的新模式和新机制，推进工业大数据核心技术突破、产业标准建立、应用示范推广和专业人才培养引进，促进研究成果转化。

（三）促进行业大数据应用发展

加强大数据在重点行业领域的深入应用，促进跨行业大数据融合创新，在政府治理和民生服务中提升大数据运用能力，推动大数据与各行业领域的融合发展。

推动重点行业大数据应用。推动电信、能源、金融、商贸、农业、食品、文化创意、公共安全等行业领域大数据应用，推进行业数据资源的采集、整合、共享和利用，充分释放大数据在产业发展中的变革作用，加速传统行业经营管理方式变革、服务模式和商业模式创新及产业价值链体系重构。

促进跨行业大数据融合创新。打破体制机制障碍，打通数据孤岛，创新合作模式，培育交叉融合的大数据应用新业态。支持电信、互联网、工业、金融、健康、交通等信息化基础好的领域率先开展跨领域、跨行业的大数据应用，培育大数据应用新模式。支持大数据相关企业与传统行业加强技术和资源对接，共同探索多元化合作运营模式，推动大数据融合应用。

强化社会治理和公共服务大数据应用。以民生需求为导向，以电子政务和智慧城市建设为抓手，以数据集中和共享为途径，推动全国一体化的国家大数据中心建设，推进技术融合、业务融合、数据融合，实现跨层级、跨地域、跨系统、跨部门、跨业务的协同管理和服务。促进大数据在政务、交通、教育、健康、社保、就业等民生领域的应用，探索大众参与的数据治理模式，提升社会治理和城市管理能力，为群众提供智能、精准、高效、便捷的公共服务。促进大数据在市场主体监管与服务领域应用，建设基于大数据的重点行业运行分析服务平台，加强重点行业、骨干企业经济运行情况监测，提高行业运行监管和服务的时效性、精准性和前瞻性。促进政府数据和企业数据融合，为企业创新发展和社会治理提供有力支撑。

专栏4　跨行业大数据应用推进工程

开展跨行业大数据试点示范。选择电信、互联网、工业、金融、交通、健康等数据资源丰富、信息化基础较好、应用需求迫切的重点行业领域，建设跨行业跨领域大数据平台。基于平台探索跨行业数据整合共享机制、数据共享范围、数据整合对接标准，研发数据及信息系统互操作技术，推动跨行业的数据资源整合集聚，开展跨行业大数据应用，选择应用范围广、应用效果良好的领域开展试点示范。

成立跨行业大数据推进组织。支持成立跨部门、跨行业、跨地域的大数据应用推进组织，联合开展政策、法律法规、技术和标准研究，加强跨行业大数据合作交流。

建设大数据融合应用试验床。建设跨行业大数据融合应用试验床，汇聚测试数据、分析软件和建模工具，为研发机构、大数据企业开展跨界联合研发提供环境。

（四）加快大数据产业主体培育

引导区域大数据发展布局，促进基于大数据的创新创业，培育一批大数据龙头企业和创新型中小企业，形成多层次、梯队化的创新主体和合理的产业布局，繁荣大数据生态。

利用大数据助推创新创业。鼓励资源丰富、技术先进的大数据领先企业建设大数据平台，开放平台数据、计算能力、开发环境等基础资源，降低创新创业成本。鼓励大型企业依托互联网"双创"平台，提供基于大数据的创新创业服务。组织开展算法大赛、应用创新大赛、众包众筹等活动，激发创新创业活力。支持大数据企业与科研机构深度合作，打通科技创新和产业化之间的通道，形成数据驱动的科研创新模式。

构建企业协同发展格局。支持龙头企业整合利用国内外技术、人才和专利等资源，加快大数据技术研发和产品创新，提高产品和服务的国际市场占有率和品牌影响力，形成一批具有国际竞争力的综合型和专业型龙头企业。支持中小企业深耕细分市场，加快服务模式创新和商业模式创新，提高中小企业的创新能力。鼓励生态链各环节企业加强合作，构建多方协作、互利共赢的产业生态，形成大中小企业协同发展的良好局面。

优化大数据产业区域布局。引导地方结合自身条件，突出区域特色优势，明确重点发展方向，深化大数据应用，合理定位，科学谋划，形成科学有序的产业分工和区域布局。在全国建设若干国家大数据综合试验区，在大数据制度创新、公共数据开放共享、大数据创新应用、大数据产业集聚、数据要素流通、数据中心整合、大数据国际交流合作等方面开展系统性探索试验，为全国大数据发展和应用积累经验。在大数据产业特色优势明显的地区建设一批大数据产业集聚区，创建大数据新型工业化产业示范基地，发挥产业集聚和协同作用，以点带面，引领全国大数据发展。统筹规划大数据跨区域布局，利用大数据推动信息共享、信息消费、资源对接、优势互补、促进区域经济社会协调发展。

专栏5　大数据产业集聚区创建工程

建设一批大数据产业集聚区。支持地方根据自身特点和产业基础，突出优势，合理定位，创建一批大数据产业集聚区，形成若干大数据新型工业化产业示范基地。加强基础设施统筹整合，助推大数据创新创业，培育大数据骨干企业和中小企业，强化服务与应用，完善配套措施，构建良好产业生态。在大数据技术研发、行业应用、教育培训、政策保障等方面积极创新，培育壮大大数据产业，带动区域经济社会转型发展，形成科学有序的产业分工和区域布局。建立集聚区评价指标体系，开展定期评估。

（五）推进大数据标准体系建设

加强大数据标准化顶层设计，逐步完善标准体系，发挥标准化对产业发展的重要支撑作用。

加快大数据重点标准研制与推广。结合大数据产业发展需求，建立并不断完善涵盖基础、数据、技术、平台/工具、管理、安全和应用的大数据标准体系。加快基础通用国家标准和重点应用领域行业标准的研制。选择重点行业、领域、地区开展标准试验验证和试点示范，加强宣贯和实施。建立标准符合性评估体系，强化标准对市场培育、服务能力提升和行业管理的支撑作用。加强国家标准、行业标准和团体标准等各类标准之间的衔接配套。

积极参与大数据国际标准化工作。加强我国大数据标准化组织与相关国际组织的交流合作。组织我国产学研用资源，加快国际标准提案的推进工作。支持相关单位参与国际标准化工作并承担相关职务，承办国际标准化活动，扩大国际影响。

专栏6　大数据重点标准研制及应用示范工程

加快研制重点国家标准。围绕大数据标准化的重大需求，开展数据资源分类、开放共享、交易、标识、统计、产品评价、数据能力、数据安全等基础通用标准以及工业大数据等重点应用领域相关国家标准的研制。

建立验证检测平台。建立标准试验验证和符合性检测平台，重点开展数据开放共享、产品评价、数据能力成熟度、数据质量、数据安全等关键标准的试验验证和符合性检测。

开展标准应用示范。优先支持大数据综合试验区和大数据产业集聚区建立标准示范基地，开展重点标准的应用示范工作。

（六）完善大数据产业支撑体系

统筹布局大数据基础设施，建设大数据产业发展创新服务平台，建立大数据统计及发展评估体系，创造良好的产业发展环境。

合理布局大数据基础设施建设。引导地方政府和有关企业统筹布局数据中心建设，充分利用政府和社会现有数据中心资源，整合改造规模小、效率低、能耗高的分散数据中心，避免资源和空间的浪费。鼓励在大数据基础设施建设中广泛推广可再生能源、废弃设备回收等低碳环保方式，引导大数据基础设施体系向绿色集约、布局合理、规模适度、高速互联方向发展。加快网络基础设施建设升级，优化网络结构，提升互联互通质量。

构建大数据产业发展公共服务平台。充分利用和整合现有创新资源，形成一批大数据测试认证及公共服务平台。支持建立大数据相关开源社区等公共技术创新平台，鼓励开发者、企业、研究机构积极参与大数据开源项目，增强在开源社区的影响力，提升创新能力。

建立大数据发展评估体系。研究建立大数据产业发展评估体系，对我国及各地大数据资源建设状况、开放共享程度、产业发展能力、应用水平等进行监测、分析和评估，编制发布大数据产业发展指数，引导和评估全国大数据发展。

专栏7　大数据公共服务体系建设工程

建立大数据产业公共服务平台。提供政策咨询、共性技术支持、知识产权、投融资对接、品牌推广、人才培训、创业孵化等服务，推动大数据企业快

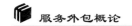

速成长。

支持第三方机构建立测试认证平台。开展大数据可用性、可靠性、安全性和规模质量等方面的测试测评、认证评估等服务。

建立大数据开源社区。以自主创新技术为核心，孵化培育本土大数据开源社区和开源项目，构建大数据产业生态。

（七）提升大数据安全保障能力

针对网络信息安全新形势，加强大数据安全技术产品研发，利用大数据完善安全管理机制，构建强有力的大数据安全保障体系。

加强大数据安全技术产品研发。重点研究大数据环境下的统一账号、认证、授权和审计体系及大数据加密和密级管理体系，突破差分隐私技术、多方安全计算、数据流动监控与追溯等关键技术。推广防泄露、防窃取、匿名化等大数据保护技术，研发大数据安全保护产品和解决方案。加强云平台虚拟机安全技术、虚拟化网络安全技术、云安全审计技术、云平台安全统一管理技术等大数据安全支撑技术研发及产业化，加强云计算、大数据基础软件系统漏洞挖掘和加固。

提升大数据对网络信息安全的支撑能力。综合运用多源数据，加强大数据挖掘分析，增强网络信息安全风险感知、预警和处置能力。加强基于大数据的新型信息安全产品研发，推动大数据技术在关键信息基础设施安全防护中的应用，保障金融、能源、电力、通信、交通等重要信息系统安全。建设网络信息安全态势感知大数据平台和国家工业控制系统安全监测与预警平台，促进网络信息安全威胁数据采集与共享，建立统一高效、协同联动的网络安全风险报告、情报共享和研判处置体系。

专栏8　大数据安全保障工程

开展大数据安全产品研发与应用示范。支持相关企业、科研院所开展大数据全生命周期安全研究，研发数据来源可信、多源融合安全数据分析等新型安全技术，推动数据安全态势感知、安全事件预警预测等新型安全产品研发和应用。

支持建设一批大数据安全攻防仿真实验室。研究建立软硬一体化的模拟环境，支持工业、能源、金融、电信、互联网等重点行业开展数据入侵、反入侵和网络攻防演练，提升数据安全防护水平和应急处置能力。

五、保障措施

(一) 推进体制机制创新

在促进大数据发展部际联席会议制度下，建立完善中央和地方联动的大数据发展协调机制，形成以应用带动产业、以产业支撑应用的良性格局，协同推进大数据产业和应用的发展。加强资源共享和沟通协作，协调制订政策措施和行动计划，解决大数据产业发展过程中的重大问题。建立大数据发展部省协调机制，加强地方与中央大数据产业相关政策、措施、规划等政策的衔接，通过联合开展产业规划等措施促进区域间大数据政策协调。组织开展大数据发展评估检查工作，确保重点工作有序推进。充分发挥地方政府大数据发展统筹机构或协调机制的作用，将大数据产业发展纳入本地区经济社会发展规划，加强大数据产业发展的组织保障。

(二) 健全相关政策法规制度

推动制定公共信息资源保护和开放的制度性文件，以及政府信息资源管理办法，逐步扩大开放数据的范围，提高开放数据质量。加强数据统筹管理及行业自律，强化大数据知识产权保护，鼓励企业设立专门的数据保护职位。研究制定数据流通交易规则，推进流通环节的风险评估，探索建立信息披露制度，支持第三方机构进行数据合规应用的监督和审计，保障相关主体合法权益。推动完善个人信息保护立法，建立个人信息泄露报告制度，健全网络数据和用户信息的防泄露、防篡改和数据备份等安全防护措施及相关的管理机制，加强对数据滥用、侵犯个人隐私等行为的管理和惩戒力度。强化关键信息基础设施安全保护，推动建立数据跨境流动的法律体系和管理机制，加强重要敏感数据跨境流动的管理。推动大数据相关立法进程，支持地方先行先试，研究制定地方性大数据相关法规。

(三) 加大政策扶持力度

结合《促进大数据发展行动纲要》、《中国制造 2025》、"互联网＋"行动计划、培育发展战略性新兴产业的决定等战略文件，制定面向大数据产业发展的金融、政府采购等政策措施，落实相关税收政策。充分发挥国家科技计划（专项、基金等）资金扶持政策的作用，鼓励有条件的地方设立大数据发展专项基金，支持大数据基础技术、重点产品、服务和应用的发展。鼓励产业投资机构和担保机构加大对大数据企业的支持力度，引导金融机构对技术先进、带动力强、惠及面广的大数据项目优先予以信贷支持，鼓励大数据企业进入资本市场融资，为企业重组并购创造更加宽松的市场环境。支持符合条件的大数据企业享受相应优惠政策。

(四) 建设多层次人才队伍

建立适应大数据发展需求的人才培养和评价机制。加强大数据人才培养，整合高校、企业、社会资源，推动建立创新人才培养模式，建立健全多层次、多类型的大数据人才培养体系。鼓励高校探索建立培养大数据领域专业型人才和跨界复合型人才机制。支持高校与企业联合建立实习培训机制，加强大数据人才职业实践技能培养。鼓励企业开展在职人员大数据技能培训，积极培育大数据技术和应用创新型人才。依托社会化教育资源，开展大数据知识普及和教育培训，提高社会整体认知和应用水平。鼓励行业组织探索建立大数据人才能力评价体系。完善配套措施，培养大数据领域创新型领军人才，吸引海外大数据高层次人才来华就业、创业。

（五）推动国际化发展

按照网络强国建设的总体要求，结合"一带一路"等国家重大战略，加快开拓国际市场，输出优势技术和服务，形成一批具有国际竞争力的大数据企业和产品。充分利用国际合作交流机制和平台，加强在大数据关键技术研究、产品研发、数据开放共享、标准规范、人才培养等方面的交流与合作。坚持网络主权原则，积极参与数据安全、数据跨境流动等国际规则体系建设，促进开放合作，构建良好秩序。

解读

《大数据产业发展规划（2016～2020年)》解读

推动大数据产业持续健康发展，是党中央、国务院作出的重大战略部署，是实施国家大数据战略、实现我国从数据大国向数据强国转变的重要举措。日前，工业和信息化部正式印发了《大数据产业发展规划（2016～2020年)》（以下简称《规划》），全面部署"十三五"时期大数据产业发展工作，加快建设数据强国，为实现制造强国和网络强国提供强大的产业支撑。

一、背景情况

"十二五"期间，我国信息化持续推进，信息产业迅速壮大，互联网经济日益繁荣，积累了丰富的数据资源，技术创新能力稳步增强，大数据应用推进势头良好，产业体系初具雏形，产业支撑能力逐步增强，为我国加快大数据产业发展奠定了坚实基础。

"十三五"时期是我国全面建成小康社会的决胜阶段，是新旧动能接续转换的关键时期。随着我国经济发展进入新常态，大数据将在"稳增长、促改革、调结构、惠民生"中承担越来越重要的角色，在经济社会发展中的基础性、战略性、先导性地位越来越突出。同时，大数据也将重构信息技术体系和产业格局，为我国信息技术产业的发展提供巨大机遇。为推动我国大数据产业持续健康发展，深入贯彻党的十八届五中全会精神，实施国家大数据战略，落实国务院《促进大数据发展行动纲要》，按照《国民经济和社会发展第十三个五年规划纲要》的总体部署和工业和信息化部"十三五"规划体系相关工作安排，编制形成《规划》。

二、总体考虑

《规划》是深入贯彻国家大数据战略、落实《促进大数据发展行动纲要》、协同推进制造强国和网络强国的重要抓手，对于提升政府治理能力，优化民生公共服务，推动创新创业、促进经济转型和创新发展有重大意义。《规划》以大数据产业发展中的关键问题为出发点和落脚点，以强化大数据产业创新发展能力为核心，以推动促进数据开放与共享、加强技术产品研发、深化应用创新为重点，以完善发展环境和提升安全保障能力为支撑，打造数据、技术、应用与安全协同发展的自主产业生态体系，全面提升我国大数据的资源掌控能力、技术支撑能力和价值挖掘能力，在此基础上明确了"十三五"时期大数据产业发展的指导思想、发展目标、重点任务、重点工程及保障措施等内容，作为未来五年大数据产业发展的行动纲领。具体来说，主要从以下五个方面开展工作：

一是推进大数据技术产品创新发展。"十二五"期间，我国信息技术快速发展，但仍存在技术创新能力不足、产品和解决方案不成熟等问题。《规划》强调在大数据关键技术、推动产品和解决方案研发及产业化、创新技术服务模式等方面重点布局，通过相关项目和工程的引导和支持，形成一批自主创新、技术先进，满足重大应用需求的产品、解决方案和服务。

二是提升大数据行业应用能力。我国发展大数据拥有丰富的数据资源和巨大的应用优势。《规划》在任务部署时充分考虑以国家战略、人民需要、市场需求为牵引，促进大数据与其他产业的融合发展，加强大数据在重点行业领域的深入应用，尤其强调围绕落实《中国制造2025》，深化制造业与互联网融合发展，发展工业大数据，支持开发工业大数据解决方案，利用大数据培育发展制造业新业态。

三是繁荣大数据产业生态。《规划》从全局出发，加强中央、部门、地方大数据发展政策衔接，发挥企业在大数据产业创新中的主体作用，以大数据产业集聚区和国家大数据综合试验区建设为抓手，集中资源重点培育和扶持一批龙头骨干企业，鼓励中小企业特色发展，构建企业协同发展格局，优化大数据产业区域布局，加快培育自主产业生态体系。

四是健全大数据产业支撑体系。结合大数据产业发展需求，《规划》要求加强大数据标准化顶层设计，建立健全覆盖技术、产品和管理等方面的大数据标准体系，发挥标准化对产业发展的重要支撑作用。统筹布局大数据基础设施，建设大数据产业发展创新服务平台，建立大数据统计及发展评估体系，创造良好的产业发展环境。

五是夯实完善大数据保障体系。针对网络信息安全新形势，《规划》从完善政策法规、健全管理制度、提升技术手段等多个方面综合考虑构建强有力的大数据安全保障体系。一方面加强大数据安全技术产品研发，防范大数据软件、硬件和应用等自身安全风险，另一方面推动制定公共信息资源保护和开放的制度性文件，在推动全国立法的同时支持地方先行先试，研究制定地方性大数据相关的政策法规。

三、发展目标

《规划》通过定量和定性相结合的方式提出了 2020 年大数据产业发展目标。在总体目标方面，提出到 2020 年，技术先进、应用繁荣、保障有力的大数据产业体系基本形成，大数据相关产品和服务业务收入突破 1 万亿元，年均复合增长率保持在 30% 左右。在此基础之上，明确了 2020 年的细化发展目标，即技术产品先进可控、应用能力显著增强、生态体系繁荣发展、支撑能力不断增强、数据安全保障有力。

四、主要举措

《规划》在分析总结产业发展现状及形势的基础上，围绕"强化大数据产业创新发展能力"一个核心、"推动数据开放与共享、加强技术产品研发、深化应用创新"三大重点，完善"发展环境和安全保障能力"两个支撑，打造一个"数据、技术、应用与安全协同发展的自主产业生态体系"，提升我国对大数据的"资源掌控、技术支撑和价值挖掘"三大能力。具体设置了 7 项重点任务、8 个重点工程以及 5 个方面的保障措施。

7 项重点任务：围绕产业发展关键环节部署重点任务：一是强化大数据技术产品研发。重点加快大数据关键技术研发、培育安全可控的大数据产品体系、创新大数据技术服务模式，强化我国大数据技术产品研发。二是深化工业大数据创新应用。加快工业大数据基础设施建设、推进工业大数据全流程应用和培育数据驱动的制造业新模式，衔接《中国制造2025》、《国务院关于深化制造业与互联网融合发展的指导意见》等文件内容。三是促进行业大数据应用发展。推动重点行业大数据应用、促进跨行业大数据融合创新、强化社会治理和公共服务大数据应用，推动大数据与各行业领域的融合发展。四是加快大数据产业主体培育。利用大数据助推创新创业、构建企业协同发展格局和优化大数据产业区域布局，培育一批大数据龙头企业和创新型中小企业，繁荣产业生态。五是推进大数据标准体系建设。加快大数据重点标准研制与推广和积极参与大数据国际标准化工作。六是完善大数据产业支撑体系。合理布局大数据基础设施建设、构建大数据产业发展公共服务平台、建立大数据发展统计评估体系。七是提升大数据安全保障能力。加强大数据安全技术产品研发、提升大数据对网络信息安全的支撑能力。

8个重点工程：围绕重点任务设置了大数据关键技术及产品研发与产业化、大数据服务能力提升、工业大数据创新发展、跨行业大数据应用推进、大数据产业集聚区创建、大数据重点标准研制及应用示范、大数据公共服务体系建设、大数据安全保障，作为工作抓手重点推进。

5个方面的保障措施：大数据涉及面广，对跨层级、跨部门的协调要求高，同时需要法律法规、政策、人才以及国际合作等多层面支持，提出推进体制机制创新、健全相关政策法规制度、加大政策扶持力度、建设多层次人才队伍、推动大数据国际化发展。

附录4　关于印发智能制造发展规划 (2016～2020年) 的通知

工信部联规〔2016〕349号

为贯彻落实《中华人民共和国国民经济和社会发展第十三个五年规划纲要》、《中国制造2025》(国发〔2015〕28号) 和《国务院关于深化制造业与互联网融合发展的指导意见》(国发〔2016〕28号)，工业和信息化部、财政部联合制定了《智能制造发展规划 (2016－2020年)》。现印发你们，请结合本地区、本部门实际认真贯彻实施。

附件：智能制造发展规划 (2016～2020年)

智能制造发展规划
(2016～2020年)

智能制造是基于新一代信息通信技术与先进制造技术深度融合，贯穿于设计、生产、管理、服务等制造活动的各个环节，具有自感知、自学习、自决策、自执行、自适应等功能的新型生产方式。加快发展智能制造，是培育我国经济增长新动能的必由之路，是抢占未来经济和科技发展制高点的战略选择，对于推动我国制造业供给侧结构性改革，打造我国制造业竞争新优势，实现制造强国具有重要战略意义。

根据《中华人民共和国国民经济和社会发展第十三个五年规划纲要》《中国制造2025》和《国务院关于深化制造业与互联网融合发展的指导意见》，编制本规划。

一、发展现状和形势

全球新一轮科技革命和产业变革加紧孕育兴起，与我国制造业转型升级形成历史性交汇。智能制造在全球范围内快速发展，已成为制造业重要发展趋势，对产业发展和分工格局带来深刻影响，推动形成新的生产方式、产业形态、商业模式。发达国家实施"再工业化"战略，不断推出发展智能制造的新举措，通过政府、行业组织、企业等协同推进，积极培育制造业未来竞争优势。

经过几十年的快速发展，我国制造业规模跃居世界第一位，建立起门类齐全、独立完整的制造体系，但与先进国家相比，大而不强的问题突出。随着我国经济发展进入新常态，经济增速换挡、结构调整阵痛、增长动能转换等相互交织，长期以来主要依靠资源要素投入、规模扩张的粗放型发展模式难以为继。加快发展智能制造，对于推进我国制造业供给侧结构性改革，培育经济增长新动能，构建新型制造体系，促进制造业向中高端迈进、实现制造强国具有重要意义。

随着新一代信息技术和制造业的深度融合，我国智能制造发展取得明显成效，以高档数控机床、工业机器人、智能仪器仪表为代表的关键技术装备取得积极进展；智能制造装备和先进工艺在重点行业不断普及，离散型行业制造装备的数字化、网络化、智能化步伐加快，流程型行业过程控制和制造执行系统全面普及，关键工艺流程数控化率大大提高；在典型行业不断探索、逐步形成了一些可复制推广的智能制造新模式，为深入推进智能制造初步奠定了一定的基础。但目前我国制造业尚处于机械化、电气化、自动化、数字化并存，不同地区、不同行业、不同企业发展不平衡的阶段。发展智能制造面临关键共性技术和核心装备受制于人，智能制造标准、软件、网络、信息安全基础薄弱，智能制造新模式成熟度不高，系统整体解决方案供给能力不足，缺乏国际性的行业巨头企业和跨界融合的智能制造人才等突出问题。相对工业发达国家，推动我国制造业智能转型，环境更为复杂，形势更为严峻，任务更加艰巨。我们必须遵循客观规律，立足国情、着眼长远，加强统筹谋划，积极应对挑战，抓住全球制造业分工调整和我国智能制造快速发展的战略机遇期，引导企业在智能制造方面走出一条具有中国特色的发展道路。

二、总体要求

（一）指导思想

深入贯彻党的十八大及十八届三中、四中、五中全会精神，牢固树立"创新、协调、绿色、开放、共享"的发展理念，全面落实《中国制造 2025》和推进供给侧结构性改革部署，将发展智能制造作为长期坚持的战略任务，分类分层指导，分行业、分步骤持续推进，"十三五"期间同步实施数字化制造普及、智能化制造示范引领，以构建新型制造体系为目标，以实施智能制造工程为重要抓手，着力提升关键技术装备安全可控能力，着力增强基础支撑能力，着力提升集成应用水平，着力探索培育新模式，着力营造良好发展环境，为培育经济增长新动能、打造我国制造业竞争新优势、建设制造强国奠定扎实的基础。

（二）基本原则

坚持市场主导、政府引导。充分发挥市场在配置资源中的决定性作用，强化企业市场主体地位，以需求为导向，激发企业推进智能制造的内生动力。发挥政府在规划布局、政策引导等方面的积极作用，形成公平市场竞争的发展环境。

坚持创新驱动、开放合作。建立健全创新体系，推进产学研用协同创新，激发企业创新创业活力，加强智能制造技术、装备与模式的创新突破。坚持互利共赢，扩大对外开放，加强在标准制定、人才培养、知识产权等方面国际交流合作。

坚持统筹规划、系统推进。统筹整合优势资源，加强顶层设计，调动各方积极性，协调推进。针对制造业薄弱与关键环节，系统部署关键技术装备创新、试点示范、标准化、工业互联网建设等系列举措，推进智能制造发展。

坚持遵循规律、分类施策。立足国情，准确把握智能制造的发展规律，因势利导，引导行业循序渐进推进智能化。针对不同地区、行业、企业发展基础、阶段和水平差异，加强分类施策、分层指导，加快推动传统行业改造、重点领域升级、制造业转型。

（三）发展目标

2025 年前，推进智能制造发展实施"两步走"战略：第一步，到 2020 年，智能制造发展基础和支撑能力明显增强，传统制造业重点领域基本实现数字化制造，有条件、有基础的重点产业智能转型取得明显进展；第二步，到 2025 年，智能制造支撑体系基本建立，重点产业初步实现智能转型。

2020 年的具体目标：

——智能制造技术与装备实现突破。研发一批智能制造关键技术装备，具备较强的竞争力，国内市场满足率超过 50%。突破一批智能制造关键共性技术。核心支撑软件国内市场满足率超过 30%。

——发展基础明显增强。智能制造标准体系基本完善，制（修）订智能制造标准 200 项以上，面向制造业的工业互联网及信息安全保障系统初步建立。

——智能制造生态体系初步形成。培育 40 个以上主营业务收入超过 10 亿元、具有较强竞争力的系统解决方案供应商，智能制造人才队伍基本建立。

——重点领域发展成效显著。制造业重点领域企业数字化研发设计工具普及率超过 70%，关键工序数控化率超过 50%，数字化车间、智能工厂普及率超过 20%，运营成本、产品研制周期和产品不良品率大幅度降低。

三、重点任务

（一）加快智能制造装备发展

聚焦感知、控制、决策、执行等核心关键环节，推进产学研用联合创新，攻克关键技术装备，提高质量和可靠性。面向《中国制造 2025》十大重点领域，推进智能制造关键技术装备、核心支撑软件、工业互联网等系统集成应用，以系统解决方案供应商、装备制造商与用户联合的模式，集成开发一批重大成套装备，推进工程应用和产业化。推动新一代信息通信技术在装备（产品）中的融合应用，促进智能网联汽车、服务机器人等产品研发、设计和产业化。

专栏 1　智能制造装备创新发展重点

创新产学研用合作模式，研发高档数控机床与工业机器人、增材制造装备、智能传感与控制装备、智能检测与装配装备、智能物流与仓储装备五类关键技术装备。重点突破高性能光纤传感器、微机电系统（MEMS）传感器、视觉传感器、分散式控制系统（DCS）、可编程逻辑控制器（PLC）、数据采集系统（SCADA）、高性能高可靠嵌入式控制系统等核心产品，在机床、机器人、石油化工、轨道交通等领域实现集成应用。

依托优势企业，开展智能制造成套装备的集成创新和应用示范，加快产业化。促进智能网联汽车、智能工程机械、智能船舶、智能照明电器、服务机器人等研发和产业化，开展远程无人操控、运行状态监测、工作环境预警、故障诊断维护等智能服务。

到 2020 年，研制 60 种以上智能制造关键技术装备，达到国际同类产品水平，国内市场满足率超过 50%。

（二）加强关键共性技术创新

围绕感知、控制、决策和执行等智能功能的实现，针对智能制造关键技术装备、智能产品、重大成套装备、数字化车间/智能工厂的开发和应用，突破先进感知与测量、高精度运动控制、高可靠智能控制、建模与仿真、工业互联网安全等一批关键共性技术，研发智能制造相关的核心支撑软件，布局和积累一批核心

知识产权，为实现制造装备和制造过程的智能化提供技术支撑。

专栏2　智能制造关键共性技术创新方向

建设若干智能制造领域的制造业创新中心，开展关键共性技术研发。整合现有各类创新资源，引导企业加大研发投入，突破新型传感技术、模块化/嵌入式控制系统设计技术、先进控制与优化技术、系统协同技术、故障诊断与健康维护技术、高可靠实时通信、功能安全技术、特种工艺与精密制造技术、识别技术、建模与仿真技术、工业互联网、人工智能等关键共性技术。引导企业、高校、科研院所、用户组建智能制造创新联盟，推动创新资源向企业集聚。

加快研发智能制造支撑软件，突破计算机辅助类（CAX）软件、基于数据驱动的三维设计与建模软件、数值分析与可视化仿真软件等设计、工艺仿真软件，高安全高可信的嵌入式实时工业操作系统、嵌入式组态软件等工业控制软件，制造执行系统（MES）、企业资源管理软件（ERP）、供应链管理软件（SCM）等业务管理软件，嵌入式数据库系统与实时数据智能处理系统等数据管理软件。

到2020年，建成较为完善的智能制造技术创新体系，一批关键共性技术实现突破，部分技术达到国际先进水平；核心支撑软件市场满足率超过30%。

（三）建设智能制造标准体系

依据国家智能制造标准体系建设指南，围绕互联互通和多维度协同等"瓶颈"，开展基础共性标准、关键技术标准、行业应用标准研究，搭建标准试验验证平台（系统），开展全过程试验验证。加快标准制（修）订，在制造业各个领域全面推广。成立国家智能制造标准化协调推进组、总体组和专家咨询组，形成协同推进的工作机制。充分利用现有多部门协调、多标委会协作的工作机制，形成合力，凝聚国内外标准化资源，扎实构建满足产业发展需求、先进适用的智能制造标准体系。

专栏3　智能制造标准提升专项行动

组织开展参考模型、术语定义、标识解析、评价指标、安全等基础共性标准和数据格式、通信协议与接口等关键技术标准的研究制定，探索制定重点行业智能制造标准。强化方法论、标准库和标准案例集等实施手段，以培训、咨询等方式推进标准宣贯与实施。推进智能制造标准国际交流与合作。

到 2020 年，国家智能制造标准体系基本建立，制（修）订智能制造国家标准 200 项以上，建设试验验证平台 100 个以上，公共服务平台 50 个以上。

（四）构建工业互联网基础

研发新型工业网络设备与系统，构建工业互联网试验验证平台和标识解析系统。推动制造企业开展工厂内网络升级改造。鼓励电信运营商改良工厂外网络，开展工业云和大数据平台建设。研发安全可靠的信息安全软硬件产品，搭建面向智能制造的信息安全保障系统与试验验证平台，建立健全工业互联网信息安全风险评估、检查和信息共享机制。

专栏4　工业互联网建设重点

研发融合 IPV6、4G/5G、短距离无线、WiFi 技术的工业网络设备与系统，构建工业互联网试验验证平台及标识解析系统、企业级智能产品标识系统。开发工业互联网核心信息通信设备、工业级信息安全产品及设备。支持工业企业利用光通信、工业无线、工业以太网、SDN、OPC－UA、IPV6 等技术改造工业现场网络，在工厂内形成网络联通、数据互通、业务打通的局面。利用 SDN、网络虚拟化、4G/5G、IPV6 等技术实现对现有公用电信网的升级改造，满足工业互联网网络覆盖和业务开展的需要。面向智能制造发展需求，推动工业云计算、大数据服务平台建设。推动有条件的企业开展试点示范，推进新技术、产品及系统在重点领域的集成应用。

到 2020 年，在重点领域制造企业建设新技术实验网络并开展应用创新。

（五）加大智能制造试点示范推广力度

在基础条件好和需求迫切的重点地区、行业，选择骨干企业，围绕离散型智能制造、流程型智能制造、网络协同制造、大批量定制、远程运维服务、工业云平台、众包众创等方面，开展智能制造新模式试点示范，形成有效的经验和模式。围绕设计、研发、生产、物流、服务等全生命周期，遴选智能制造标杆企业，在相关行业进行移植、推广。

> **专栏5　智能制造试点示范及推广应用专项行动**
>
> 　　第一阶段，聚焦制造过程关键环节，在基础条件较好、需求迫切的地区和行业，遴选一批智能制造试点示范项目，总结形成有效经验和模式。第二阶段，围绕产品全生命周期，研究制定智能制造标杆企业遴选标准，在实施智能制造成效突出的企业中，遴选确定一批标杆企业，在相关行业大规模移植、推广所形成的经验和模式。
>
> 　　到2020年，建成300个以上智能制造试点示范项目，数字化车间、智能工厂试点示范项目实施前后实现运营成本降低20%，产品研制周期缩短20%，生产效率提高20%，产品不良品率降低10%，能源利用率提高10%；遴选确定150个以上智能制造标杆企业。

（六）推动重点领域智能转型

　　围绕《中国制造2025》十大重点领域，试点建设数字化车间、智能工厂，加快智能制造关键技术装备的集成应用，促进制造工艺仿真优化、数字化控制、状态信息实时监测和自适应控制。加快产品全生命周期管理、客户关系管理、供应链管理系统的推广应用，促进集团管控、设计与制造、产供销一体、业务和财务衔接等关键环节集成。针对传统制造业关键工序自动化、数字化改造需求，推广应用数字化技术、系统集成技术、智能制造装备，提高设计、制造、工艺、管理水平，努力提升发展层次，迈向中高端。加强传统制造业绿色改造，推动产业间绿色循环链接，提升重点制造技术绿色化水平。

> **专栏6　重点领域智能转型重点**
>
> 　　围绕新一代信息技术、高档数控机床与工业机器人、航空装备、海洋工程装备及高技术船舶、先进轨道交通装备、节能与新能源汽车、电力装备、农业装备、新材料、生物医药及高性能医疗器械、轻工、纺织、石化化工、钢铁、有色、建材、民爆等重点领域，推进智能化、数字化技术在企业研发设计、生产制造、物流仓储、经营管理、售后服务等关键环节的深度应用。支持智能制造关键技术装备和核心支撑软件的推广应用，不断提高生产装备和生产过程的智能化水平。在基础条件较好的领域，开展数字化车间、智能工厂的集成创新与应用示范。支持地方、园区、龙头企业等建设一批公共服务

平台，开展技术研发、产品设计、软件服务、数据管理、测试验证等服务。

到 2020 年，量大面广、有基础、有条件的重点领域数字化研发设计工具普及率达到 70% 以上，关键工序数控化率达到 50% 以上，数字化车间、智能工厂普及率达到 20% 以上。

（七）促进中小企业智能化改造

引导有基础、有条件的中小企业推进生产线自动化改造，开展管理信息化和数字化升级试点应用。建立龙头企业引领带动中小企业推进自动化、信息化的发展机制，提升中小企业智能化水平。整合和利用现有制造资源，建设云制造平台和服务平台，在线提供关键工业软件及各类模型库和制造能力外包服务，服务中小企业智能化发展。

专栏7　中小企业智能化改造专项行动

支持第三方机构提供分析诊断、创新评估等服务，鼓励系统集成商、装备供应商、软件供应商等，针对中小企业实际需求，研究制订简便易行的智能化改造方案，推广一批成熟使用的单元装备和先进技术。推进"互联网＋"小微企业，推广适合中小企业发展需求的信息化产品和服务，促进互联网和信息技术在生产制造、经营管理、市场营销各个环节中的应用。推进云制造，构建云制造平台和服务平台。推动中小企业与大企业协同创新，鼓励有条件的大企业搭建信息化服务平台，向中小企业开放入口、数据信息、计算能力。

到 2020 年，有基础、有条件的中小企业生产自动化程度大幅提高，管理信息化和数字化水平明显提升。

（八）培育智能制造生态体系

面向企业智能制造发展需求，推动装备、自动化、软件、信息技术等不同领域企业紧密合作、协同创新，推动产业链各环节企业分工协作、共同发展，逐步形成以智能制造系统集成商为核心、各领域领先企业联合推进、一大批定位于细分领域的"专精特"企业深度参与的智能制造发展生态体系。加快培育一批有行业、专业特色系统解决方案供应商；大力发展具有国际影响力的龙头企业集团；做优做强一批传感器、智能仪表、控制系统、伺服装置、工业软件等"专精特"配套企业。

专栏8 智能制造系统解决方案供应商培育专项行动

支持以技术和资本为纽带，组建产学研用联合体或产业创新联盟，鼓励发展成为智能制造系统解决方案供应商。支持装备制造企业以装备智能化升级为突破口，加速向系统解决方案供应商转变。支持规划设计院以车间、工厂的规划设计为基础，延伸业务链条，开展数字化车间、智能工厂总承包业务。支持自动化、信息技术企业通过业务升级，逐步发展成为智能制造系统解决方案供应商。研究制定智能制造系统解决方案供应商标准或规范，发布智能制造系统解决方案供应商推荐目录。

到2020年，主营业务收入超过10亿元的智能制造系统解决方案供应商达到40家以上，系统集成能力明显提升，基本满足制造业智能转型的需要。

（九）推进区域智能制造协同发展

打造智能制造装备产业集聚区。积极推动以产业链为纽带、资源要素集聚的智能制造装备产业集群建设，完善产业链协作配套体系。加强规划引导，提升信息网络、公共服务平台等基础设施水平，促进产业集聚区规范有序发展。

促进区域智能制造差异化发展。结合《中国制造2025分省市实施指南》，紧密依靠本区域智能制造发展基础，聚焦重点。大力推进制造业发展水平较好的地区率先实现优势产业智能转型，积极促进制造业欠发达地区结合实际，加快制造业自动化、数字化改造，逐步向智能化发展。

加强区域智能制造资源协同。搭建基于互联网的制造资源协同平台，不断完善体系架构和运行规则，加快区域间创新资源、设计能力、生产能力和服务能力的集成和对接，推进制造过程各环节和全价值链的并行组织和协同优化，实现区域优势资源互补和资源优化配置。

（十）打造智能制造人才队伍

构建多层次人才队伍。大力弘扬工匠精神，突出职业精神培育。加强智能制造人才培训，培养一批能够突破智能制造关键技术、带动制造业智能转型的高层次领军人才，一批既擅长制造企业管理又熟悉信息技术的复合型人才，一批能够开展智能制造技术开发、技术改进、业务指导的专业技术人才，一批门类齐全、技艺精湛、爱岗敬业的高技能人才。

健全人才培养机制。创新技术技能人才教育培训模式，促进企业和院校成为技术技能人才培养的"双主体"。鼓励有条件的高校、院所、企业建设智能制造实训基地，培养满足智能制造发展需求的高素质技术技能人才。支持高校开展智能制造学科体系和人才培养体系建设。建立智能制造人才需求预测和信息服务平台。

四、保障措施

（一）加强统筹协调

发挥国家制造强国建设领导小组作用，有效统筹中央、地方和其他社会资源，协调解决智能制造发展中遇到的问题，形成资源共享、协同推进的工作格局。发挥国家制造强国建设战略咨询委员会作用，为把握技术发展方向提供咨询建议。加强规划与其他专项、工程有机衔接。

（二）完善创新体系

在智能制造领域研究建立若干制造业创新中心，建立市场化的创新方向选择机制和鼓励创新的风险分担、利益共享机制，解决技术研究与产业化应用的鸿沟。围绕重点领域智能制造发展需求，建设重大科学研究和实验设施。支持智能制造公共服务平台建设，增强为行业服务能力。鼓励企业加大研发投入力度，加强智能制造关键技术与装备创新。

（三）加大财税支持力度

充分利用现有资金渠道对智能制造予以支持。按照深化科技计划（专项、基金等）管理改革的要求，统筹支持智能制造关键共性技术的研发。完善和落实支持创新的政府采购政策。推进首台（套）重大技术装备保险补偿试点工作。落实税收优惠政策，企业购置并实际使用的重大技术装备符合规定条件的，可按规定享受企业所得税优惠政策。企业为生产国家支持发展的重大技术装备或产品，确有必要进口的零部件、原材料等，可按重大技术装备进口税收政策有关规定，享受进口税收优惠。

（四）创新金融扶持方式

发挥国家财政投入的引导作用，吸引企业、社会资本，建立智能制造多元化投融资体系。鼓励建立按市场化方式运作的各类智能制造发展基金，鼓励社会风险投资、股权投资投向智能制造领域。搭建政银企合作平台，研究建立产融对接新模式，引导和推动金融机构创新产品和服务方式。依托重点工程项目，推动首台（套）重大技术装备推广应用，完善承保理赔机制。支持装备制造企业扩大直接融资，发展应收账款融资，降低企业财务成本。

（五）发挥行业组织作用

发挥行业协会熟悉行业、贴近企业优势，推广先进管理模式，加强行业自律，防止无序和恶性竞争。各相关行业协会要指导企业深化改革、苦练内功，抓好技术创新、人才培养，及时反映企业诉求，反馈政策落实情况，积极宣传和帮助企业用足用好各项政策。鼓励行业协会、产业联盟提升服务行业发展的能力，引导企业推进智能制造发展。

（六）深化国际合作交流

在智能制造标准制定、知识产权等方面广泛开展国际交流与合作，不断拓展合作领域。支持国内外企业及行业组织间开展智能制造技术交流与合作，做到引资、引技、引智相结合。鼓励跨国公司、国外机构等在华设立智能制造研发机构、人才培训中心，建设智能制造示范工厂。鼓励国内企业参与国际并购、参股国外先进的研发制造企业。

五、组织实施

规划是指导未来5年智能制造发展的纲领性文件，工业和信息化部、发展改革委、科技部、财政部联合印发的《智能制造工程实施指南（2016～2020年）》明确的重点任务是规划的核心内容。工业和信息化部、财政部负责规划的组织实施，加强领导，精心组织，及时解决规划实施过程中遇到的问题，推动各项任务和措施落到实处。建立规划实施动态评估机制，适时对目标和任务进行必要的调整。

各地工业和信息化、财政主管部门要按照职责分工，抓紧制定与规划相衔接的实施方案，落实相关配套政策，做好信息反馈工作。相关行业协会和中介组织要充分发挥桥梁和纽带作用，协同推动本规划的贯彻落实。

附录5　商务部等7部门联合下发《关于加强国际合作提高我国产业全球价值链地位的指导意见》

商务部　发展改革委　科技部　工业和信息化部

中国人民银行　海关总署　统计局关于加强国际合作

提高我国产业全球价值链地位的指导意见

各省、自治区、直辖市、计划单列市及新疆生产建设兵团商务、发展改革、工业和信息主管部门、科技局、人民银行、各直属海关、统计局：

近年来，新一轮科技革命与产业变革迅猛发展，推动全球价值链不断深化与重塑，成为经济全球化发展的新特征。一国能否从参与全球化中获益，日益取决于能否成功融入全球价值链、能否在全球价值链中某一特定环节占据新的竞争优势。但目前我国相关产业总体仍处于全球价值链的中低端，与发达经济体相比尚有较大差距。为贯彻落实党中央、国务院关于提高我国产业在全球价值链中地位的部署要求，现提出以下意见：

一、关于加强国际合作提高我国产业全球价值链地位的指导思想和基本原则

（一）指导思想。全面贯彻党的十八大和十八届三中、四中、五中、六中全会精神，牢固树立创新、协调、绿色、开放、共享的发展理念，主动适应经济发展新常态，以建设贸易强国为目标，以创新发展为核心，坚持市场导向，加快提升我国产业在全球价值链中的地位，支撑制造强国建设，推进供给侧结构性改革，实现发展动力转换，为经济社会发展作出更大的贡献。

（二）基本原则。一是产业为本，尊重规律。顺应制造业、服务业等不同产业的客观发展规律，鼓励企业在市场机制下探索多元化、多维度的全球价值链攀升路径，不以单一维度或指标进行评价。二是开放创新，整合资源。在国内外市场联动、上下游产业联动、国际贸易投资联动的全球化背景下，鼓励企业高效整合利用全球知识资本、科技资源，实现加强国际合作与推进产业转型升级良性互动，不断增强创新能力。三是公平竞争，激发活力。最大限度地营造公平公正的市场竞争环境，由政策引导为主向营造法治化国际化营商环境转变。

二、加强国际合作提高我国产业全球价值链地位的发展方向

（三）继续支持企业融入全球分工合作。顺应全球化背景下科技创新、组织创新和商业模式创新的新趋势，鼓励企业在新兴领域布局全球产业生态体系，以更加开放的姿态，积极融入全球产业分工合作，更好地利用全球资源和市场，加强产业全球布局和国际交流合作；支持企业积极融入全球创新网络，参与全球创新资源配置，开展跨领域跨行业协同创新，提高自主创新能力，为提高全球价值链地位奠定基础。

（四）不断提高我国出口增加值。推动我国对外贸易平稳发展，不断提升出口增加值，发挥对外贸易在稳增长、调结构、扩就业中的积极作用。在全球价值链分工特征明显的信息技术等产业领域，以及我国具有优势的服务贸易领域，稳步提升我国单位出口的增加值比重，逐步缩小与发达经济体的差距。

（五）主动打造互利共赢的全球价值链。结合我国优势产业的海外投资布局，推动产业合作由加工制造环节为主向合作研发、联合设计、市场营销、品牌培育等高端环节延伸，打造我国占据主动地位、优势互补、互利共赢的全球产业链、供应链、价值链。顺应互联网等信息技术发展带来的新机遇，鼓励企业加快制造与服务协同发展，通过创新商业模式实现价值链攀升。

三、加强全球价值链领域的国际合作与交流

（六）加强全球价值链贸易增加值核算的国际合作。商务部将会同中国人民银行、海关总署、国家统计局等部门，建立部际合作机制，依托亚太经济合作组织（APEC）框架下中美共同推进的贸易增加值核算数据库建设工作，继续加强与各经济体、世界贸易组织、经济合作与发展组织等国际经济组织合作，进一步研究推动我国贸易增加值核算工作。各地相关部门做好基础数据统计等工作。

（七）积极开展全球价值链领域的国际政策交流。围绕正在推进的"一带一路"建设及国际产能合作，结合我国在基础设施建设、特色园区发展、产业上中下游合作等领域的一些成熟做法和经验，与相关经济体开展全球价值链经济技术合作，开发有针对性的能力建设项目、探索全球价值链公私合作、人力资源开发以及技术传播等合作，为相关经济体特别是发展中经济体融入全球价值链提供中国方案。做好与发达经济体、相关国际组织的政策沟通和协调，共同推进发达经济体和发展中经济体围绕全球价值链的发展合作。

（八）利用多双边平台推进基于全球价值链合作的规则制定。积极实施《亚

太经合组织推动全球价值链发展合作战略蓝图》，商务部会同有关部门推动开展亚太经合组织全球价值链数据统计合作，推动各经济体进一步认识服务业发展创新的积极意义，着力消除与制造业相关的服务壁垒。充分利用世界贸易组织、二十国集团、自由贸易区等多双边或区域平台，结合全球价值链进展及我国对外经贸发展实践，研究提出符合广大发展中经济体利益的全球价值链务实、包容新规则。各地结合实际，通过实施"一带一路"重大合作倡议、国际产能合作，参与全球价值链合作规则的探索。

四、通过深化全球价值链合作提高资源配置能力

（九）进口与出口相结合，吸纳全球优质要素资源。积极扩大先进新技术和关键设备、零部件进口，以及国内急需的研发设计、环境服务等知识、技术密集型生产性服务进口，促进产业结构调整和优化升级。支持各类中小企业通过委托设计（ODM）、自创品牌（OBM）等各种形式，嵌入跨国企业主导的全球价值链，分享技术、制造、管理等方面的外溢效应。支持跨境电子商务发展，鼓励企业通过规范的海外仓等模式，融入境外零售体系。鼓励企业自建电子商务平台加快品牌培育，拓展营销渠道，同时扩大进口和出口。

（十）制造与服务相结合，提升国内增加值贡献度。顺应全球价值链中制造服务化趋势日益明显的新态势，着力发展研发、创意、设计、信息、咨询等新兴服务贸易，鼓励企业以服务或者服务链接制造方式，创新智能服务和共享服务模式，提升出口产品的国内增加值含量。积极推进商贸、物流、建筑设计等服务业领域开放，引进国际优质服务资源，促进竞争合作。支持企业发展以知识为基础的人力资本，积极承接产品技术研发、工业设计等高端服务业外包，提升我国国际分工地位，带动和发展全球价值链合作。积极培育外贸综合服务新业态，加强其通关、物流、退税、保险等综合服务能力，为中小微企业提供专业化服务。

（十一）"走出去"与"引进来"相结合，主动构筑全球价值链。制定更加便利、简化的措施，鼓励有条件的企业通过并购等各种途径，引进或投资研发、设计、营销、品牌等价值链优质资源，增强其整合国内外市场、上下游产业的能力。以大力实施"一带一路"重大合作倡议、推进国际产能合作为契机，鼓励开展重大项目国际合作、工程承包和建营一体化工程，推动中国装备、技术、标准和服务走出去。以境外经贸合作区、双边经济走廊和海关特殊监管区域合作为平台，发展集群式对外投资，推动国内产业链向海外延伸。支持我国具有竞争优势的电子信息、轨道交通、通信设备、电力装备、船舶、工程机械等产业，通过对外投资实现跨境产业布局优化。

（十二）产业链与创新链结合，倡导开放式创新路径。鼓励企业结合提升价

值链地位的实践需要，以进口、境外并购、国际招标、招才引智等方式，引进先进技术和高端人力资源，开展有针对性的创新活动。支持以政府和社会资本合作模式（PPP）等方式，引导内外资投向创新孵化、成果转移转化、技术创新服务等公共科技服务平台建设，帮助更多的科技创新成果进入国际市场。鼓励企业在海外建立研发中心，按照国际规则并购、合资、参股国外创新型企业和研发机构，提高海外知识产权运营能力。鼓励外资企业在华设立地区总部、研发中心、采购中心、财务管理中心等功能性机构，与国内高校、科研机构和企业联合开展技术研发和产业化推广，鼓励外资研发成果在国内使用和转让。鼓励外资投资战略性新兴产业、高技术产业、现代服务业。鼓励企业结合各自实际，建立健全研发机构，开展科技创新、商业模式创新、贸易业态创新，在全球产业分工中占据更加有利的地位。大力发展科技服务业，培育专业化、市场化的创业孵化、知识产权服务、第三方检验检测认证等机构，营造有利于创新的公共环境。加强创新创业国际合作，推动科技资源双向流动，汇聚全球智力资源。

五、提高我国产业全球价值链地位的政策框架

（十三）产业基金支持政策。发挥政策资金的杠杆作用，最大限度地调动民间社会资金的积极性，探索依托行业协会或鼓励社会资本设立产业发展基金等途径，推进国内产业资本与全球资本深度融合，通过并购整合、产学结合、应用牵引、技术引进等途径，帮助相关产业突破升级面临的核心"瓶颈"制约。

（十四）财税政策。研究完善现有资金支持政策，调整优化支持内容和方式，促进相关产业创新发展、品牌培育和营销网络建设等。落实出口服务增值税零税率或免税政策，支持服务出口。确需中央财政支持的有关技术研发事项，通过优化整合后的科技计划（专项、基金等）予以统筹考虑。

（十五）人才政策。借鉴国际经验，放宽外籍高端人才来华工作签证和永久居留等条件，出台和完善有针对性的户籍管理、子女上学、住房便利、出入境管理等系列配套政策，营造良好的工作、生活环境，提高我国对中高端人才特别是尖端人才吸引力。鼓励企业、高教院所面向全球招聘高层次科技人才。

（十六）贸易投资便利化政策。做好自贸试验区改革试点经验的复制推广工作，通过认定技术先进型服务企业、海关高信用企业等途径，建立绿色通道，提高审批办证、年证审查、检验检疫效率和通关便利化水平；加快外商投资管理体制改革，全面实行准入前国民待遇加负面清单管理制度，加快政府职能转变，简政放权，提高投资审批效率。

（十七）金融政策。优化资金配置效率，通过市场化方式引导资金流向高附加值产业，有序扩大服务业对内对外开放，扩大银行、保险、证券及创业投资类企业开放，为企业向价值链高端跃升提供全流程资金支持。推动金融产品和服务创新，鼓励金融机构"走出去"，完善金融机构海外布局，推动金融服务业向价值链高端跃升，并为企业"走出去"实现价值链跃升提供相应融资支持。

（十八）创新政策。完善科技创新开放合作政策，加大国家科技计划开放力度，支持海外专家牵头参与国家科技计划项目。完善以企业为主体、市场为导向的技术创新体系，鼓励各类主体开发新技术、新产品，打造新业态、新模式。加大知识产权保护力度，建立和完善海外知识产权风险预警机制，制定应对海外重大知识产权纠纷的政策，保护创新积极性。鼓励和支持企业运用知识产权参与市场竞争，培育一批具有国际影响力的创新型领军企业。鼓励企业牵头组织跨国联盟，参与国际组织并推动国际标准研究制定，带动技术、产品、服务走向国际市场。

（十九）其他政策。坚持在发展中规范的原则，鼓励各种传统产业抓住"互联网＋"带来的市场机遇，加快商业模式创新，规范发展互联网金融，为提升我国产业全球价值链地位提供金融支持。大力鼓励天使投资、股权众筹等各种新的主流创业模式发展，助力企业转型升级。

六、加强配套措施保障

（二十）探索建立有利于推动全球价值链地位提升的评价体系。逐步探索建立多维度、多元化的开放绩效评估体系，引导基层部门更好地提升公共服务水平，为本地区参与全球价值链并向高端攀升夯实制度基础。

（二十一）鼓励各地因地制宜推进本区域价值链升级。各地应立足自身实际，结合"一带一路"建设、京津冀协同发展、长江经济带发展，研究提出促进本区域产业全球价值链地位提升的政策措施。鼓励各地依托经济开发区、新型工业化示范基地、海关特殊监管区、自由贸易试验区、高新技术产业开发区等平台，大胆推进体制机制创新，探索参与或主动构建全球价值链的新路径。有条件的地方可以加强基础核算研究，为政策制定提供更加科学的决策支持。

（二十二）充分调动各方面力量提高我国全球价值链地位。结合提高我国产业全球价值链地位的实践需要，培养和打造一批与国际接轨的智库及专家团队，增强智力资源储备。发挥行业协会、职业培训、高等院校等各类机构的作用，在创新信息交流、标准体系建设、提升劳动技能、高端人才引进等各方面发挥积极作用。

（二十三）搭建公共服务平台。借鉴各国公共服务平台建设成功经验，发挥地方政府、行业协会、驻外机构、驻外商协会的作用，探索建立优质公共服务平台。

各地相关主管部门要充分认识加强国际合作提高我国产业全球价值链地位的重大意义，加强组织领导，健全工作机制，强化部门协同和上下联动，结合各地实情，细化具体举措，确保各项任务落实到位。

2016 年 11 月

参考文献

［1］ Kliem R. L. Managing the risks of outsourcing agreements ［R］. 1999.

［2］ Mahnke Volker, Overby Mikkel Lucas. Vang Tan Strategic outsourcing of IT services ［J］. theoreticalstocktaking and empirical challenges, 2005 (2): 4 – 8.

［3］ Mahnke V. Mikkel, L. O., Jon, V. Strategic Outsourcing of IT Services: Theoretical Stocktaking and Empirical Challenges ［J］. Indus – try and Innovation, 2005 (1): 7 – 14.

［4］ 2017 服务外包七大发展趋势 ［EB/OL］. http://www. sdfgw. gov. cn/art/2017/2/17/art_ 721_ 234194. html.

［5］ 2017 年我国软件外包与服务行业的现状与发展趋势预测 ［EB/OL］. http://www. chyxx. com/industry/201610/461436. html.

［6］ 3.0 时代服务外包产业的五大趋势 ［EB/OL］. http://www. csix. cn/Cyxx /31517. shtml.

［7］ 巴塞尔银行监管委员会，国际证监会组织，国际保险监督官协会，国际清算银行. 金融服务外包（上）［J］. 中国金融，2005 (12): 58 – 61.

［8］ 把握全球研发新动向提速中国研发外包产业 ［EB/OL］. http://www. chnsourcing. com. cn/outsourcing – news/article/104001. html.

［9］ 边秀武，吴金希，张德. 项目管理中的人和组织因素研究现状综述 ［J］. 清华大学学报（哲学社会科学版），2006 (S1): 91 – 99.

［10］ 边肇祺，张学工. 模式识别（第二版）［M］. 北京：清华大学出版社，2004.

［11］ 曹朝喜，郭鹏，李玲. 基于 IAF 组合法的工程项目全寿命周期风险评价 ［J］. 工业工程，2007，3 (10): 4 – 14.

［12］ 曹汉平，王强，贾素玲. 现代 IT 服务管理——基于 ITIL 的最佳实践 ［M］. 北京：清华大学出版社，2005.

［13］ 曹航. 资源外包的形成与演进机理研究 ［D］. 复旦大学博士学位论

文，2007.

[14] 陈菲. 服务外包动因机制分析及发展趋势预测——美国服务外包的验证 [J]. 中国工业经济，2005 (6)：67-73.

[15] 陈菲. 服务外包与服务业发展 [M]. 北京：经济科学出版社，2009.

[16] 陈福明. 中国金融服务外包发展风险和策略分析 [J]. 浙江金融，2010 (6)：52-53.

[17] 陈国梁，吴健. 银行信息系统外包的优势及风险分析 [J]. 华南金融电脑，2010 (1)：49-50+62.

[18] 单玥. 软件外包项目的运营管理研究 [D]. 北京邮电大学硕士学位论文，2013.

[19] 丁敏，曹伟. 对金融领域业务外包的冷思考 [J]. 特区经济，2005 (1)：113-114.

[20] 杜丽春. 在企业财务管理中导入财务外包模式的决策分析 [J]. 唐山学院学报，2005 (3)：45-49.

[21] 樊治平，王岩. 信息技术外包决策的对策分析方法 [J]. 管理工程学报，2002 (3)：7-14.

[22] 服务外包区域产业分工日益清晰 [J]. 服务外包杂志，2016 (8)：7-14.

[23] 付森. IT 外包在制造型企业信息化建设中的应用研究 [J]. 中国管理信息化（综合版），2007 (7)：32-34.

[24] 郭捷. 项目风险管理 [M]. 北京：国防工业出版社，2007.

[25] 黄崇福. 综合风险评估的一个基本模式 [J]. 应用基础与工程科学学报，2008 (6)：371-380.

[26] 黄琨. 信息技术外包项目全生命周期的风险识别 [J]. 湖北社会科学，2010 (11)：97-101.

[27] 江曙霞，何建勇，陈玉婵. 厦门市打造金融服务外包中心问题研究 [J]. 福建金融，2010 (3)：7-11.

[28] 姜荣春. 金融服务外包：国际趋势与中国实践 [J]. 银行家，2010 (2)：86-88.

[29] 蒋国瑞. IT 项目管理 [M]. 北京：电子工业出版社，2006.

[30] 蒋欢. 金融服务外包及其风险研究 [D]. 湖南大学博士学位论文，2005.

[31] 金永红，吴江涛. 金融服务业务外包监管的国际比较及其启示 [J]. 上海金融，2007 (10)：46-48.

［32］金子财，杜胜．建立我国金融机构业务外包监管制度［J］．西安金融，2005（5）：8－11．

［33］孔庆娟．财务外包的中国模式发展研究［D］．同济大学博士学位论文，2008．

［34］李博．外包软件：日本市场萎缩，欧美市场取得长足发展［J］．IT经理世界，2010（1）：11－23．

［35］李洪平，冯霞．企业风险与风险管理［M］．成都：成都科技大学出版社，1993．

［36］李华，董明，汪应络．基于信息技术的服务外包［M］．西安：西安交通大学出版社，2009．

［37］李金泽．关于商业银行事务外包的若干法律思考［J］．金融论坛，2003（6）：24－29．

［38］梁新弘．论信息技术（IT）外包的动因、风险及防范［J］．科技管理研究，2004（1）：64－66．

［39］梁战平．21世纪的新兴科学——服务科学［J］．中国信息导报，2005（5）：11－13．

［40］林学军．金融服务业务外包监管的国际比较及其启示［J］．经济导刊，2008（2）：85－86．

［41］刘春胜，王如龙．基于服务科学的软件外包服务生命周期研究［J］．项目管理技术，2010，8（3）：46－49．

［42］刘继承．企业信息系统与服务外包风险管理研究［J］．情报理论与实践，2005，28（2）：180－183．

［43］刘莉．服务外包企业管理概论［M］．北京：化学工业出版社，2014．

［44］刘命成．中国银行湖南省分行业务系统外包的风险分析及度量［D］．湖南大学博士学位论文，2009．

［45］刘倩．金融服务外包及其风险研究［D］．东北财经大学博士学位论文，2007．

［46］刘绍坚，软件外包：技术外溢与能力提升［M］．北京：人民出版社，2008．

［47］刘小军，陈君杰．金融服务外包风险的静态博弈分析及对策［J］．广西社会科学，2010（2）：68－71．

［48］卢有杰，卢家仪．项目风险管理［M］．北京：清华大学出版社，1998．

［49］马素琳．中国承接服务外包产业转移的运行机制研究［D］．兰州大

学博士学位论文，2012.

[50] 孟国保，苏秦. 软件企业业务外包管理过程研究 [J]. 软科学，2004，18 (3)：90 – 93.

[51] 齐亚芬. 金融服务外包的风险与防范 [J]. 环渤海经济瞭望，2011 (4)：33.

[52] 李广. 企业 IT 服务外包中存在的风险及防范对策研究 [J]. 风险管理，2009 (1)：7 – 14.

[53] 秦小玲，程乐明，刘琳. 金融领域业务外包的风险及其法律监管——从巴塞尔委员会《金融业务中的外包》咨询文件谈起 [J]. 云南财贸学院学报，2005 (2)：10 – 12.

[54] 全面风险管理信息系统（ERMIS）及系统框架 [EB/OL]. http：//www. firsthuida. com/products_ it01. asp.

[55] 全球服务外包发展现状与特点 [EB/OL]. http：//bbs. tianya. cn/post – itinfo – 383549 – 1. shtml.

[56] 沈坚. 中小企业信息化建设策略研究 [J]. 湖南财经高等专科学校学报，2005 (2)：61 – 62.

[57] 沈建明. 项目风险管理 [M]. 北京：机械工业出版社，2007.

[58] 施慧洪. 金融服务外包风险防范分析 [J]. 浙江金融，2010 (4)：60 – 61.

[59] 时磊. 中国金融服务外包迎来发展新机遇 [J]. 中国银行业杂志，2016 (10)：7 – 14.

[60] 宋峻. ZSY 润滑油公司售后服务存在问题及对策研究 [D]. 电子科技大学博士学位论文，2010.

[61] 田悦. 财务转型——企业财务外包与共享服务解决方案探讨 [D]. 上海交通大学博士学位论文，2013.

[62] 万鹏飞. 国际金融服务外包的运行机制及风险控制研究 [D]. 中国海洋大学博士学位论文，2008.

[63] 王桂森. 企业 IT 服务外包风险控制模型研究 [D]. 哈尔滨工业大学博士学位论文，2011.

[64] 王骏. 中国金融服务外包及其风险管理的研究 [D]. 上海交通大学博士学位论文，2009.

[65] 王磊. 基于生命周期的信息技术外包风险因素分析 [J]. 陕西师范大学学报（自然科学版），2006，34 (7)：101 – 104.

[66] 王梅源，鲁耀斌. 软件外包项目全过程管理分析 [J]. 商场现代化，

2006（2）：79 – 80.

[67] 王梅源，鲁耀斌．软件外包项目全过程管理分析［J］．商场现代化，2006（1）：7 – 14.

[68] 王培林．服务科学研究与分析［J］．图书馆杂志，2008（3）：2 – 7.

[69] 王习农．"服务外包"与"服务贸易"关系考察［J］．改革与开放，2011（11）：11 – 13.

[70] 王习农．关于新疆发展服务外包的若干设想［J］．实事求是，2011（4）：73 – 77.

[71] 王晓红，李珏，王海．我国金融服务外包发展现状及趋势［J］．全球化，2013（3）：60 – 71 + 127.

[72] 王雅洁．金融服务离岸外包法律问题研究［D］．西南政法大学博士学位论文，2009.

[73] 魏秀敏．服务外包教程［M］．北京：中国商务出版社，2011.

[74] 魏秀敏．国际金融服务外包的运作模式及其启示［J］．对外经贸实务，2007（2）：57 – 59.

[75] 吴国新，李元旭．金融服务外包风险识别、度量与规避［J］．国际经贸探索，2010，26（4）：48 – 53.

[76] 吴国新．金融服务外包提供商选择与风险管理研究［D］．东华大学博士学位论文，2010.

[77] 吴卫芬．我国银行业信息技术外包的风险管理研究［D］．浙江工商大学博士学位论文，2008.

[78] 夏星，黄赛燕，杜衡．国际服务外包产业发展形势分析及对策探讨［J］．服务外包杂志，2016（7）：7 – 14.

[79] 肖宇．基于信息流控制的信息技术外包（ITO）产业发展对策研究［D］．黑龙江大学博士学位论文，2008.

[80] 邢厚媛，涂舒．2016年中国服务外包发展回顾和2017年七大发展趋势［J］．中国服务外包研究中心，2017（2）：7 – 14.

[81] 徐姝，胡明铭．IT外包服务中的共生关系研究［J］．科技管理研究，2009（11）：380 – 381.

[82] 徐姝．企业业务外包战略运作体系与方法研究［D］．中南大学博士学位论文，2004.

[83] 徐姝．西方业务外包研究成果评介［J］．外国经济与管理，2003（12）：7 – 14.

[84] 徐雅灵．基于不完全契约理论的信息技术外包决策分析［D］．上海

交通大学博士学位论文，2008.

［85］严复海，党星，颜文虎. 风险管理发展历程和趋势综述［J］. 管理现代化，2007（2）：31－33.

［86］阎春宁. 风险管理学［M］. 上海：上海大学出版社，2002.

［87］杨波，彭思立. 伙伴关系——信息技术外包的演变趋势［J］. 管理学报，2005（9）：254－258.

［88］杨波，左美云，方美琪. 信息技术外包理论和实务评述［J］. 外国经济与管理，2003，25（9）：7－11.

［89］杨波. IT 服务外包——基于客户和供应商的双重视角［M］. 北京：电子工业出版社，2009.

［90］杨丹辉. 全球化：服务外包与中国的政策选择［M］. 北京：经济管理出版社，2009.

［91］杨冬. 服务外包概论［M］. 北京：中国人民大学出版社，2012.

［92］杨洪华. 优选供应商的几个问题［J］. 中国物流与采购，2002（6）：38－39.

［93］杨农. 信息技术外包的决策和风险分析［J］. 学术界，2003（6）：184－193.

［94］杨英，霍国庆. 企业信息技术资源外包及其风险分析［J］. 中国软科学，2001（3）：98－102.

［95］殷晓英. 论金融服务外包的风险控制［J］. 社会科学论坛，2010（6）：184－188.

［96］于峰，李梓房. 金融服务外包监管制度的国际经验及对我国的启示［J］. 商场现代化，2006（32）：71－72.

［97］张芬霞，刘景江. 离岸外包发展述评［J］. 经济问题，2005（8）：7－14.

［98］张华. 跨国公司服务外包的机制研究［D］. 中国海洋大学博士学位论文，2008.

［99］张南雪. 基于信息不对称理论对服务外包的影响因素分析［J］. 中国商贸，2010（19）：203－204.

［100］张宁. 中国对日软件外包的现状分析及对策研究［D］. 对外经济贸易大学博士学位论文，2007.

［101］张钱江，詹国华. 服务外包［M］. 杭州：浙江人民出版社，2010.

［102］张旭梅，刘春燕. 企业 IT 外包中知识转移的风险与防范对策研究［J］. 科技管理研究，2009（6）：7－14.

［103］张云川．IT 外包服务及其执行过程风险规避的研究［D］．华中科技大学博士学位论文，2005.

［104］张子昱，张丽拉．论我国金融后台业务外包存在的问题及对策［J］．经济研究导刊，2012（35）：118－119.

［105］赵俊平等．服务外包理论与实践［M］．哈尔滨：哈尔滨工程大学出版社，2012.

［106］知识流程外包［EB/OL］．http：//wiki.mbalib.com/wiki/.

［107］周丽虹．企业信息技术外包的条件及外包对象的选择［J］．甘肃教育学院学报（社会科学版），2002，18（2）：26－29.

［108］周倩．大堂副理外包及其风险管理的研究［D］．苏州大学博士学位论文，2015.

［109］周勇．财务外包利弊说［J］．商场现代化，2005（9）：116.

［110］朱四明．服务外包接包方选择与监管风险控制研究［D］．上海交通大学博士学位论文，2011.